社会统计学导论

（第三版）

主　编　周德民
副主编　周岸勋

中南大学出版社
www.csupress.com.cn

内容提要

本书包括统计数据的收集与整理、综合指标、时间数列、统计指数、相关与回归、统计推断、有关指标在社会统计中的应用,计算机统计应用实例和案例分析等。本书体系完整,语言简炼;理论适中,深入浅出;注重实用,操作性强。本书既可作为高等院校人文社科类专业社会统计学教材,也可作为培训学校职业培训教材以及相关考试教材或参考用书,对于其他读者亦是一本适用的参考用书或有益的自学读物。

图书在版编目(CIP)数据

社会统计学导论/周德明主编. —3 版. —长沙:
中南大学出版社,2012.7
ISBN 978 - 7 - 5487 - 0572 - 7

Ⅰ.社… Ⅱ.周… Ⅲ.社会统计 Ⅳ.C91 - 03

中国版本图书馆 CIP 数据核字(2012)第 161511 号

社会统计学导论

周德明 主编

□责任编辑	汪宜晔	
□责任印制	易红卫	
□出版发行	中南大学出版社	
	社址:长沙市麓山南路	邮编:410083
	发行科电话:0731-88876770	传真:0731-88710482
□印　装	长沙印通印刷有限公司	

□开　本	880×1230 1/32 □印张 13.5 □字数 351 千字
□版　次	2012 年 7 月第 3 版 □2016 年 1 月第 2 次印刷
□书　号	ISBN 978 - 7 - 5487 - 0572 - 7
□定　价	**29.00 元**

第三版前言

《社会统计学导论》一书自 2006 年 1 月再版以来，时已 6 年，与时俱进，有必要对原书内容进行修订和增减。

本次修订保持和发挥了原书的基本特色，即在体系的构建上偏重一般社会统计学的原理与方法，兼顾应用社会统计学的理论；注意对社会统计中定类、定序资料的处理；避开高深、繁杂的公式推导过程，简化有关社会统计理论与概念的阐述；适应社会统计应用性特点，增强实例、直观、简明、易懂、会用的语言表述。

在此基础上，此次修订从结构调整、体例编排、内容扩展、形式变化、语言表述、论述改进、资料更新、实例增补、冗文删除诸方面都作了一定程度的修订，涉及各章各节。具体来说，此次修订主要有七个大的方面：一是结构调整。如删除了原书第十三章，将原第十、十一章位移至第七、八章位置，等等。二是内容扩展。如扩展了社会统计资料搜集的基本方法、常用工具，加强了社会研究中运用得较多的双变量统计分析内容，增补了第十二章。三是适应计算机在统计分析中的应用的需求状况，在各章之后最后一节，介绍了利用 Excel 在社会统计的相关内容中的应用。之所以选择 Excel，是因为 SPSS 价格比较昂贵，非专业用户一般不会购买，而 Excel 是应用极为广泛的办公自动化软件，其操作简便，功能强大，能够满足一般社会统计分析的需要。四是适应社会统计的学科特性，在大多数章节增强了有关社会统计的应用实例，如第二章的调查问卷实例，第四章的人口与婚姻统计中常用的几种相对指标，第七章的抽样与抽样估计的应用实例等。五是资料更新。即修改或更换了与当前实务不相符的相关案例，即便数据虚设，也力求与现实的实际相符合。六是论述改进。即在语言表述上删冗化简，概念阐述力求简明易懂。如社会统计中抽样调查与推断的实施流程、抽样误差、回归分析等的论述。七是增补案例分析，与思考练习结合，增强了全书的应用性与操作性。与思考练习着重计算、问题单一、注重基础不同，案例分析偏重分析、着眼综合、重在提高。

此次修订后，全书容量有所扩充，难度适度提高，内容贴近现实，更具学科特色，体系更趋合理，实用性、可读性、应用性更强。本书修订由周德民负责。由于编著者水平有限，修订后，书中仍难免会有疏漏和错误之处，恳请专家和广大读者多提宝贵意见、批评指正，以便我们进一步修改与提高。

周德民
2012 年 7 月

目 录

第一章　总　论

社会统计学是社会学的重要研究方法。作为一种研究方法，社会统计学对于认识社会具有重要的作用。巴甫洛夫曾说过：在这里，一切都在于行动方式，在于方法，我们研究的成效就依赖于方法的完善，方法掌握着研究的命运。学习和掌握社会统计学这门认识社会的有力武器，不仅可以增强我们认识社会的洞察力，提高我们对未来社会的适应能力，而且可以帮助我们科学的认识、顺利的建设、有效的管理处于变革、调整、发展中的社会。另一方面，社会统计学在我国还是一门比较年轻的学科，学习和掌握社会统计学，并促进其学科化和科学化，是现代社会发展对从事社会研究和实践的人提出的客观要求。

第一节　社会统计学的产生与发展

统计，作为一种社会实践活动，虽然早在古代便已产生，但作为一门学科的统计学的出现却还只是近几百年的事情，而现代社会统计学则是在统计学的发展中孕育并逐渐成长起来的。社会统计学与统计学的联系极其密切。因此，认识社会统计学的学科性质，了解其由来发展、对象范围，都与统计学密切相关。

一、社会统计学的学科性质

从统计学的发展历史来看，早期的统计学都是以社会现象为研究对象的，因此，"统计学"也就是指社会统计学。从现在所说的社会统计学来看，它是统计学的一个分支。因而，无论从哪个角度看，社会统计学都具有统计学的一些基本性质和基本特点。学习和掌握社会统计学有必要了解这些基本性质和特点。

（一）统计的涵义

"统计"一词起源已久，其涵义在历史上屡有变化。当今现实生活中，统计一词从不同角度去理解，包含有三种涵义：统计工作、统计资料、统计学。统计工作，即统计实践，是指为了某种研究目的，从事统计设计、搜集、汇总、整理、分析和提供统计资料和统计咨询意见的活动总称，其成果是统计资料。统计资料，是指统计活动过程中所获得的反映社会经济现象数量特征和数量关系的一系列数据和文字的材料。直接来源于实践原始资料和经过加工整理后的分类资料、统计报表、统计分析报告、统计公报和统计年鉴等，都属于统计资料。统计学，是指阐述统计理论和统计方法的科学，专门研究如何搜集、整理、分析和提供统计资料的科学。统计工作、统计资料、统计学之间有着密切的联系。统计工作是取得统计资料的过程，统计资料是统计工作的成果，两者是工作与成果的关系；统计学与统计工作是理论与实践的关系，统计学是统计工作实践经验的理论概括和科学总结，它来源于统计实践，反过来又指导统计实践，而统计工作的发展又不断丰富和完善着统计学的理论体系，使之更为科学。

（二）统计学的研究对象

统计学是一门研究客观事物总体现象大量数据内在的数量规律性的方法论科学。其根本特征是在质与量的辩证统一中去研究和揭示事物的本质、相互联系、变动规律和发展趋势。所谓客观现象，可以是社会经济现象，也可以是自然现象。本书着眼于社会经济现象。社会经济现象的数量方面，就是现象的量的规定性的具体表现，即现象的数量表现和数量关系，具体表现为社会经济规模、水平、结构、比例关系、普遍程度、差异程度、发展速度等。辩证唯物主义告诉我们，事物的质和量是密切联系的，是辩证的统一，因此，统计要对社会经济现象的数量方面进行研究，必须和其质的方面结合起来。换言之，研究社会经济现象总体，首先要明确现象的质的特征，而后才能正确反映其量的表现。另一方面，事物的质是通过量表现出来的，没有数量也就没有质量，量的积累达到一定的界限，将发生质的变化。因此，要研究事物的存在与发展，必须研究事物的量的方面，研究事物发展规律性在具体时间、地点、条件下的数量表现。

（三）统计学研究的特点

1. 数量性

统计研究的首要特点是从数量上说明社会现象。它通过统计指标反映社会经济现象发展的规模、水平以及社会经济现象各方面的比例关系和相关关系。统计研究的数量性特征决定了统计必须以定量分析为主要方法，这是统计区别于其他社会经济调查研究活动的根本所在。但须指出，统计对社会经济现象数量方面的认识，是以定性分析为前提的，遵循着"定性—定量—定性"的科学的认识规律。

2. 总体性

统计研究对象不是个别现象的数量，而是由若干个体现象构成的总体的数量。例如，研究流浪儿童问题，需要对部分流浪儿童进行调查，但其目的不在于了解个别流浪儿童的年龄、出走原因、外流时间、次数，而是通过对这一部分流浪儿童的调查，进行综合分析达到对总体流浪儿童流浪状况的认识。统计研究的总体性特点，是由社会经济现象的特点和研究目的决定的。社会经济现象是受各种因素相互作用的结果，总体中各个别单位往往受偶然因素的影响而表现出个体差异，因此，只有对研究总体中足够多的个别单位进行调查、分析，才能消除偶然因素的影响，获得关于总体本质特征和规律性的认识。但是，总体是由个体构成的，要认识社会经济现象总体，需要从调查个体现象的情况开始，从个体过渡到总体的数量方面。

3. 具体性

统计研究的数量方面，是社会经济现象总体的具体的数量方面，而不是抽象的量。这是统计和数学的重要区别。任何社会现象都是质和量的辩证统一，一定的质规定一定的量，一定的量表现一定的质。数学虽然是以现实世界的空间形式和数量关系为研究对象，但它完全撇开对象的具体内容和质的特征，研究的是脱离了具体对象的抽象的数量规律。统计学研究的数量则是具体事物在一定时间、地点、条件下的数量表现，是具有一定社会经济内容的。

(四)统计学的分科

1. 理论统计学

理论统计学是抽象地研究统计学的一般理论和方法。按照研究方法的不同，理论统计学可以分为描述统计学和推断统计学。描述统计学研究如何取得所反映现象的数据，通过统计图表的形式对搜集的数据进行加工、整理，进而利用综合性指标，诸如总量指标、相对指标、平均指标、标志变异指标等来描述所研究现象的数量关系和数量特征。描述统计学只对社会经济现象数量方面的资料作有系统的描述，并不对这种现象或其全体的未来发展作进一步的推断和结论，其目的在于精确地用数量表示社会事实的真相。推断统计学是研究如何根据样本资料去推论总体数量特征的方法。在诸多的社会经济研究中，由于各种主客观因素的限制和调查总体本身的原因，研究者经常难以甚至无法或没有必要搜集有关总体的数据，只能得到样本资料，而统计研究所要认识的却是客观现象的总体数量方面，此时便需要运用推断统计学的方法，即根据样本的数据对总体进行判断、估计和检验。随着社会的发展，推断统计学的地位和作用越来越重要，但不可忽视的是，描述统计学是整个统计学的基础，进行推断统计，其前部必定是描述统计，如果没有描述统计提供可靠的样本数据，推断统计则无法得到总体数量特征的准确结论。

2. 应用统计学

应用统计学是将理论统计学的基本原理应用于社会经济研究的各个领域，以探索各个领域内在的数量关系和数量规律的学科。如统计原理和方法在经济管理中的应用形成了经济管理统计学，在人口学中的应用形成了人口统计学，在社会学中的应用形成了社会统计学。由此可见，应用统计学除了需要理论统计学提供的理论和方法的支持外，还需要相关的实质性科学作为理论指导，它具有边缘交叉学科的性质。如社会统计学既要有理论统计学的指导，又要有社会学理论作其理论基础。应用统计学与理论统计学虽因研究的侧重点不同而有所区别，但在统计学的发展过程中，二者却是密切相连，相互促进的。理论统计学的研究成果为应用统计学提供了数量分析的方法，而应用统计学对理论统计方法的使用反过来又促进着理论统计学的发展。

二、社会统计学的由来发展

前已述及，统计学从其发展历史看，一开始就是以社会现象为其研究对象的，因而早期的统计学就是指的社会统计学。而由早期广义的社会统计学形成与发展成当今狭义的社会统计学，与统计学发展史上所形成的各种不同流派的理论与研究成果密切相关。国势学派是最早的流派之一，产生于 17 世纪中叶，其创始人德国大学教授康令、阿亨瓦尔认为统计学是研究国家显著事项的学问，其对象包括有关国家的地理、政治、经济、法律等。该学派的贡献之一是统一了统计学的称谓，阿亨瓦尔在 1749 年出版的《近代欧洲各国国势学论》中首创了一个新的德文词汇——Statistik，即"统计学"。不过，该流派重在文字记述，偏重质的解释，而忽视了量的分析，与当今统计学相距甚远。人们试图用有关社会问题的定量信息来分析与评价社会现象,可以追溯至 17 世纪中叶。政治算术学派的创始人威廉·配第和约翰·格朗特,首先在其著作中使用统计数字和图表等方法来分析研究社会、经济和人口现象。到 18 ~ 19 世纪,数理统计学派创始人凯特勒首次将概率论引入统计学,用纯数学的方法对社会现象进行研究,对统计学和社会调查的发展做出了重大的贡献。第一次世界大战前后,社会统计学与社会学的关系日益明确,人们试图通过社会调查、收集、整理和分析资料,以揭示社会现象和社会问题,并提出解决社会问题的具体办法。例如,法国经济学家和社会改良家李·普莱曾利用"家庭预算表"研究社会生活水平;德国统计学家、社会统计学派的代表人物恩格尔在《比利时工人家庭的生活费》(1895 年)一文中,提出了著名的"恩格尔法则",由此引申出"恩格尔系数",以此作为衡量生活水平的标准。1900 年美国统计学家马约·史密斯发表了《统计学和社会学》。1920 年,另一位美国统计学家史特威·查平出版了《实地调查与社会研究》,提出"统计学不仅仅是一种方法,也是一门科学"的论点。这表明,现代社会统计学不但应用数理统计学的理论和方法形成了自己的科学方法论,而且它同社会学的发展紧密结合起来。社会学和社会调查的发展,不仅为人们取得有关社会现象的定量信息开辟了有效的途径,而且也为人们分析和研究各种社会现象和问题提供了大量资料,提供了学科方法论,由此推动了社会统计学的进一步发展,一种与早期传统社会统计学相区别的现代社会统计学逐步为人们所重视。不过,真正对现代社会统计学产生重要影响的则是 20 世纪 60 年代中期的社会指标运动。① 随着社会的发展,统计学的研究对象越来越专门化、精细化,其研究对象涉及到社会生活的各个领域。由此产生了诸多的统计学分支,且各有各的

① 袁方主编:《社会统计学》,中国统计出版社,1998 年,第 1~2 页。

名称。诸如政治统计、人口统计、经济统计、犯罪统计、道德统计、社会统计等。当数理统计学出现之后，为了与之相区别，便给原有的政治统计、人口统计、经济统计、犯罪统计、道德统计、社会统计等分支冠上一个概括的名称——社会统计学。

较早使用"社会统计"一词的，根据目前掌握的材料，是马克思在《〈资本论〉第一版序言》中提到："德国和西欧大陆其他国家的社会统计，与英国相比是很贫乏的"。较早使用"社会统计学"一词的是纳普（G·F·Knapp），1871 年他在《经济学·统计学年报》第 17 卷"文献栏"内发表的《关于凯特勒社会统计学和人类学著作的报告》一文中已经使用。19 世纪 80 年代，"社会统计学"一词已被广泛使用。如 V·约翰于 1884 年出版的《统计学史》中曾经写道："马尔萨斯是狭义的社会统计学的创始者"，高尔顿在 1889 年出版的《自然遗传》一书中也曾经写道："凯特勒是一般人口学和社会统计学最伟大的权威"。到了 1898 年，更有人用"社会统计学"作专书的名称了，如凯耳（A·N·Kiaer）和汉斯森（F·Hanssen）合著的《社会统计学》一书。①

社会统计学在当今社会越来越受到人们的重视。正如美国华盛顿大学统计学和社会科学研究中心主任、统计学和社会学教授 Adrian E·Raftery 所说：今天许多社会学研究都是以巨大的高质量的调查样本为基础进行再分析的。它们较多的利用在公共基金资助下收集的或者使用对研究者公开的数据库，这些数据库通常都有着 5000 到 20000 样本量，甚至更大的样本规模。这为复证结果提供了一条简便的道路，同时也有助于社会学建立起可以与自然科学或医药科学相媲美，甚至高于这些学科的科学标准。或许受以上因素的影响，社会统计学在最近成为了一个迅速扩展的研究领域，许多重要的研究机构也都在最近几年开始了他们对这

---

① 高庆丰著：《欧美统计学史》，中国统计出版社，1987 年，第 14 章。

一领域的探索。① 值得注意的是，随着社会科学的发展，现代"社会统计学"有广义与狭义之分，广义是指社会科学统计学，狭义是指社会学统计学。本书侧重的是狭义的社会统计学。

三、社会统计学的对象范围

社会统计学是从数量方面研究社会整体的学科，是搜集、整理、描述、分析和评价大量社会现象数量方面资料的统计理论和方法。它是社会统计工作实践经验的提炼和升华。与其他社会学科一样，随着社会实践的发展和理论研究的深化，社会统计学形成了一个由不同层次构成的学科知识体系。社会统计学的基本分科包括一般社会统计学理论和应用社会统计学理论。一般社会统计学理论是对社会统计学一般原理和方法的研究，是社会统计方法论的高度概括。它实为充实了有关经验的社会研究知识的统计学原理和一般应用数理统计学。本教材偏重的便是这种一般社会统计学。应用社会统计学是一般社会统计学的理论和方法在观察分析社会问题时的应用，是为解决社会实质性问题而对数量方面进行研究的具体方法论科学。应用社会统计学理论，包括综合社会统计学和分科（部门）社会统计学两个层次。综合社会统计学立足宏观对社会整体数量方面研究。分科（部门）社会统计学，是对社会某一领域或部门数量进行研究所形成的专门社会统计学，如人口统计学、社会保险统计学、劳动统计学、教育统计学等。

社会统计学的对象范围，有广义与狭义之别。广义社会统计学的对象范围，涉及社会各领域。按照其研究任务，广义社会统计学对象范围的主要内容有：社会构成要素统计、社会再生产计、社会生活统计、社会生活管理统计。狭义社会统计学的对象范围，按照其研究任务，主要内容有：①社会构成基本要素统计。

---

① 米小琴主编：《社会统计学与实务》（卷首），清华大学出版社，2008 年。

包括生存环境统计、人口、婚姻、家庭统计、社会劳动力资源统计等。②社会生活统计。涉及居民生活统计、文化体育统计、社会活动参与统计、生活时间利用统计等。③社会生活条件统计。包含卫生保健统计、环境保护统计、社会保险统计、社会福利统计、教育与培训统计、科学研究统计等。④社会生活管理统计。诸如人口自身生产与再生产的管理统计、人类所处自然环境的管理统计、人类社会生产关系的调整与管理的统计、人们社会行为的规范和治理统计等。⑤社会发展的衡量与评价。

第二节 社会统计的工作程序

一、社会统计研究设计

社会统计研究设计是社会统计工作的第一个阶段，是根据社会统计对象的性质和社会统计研究目的，对整个统计工作所涉及的各个方面和各个环节进行的通盘考虑和安排。所谓各个方面，是指统计研究对象的各个组成部分，是统计工作"横"的方面。所谓各个环节，是指统计工作实际进行时的各个阶段，是统计工作的"纵"的方面。诸如统计资料的搜集、汇总、整理和分析研究，以及统计资料的提供、保存、公布等。社会统计研究设计，从所包括的认识对象的范围来讲，可以分为整体设计、专项设计；从所包括的工作阶段来讲，可以分为全过程设计和单阶段设计。研究设计的结果表现为各种设计方案，如统计调查方案、统计整理方案、统计指标体系，等等。社会统计研究设计是保证整个统计工作顺利进行的必要条件。

二、社会统计资料搜集

研究设计之后，就要向调查对象搜集资料。统计调查就是整个社会统计工作过程搜集统计资料的阶段。其任务是根据社会统计研究设计所预定的目的和要求，按照预定的调查方案，运用科学的调查方式、方法，有计划、有组织地向客观实际搜集统计资料。统计调查是统计整理和统计分析的基础。只有有计划地、科学地搜集到十分丰富和合乎客观实际的原始资料，才能经过科学的整理和深入地分析，获得对研究总体正确结论的认识。因而，统计调查工作的好坏直接影响到社会统计工作的质量。

三、社会统计资料整理

社会统计资料整理是根据社会统计研究的目的，对调查阶段搜集到的原始资料进行科学加工，使之系统化、条理化，成为反映社会经济现象总体数量特征的综合资料的工作过程。社会统计资料整理是从对社会经济现象个体量的观察到社会经济现象总体量的认识的连接点，在社会统计工作中起着承前启后的作用。社会统计资料整理的质量好坏，直接影响到社会统计分析的效果，影响到对社会经济现象总体数量特征描述的准确性和分析的真实性。

四、社会统计资料分析

社会统计资料分析是根据统计研究目的，运用各种社会统计分析方法，对经过加工整理的社会统计资料，从静态和动态方面进行基本的数量分析，以揭示社会经济现象的内在联系和发展趋势，阐明社会经济现象的过程特征和规律，进而提出建议和进行预测的活动过程。社会统计分析对资料进行比较、判断、推理、评价，是社会统计工作的理性认识阶段，也是社会统计发挥信息、咨询、监督职能的关键阶段。

五、社会统计成果应用

社会统计成果应用是根据社会统计分析结果，以灵活多样的方式，向社会或有关部门提供统计信息和统计咨询意见，充分发挥统计监督的职能作用。社会统计的意义、地位和作用主要由此环节来具体体现。社会统计信息职能，指在社会经济领域，经统计调查、加工、整理、分析的全部信息，向社会开放或向有关部门提供服务。社会统计咨询职能是指利用已经掌握的统计信息，为社会科学决策和管理部门提供各种咨询建议和对策方案。社会统计监督职能是指根据社会统计调查和分析的结果，及时准确地从总体上反映社会经济的运行状况，并对其实行全面、系统的定量检查、监督和预警，以促使社会经济按照客观规律的要求，持续、稳定、协调的发展。社会统计的三大职能是相互联系、相辅相成的。

第三节　社会统计的计量尺度

社会统计需要确定不同的数据计量尺度。计量尺度不同，其数学性质不同，社会统计分析的要求和作法也就不同，所使用的原理、方法也会随之有所差别。因此，学习社会统计学有必要了解社会统计计量的四种不同尺度。

一、定类尺度

所谓定类，即确定类别。定类尺度就是确定事物类别的计量尺度。它只能区分不同性质的现象并给予归类，各类别之间没有高低、大小之分，因而不能进行数的比较和数学运算。例如，对人的性别只能作男性或女性划分，其间没有高低、大小之分，就是一种定类尺度的计量。任何科学中的操作，分类都是基础，因而，相对于其他计量尺度而言，定类尺度层次是最低的。

二、定序尺度

定序尺度要比定类尺度高一个层次。它可以区分不同性质的现象并给予归类，且可将所区分的类别按高低、大小、好坏、强弱、优劣等顺序作有序排列。例如，将研究对象的文化程度区分为大学、中专、初中、小学、文盲五个类别。定序尺度在社会统计研究中经常用到，如在态度测量中要问及调查对象对某一事物的满意程度时，就可以列出满意、一般、不满意等；定序尺度虽能进行大小比较，但不能准确地反映不同等级、不同序列在数量上的具体差异，因而也就无法作加减乘除的数学运算。

三、定距尺度

所谓定距就是确定研究对象之间某些数值相差的距离。定距尺度不仅包含了定类、定序尺度的特质，而且还能用数字及计量单位测出类与类之间具体的数量差别和间隔距离，作加减法运算。例如，张三的智商为 120，李四的智商为 100，120 – 100 = 20，于是可以知道张三的智商比李四的智商高 20。但是定距尺度缺乏绝对零点，因而不能作乘除运算，否则便失去实际意义。例如，不能说 40^0C 比 20^0C 的天气热两倍，因为 0^0C 并非起点温度。

四、定比尺度

定比尺度是最高的数据计量尺度。它在定距尺度上确定了一个绝对固定的、具有实际意义的零点。换言之，定比尺度中的"0"是绝对零点，表示没有，0 存在，则此事物便不存在；而定距尺度中的"0"只表示一个值，即 0 值，不表示没有，0 存在，事物仍存在。绝对零点存在与否是定比尺度与定距尺度区别的唯一标志。在定比尺度中，一个人的体重为 0 公斤则表示此人不存在，因为没谁的体重为 0 公斤。而在定距尺度中，0 的含义则是另外一回事。如某人参加公务员考试，"申论"考试为 0 分，只能表示他这场考试成绩为 0 分，但不能说明他这方面的知识为零。定比尺度因具有实在意义的真正零点，其值能够完全体现出被测量事物的数量差别，故它既可以相加减，也可以相乘除，可以进行高层次的各种社会统计分析。

第四节　社会统计的基本概念

任何学科都有一套概念体系。社会统计学也不例外，其涉及的概念较多，有的是基本、常用的，有些只在局部范围、专门问题讨论时才用。属于局部的将在有关章节阐述，这里需就几个最基本、常用的概念加以说明。

一、统计总体与总体单位

（一）统计总体

统计总体，简称总体。它是由客观存在的某些性质上相同的若干个体（亦称个别事物）所组成的整体。它是统计活动中由特定研究目的而确定的调查对象，是统计指标值的承担者。

构成统计总体的各个单位（即总体单位）必须具有某种共同性质，这是形成统计总体的基本条件。例如，调查某地区社会福利企业的生产情况，该地区所有社会福利企业就组成为一个总体。这些福利企业尽管生产、销售、利润、规模、组织等各不相同，但这些企业都具有"福利"的共同属性。这种共同性质称为总体的同质性。此外，总体还具有大量性和差异性特征。统计研究只有从大量个体现象之间的关联中，才能分析出客观现象发展的规律性，因而大量性是形成总体的充分条件。而差异性是统计研究的具体内容，如果总体的各个别单位在所有方面都不存在差异，也就没有统计的必要了。

统计总体可以分为有限总体和无限总体。一个总体中包括的个体是有限的，称为有限总体。社会现象总体大多为有限总体。例如，全国人口数、贫困户数、社区服务网点数等，不管它们的总量有多大，都是有限的。无限总体是由无穷多个总体单位构成的，如交际场所来往不断的人数。对无限总体的研究一般只调查一部分个体进行非全面调查，据以推断总体。

（二）总体单位

总体单位是构成总体的个体，简称单位。它是统计活动中的基本调查单位，是调查项目（标志）的承担者。随着研究对象的不同，总体单位可以是人、可以是事物，也可以是事件或现象等。

总体和总体单位的确定是相对而言的。随着研究目的的改变有可能发生相应的变化。也就是说，同一事物在某种情况下是总体单位，而在另一种情况下有可能是统计总体，相反亦然。例如，了解某地区社会保险企业的参保情况，该地区全部企业是总体，每一个企业是总体单位；如果研究目的变为调查某一参保企业的生产情况，则这个企业便成了统计总体。

二、标志与指标

（一）标志

标志是说明总体单位属性和特征的名称。每个总体单位从不同的角度考察，可以有多种属性和特征。如调查残疾人生活状况，性别、年龄、婚姻状况等，便是每一个残疾人都具有的属性和特征。这些属性或特征的名称——性别、年龄、婚姻状况等就叫做标志。

标志按其在各总体单位上的表现是否有差异，可分为不变标志和可变标志。不变标志就是所有总体单位同一标志的具体表现是相同的，可变标志是各总体单位同一标志的具体表现各不相同。任何总体至少要有一个共同的使各单位能结合在一起的不变标志，这是总体同质性的基础。例如，对社会保障专业学生就业状况进行调查，"专业"就是一个不变标志，学生的性别、年龄、就业情形等就是可变标志。

标志按其反映单位特征的不同可分为品质标志和数量标志。品质标志是说明单位属性的名称。如上例中残疾人的性别、婚姻状况都属于品质标志。品质标志只能用文字语言表示。如性别标志的具体表现就只能用"男""女"来表现。数量标志是说明单位数量特征的标志，可以用数值来表示。如某残疾人的年龄可用"21 岁"来表示。用来表示数量标志的数值称为标志值。

（二）指标

统计指标是说明总体综合数量特征的名称，简称指标。任何一个科学、完整的指标都是由指标名称、所属时间、空间、指标数值、计量单位和计算方法等要素构成。例如，某镇 2011 年养老保险参保人数 3562 人，就包含了指标名称、时间、空间、数值、单位等要素，虽然字面上看不出计算方法，但任何一个指标都不是一种原始、直接的数据，而是对各单位特征表现的数量综合。

指标按其反映的总体内容不同，可分为数量指标和质量指标。数量指标是反映总体规模大小、数量多少的统计指标，用绝对数形式表示。如贫困户户数、社会救助总额等。数量指标数值大小随总体范围大小而增减，它是认识总体的出发点，在社会统计研究中占有重要的地位。质量指标是反映总体的相对水平、平均水平和工作质量的指标。如育龄妇女生育率、农民人均年纯收入等。质量指标通常由两个有联系的数量指标对比求得，也可由两个有联系的质量指标或一个数量指标一个质量指标的对比求得。质量指标反映的是现象总体内部的数量关系，因此，其指标数值大小与总体范围大小没有直接关系。指标依据其表现形式的不同，可分为总量指标、相对指标、平均指标。

标志与指标既有区别又有联系。两者的主要区别是：（1）标志是说明总体单位特征的，而指标是说明总体特征的；（2）标志有不能用数值表示的品质标志与能用数值表示的数量标志，而任何指标都能用数值表示。标志与指标的联系主要表现在：（1）许多统计指标的数值都是由总体单位的数量标志的标志值汇总而来的;(2)指标与标志之间存在着变换关系。这种变换与总体和总体单位之间的转化是联系在一起的。随着调查目的和研究范围的改变,原来的统计总体变成了总体单位,则相应的指标也就变成了数量标志;相反,若原来的总体单位变成了总体,则相应的数量标志也就变成了指标。

三、变异与变量

标志在总体单位之间不同的具体表现,称为变异。变异分为品质(属性)变异和数量变异。性别标志表现为男、女,这是属性的变异;而年龄表现为20岁、28岁,这是数量的变异。变异是普遍存在的,它是统计研究的前提。虽然品质标志和数量标志的不同具体表现,一般都可称为变异,但严格地说,变异仅指品质标志的不同具体表现,而将数量标志的不同具体表现称为变量。

可变的数量标志和所有的统计指标均称为变量。变量的具体取值叫变量值。变量可分为连续变量和离散变量。连续变量的数值是连续不断的,相邻两值可以无限分割,例如家庭收入、社会福利费用等。离散变量的数值都是可以用整数位断开的,其值通过计数的方法取得。例如居民户数、初婚人数、社区服务网点数等。统计工作实践中,某些性质上属于连续的变量,如年龄等,通常其变量值只取整数,按离散变量来处理。

四、统计指标体系

统计指标体系是指由若干个相互联系、相互依存的统计指标结合而成的、具有特定功能的整体。一个统计指标只能反映社会现象某一侧面的特征,说明一个简单现象的数量关系,而社会现象是极其复杂的,各类现象之间存在着相互联系、相互制约的关系,因此,要完整、全面地反映社会现象的基本特征和现象之间的复杂关系，就要用一整套的统计指标，即指标体系。例如，了解吸毒者的吸毒状况，仅用吸毒人数等一两个指标是不够的，还须设置吸毒次数、吸毒年限、吸毒费用、吸毒者的平均年龄、复吸率、戒断率等一系列统计指标组成的指标体系。在统计指标体系中，基本指标处于中心地位，其他各项指标围绕着基本指标有机地结合在一起。可以说，科学地设置统计指标体系，是社会统计研究的重要内容。由于社会现象之间的联系是多种多样的，所以反映各种相互联系的统计指标体系也应是多种多样的。人们可以通过对各种现象之间的相互联系的认识，结合所说明的不同问题，拟定不同种类的统计指标体系。虽然统计指标体系不可能不随着社会发展的变化而变化，但在一定时期内应具有相对的稳定性，以便积累历史资料，进行系统的比较分析。

设计指标体系是一个科学性很强的复杂工作。设计时要通盘考虑设置哪些指标，核心指标是什么，各指标之间有何联系，以及指标名称、涵义、内容、计算时间、计算空间如何，计算方法、计量单位如何，等等。设计指标体系应当遵循科学性、目的性、联系性、可比性原则。此外，还要充分考虑实际情况的复杂性。

第五节 计算机在社会统计
分析中运用的重要意义

社会统计学是对社会各种静态现象与动态趋势进行定量描述或推断的专门方法与技术，人们既可用它来分析已经发生和正在发生的社会现象和问题，也可用它来估计和预测未来可能发生的社会现象，但是，社会统计研究任务的复杂性，使得其计算工作繁冗困难，而电子计算机技术的产生与日趋成熟，则使得具有亿万数据的复杂的社会统计资料得以准确而迅速的处理成为可能。计算机在社会统计分析中的运用为统计分析这一定量方法开辟了

广阔的前景。电子计算机在社会统计分析中的意义主要体现为:

第一,它能极大的提高资料整理的效率。计算机处理资料的功能是多方面的。它可以迅速、快捷地对搜集来的统计资料进行分析、比较、筛选、排列、存贮、合并、归类、分组、计算、检验直至打印出各种统计图、表,因而极大的提高了资料整理的效率,特别是在大规模社会统计研究中,资料整理的高效率更加明显。

第二,它能极大的提高统计分析的效率。计算机处理数据的效率是手工方式无法比拟的。越是大规模的社会统计研究,越是复杂的数据处理,计算机进行统计分析的效率越是突出。

第三,它能极大的提高统计分析的精确度。计算机处理数据都有经过精心设计的严格的计算程序,因此,它可以对社会统计研究搜集来的数据进行科学计算。只要统计分析人员在使用计算机过程中严格按照规定的计算程序进行,一般均能得到准确无误的计算结果。

第四,它能以最佳形式组织统计数据。计算机进行统计计算后所形成的数据文件,可按照社会统计研究者的要求进行分类、合并、判断、检索等,并将统计、计算的结果通过计算机的输出设备输出,以供社会统计研究者使用。

第五,它能促进社会统计研究的定量分析与定性分析的结合。社会统计研究的社会现象错综复杂,涉及的变量非常之多,数据量很大,如果用手工方式统计,得出一个结论往往要花费很长时间。因而,以往进行社会统计研究时,很少去搜集大量的数据资料来进行精确的定量研究,大多以定性研究为主。这样,不仅得出的结论十分模糊,准确度不高,说服力不强,而且难以对社会进行整体的、系统的、综合的描述。计算机的出现和应用,逐步将社会统计研究推进到日臻迅速、准确、完善的地步。

计算机统计分析的作用表明,它正在成为现代社会统计研究不可缺少的精确而有效的工具。但是,计算机却无法代替定性分析和人的思维加工。在社会统计研究中，只有将定性分析和思维加工与计算机在统计分析中的运用结合起来，才能真正提高社会统计研究的效率与质量。此外，值得注意的是，运用计算机进行社会统计分析，必须以掌握社会统计理论与方法为前提。

思考练习

1. "统计"一词有几种含义？如何理解各种含义之间的关系？

2. 统计研究的对象是什么？它具有什么特点？

3. 社会统计学有哪些分科？它们之间的关系是什么？

4. 什么是统计总体和总体单位？试举例说明。

5. 什么是标志、指标？它们之间有何区别和联系？

6. 如何理解变异、变量和变量值？

7. 指出下列标志中哪些是品质标志，哪些是数量标志？

(1)民族　　(2)月工资　　(3)家庭人口　　(4)学习成绩

(5)职业　　(6)退休金　　(7)经济来源　　(8)健康状况

8. 试举例说明社会统计四种计量尺度的区别。

9. 指出下列变量中哪些是连续变量，哪些是离散变量？

(1)参保企业个数　　(2)社区服务网点数　　(3)年龄

(4)社会福利费用　　(5)家庭年收入　　　(6)优抚率

10. 指出下列指标中，哪些是数量指标，哪些是质量指标？

(1)社会保险覆盖率　　(2)成灾人口　　　(3)人均居住面积

(4)人口性别比　　　(5)孤老人数　　　(6)优抚机构数

11. 若需较全面地反映一个系学生的学习状况，应设置哪些指标？

案例分析

案例[1-1]　对统计学与社会统计学重要性的认识

在瑞典皇家设立的诺贝尔经济学奖项中，历届所有获此全球最高奖项殊荣的获奖者中有 2/3 以上的研究成果都与统计和定量分析有关。因此，著名经济学家缪尔森在经典教科书《经济学》(第 12 版)中特别提到，"在许多与经济学有关的学科中,统计学特别重要"。华盛顿大学统计学和社会学教授、统计学和社会科学研究中心主任 Adrian E. Raftery 则指出:"社会统计学在最近成为了一个迅速扩展的研究领域,许多重要的研究机构也都在最近几年开始了他们对这一领域的探索"。

分析与讨论

谈谈你对社会统计学对于社会经济发展的重要作用的初步感性认识。

案例[1-2] 农村五保供养体制发生的重大转变

适应农村税费改革不断推进的新形势,修订后的《农村五保供养条例》于 2006 年 3 月 1 日起实施,条例规定:供养标准不得低于当地村民的平均生活水平,并根据当地平均生活水平的提高适时调整。农村五保供养资金,在地方人民政府财政预算中安排。中央财政对财政困难地区的农村五保供养,在资金上给予适当补助。从而将农村最困难的群众纳入了公共财政的保障范围,实现了五保供养从农民集体内部的互助共济体制,向国家财政供养为主的现代社会保障体制的历史性转变。截止 2007 年底,全国纳入供养范围的五保对象有 531.3 万人,其中,孤寡老人 281.8 万人,约占 53%;供养平均支出水平为 1179.6 元/人、年,集中供养平均标准为 1953 元/人、年,分散供养平均标准为 1432 元/人、年。(资料来源:摘自《中国老年福利政策:从社会救济型向适度普惠型发展》,第三届全国社会福利理论与政策研讨会论文集)

分析与讨论

1. 案例中所列统计指标,哪些是数量指标? 哪些是质量指标?

2. 从这些数量指标和质量指标中各举 1 例说明统计指标的构成要素。

3. 案例中哪几个统计指标数值大小随总体范围大小而增减? 哪几个统计指标数值大小与总体范围大小没有直接关系?

4. 案例列出这些统计指标要说明什么问题? 是否得到了充分说明? 为什么?

第二章　社会统计资料的搜集

社会统计学是认识社会的有力武器，而要真正完成一次社会统计认识活动过程，并非一件容易的事。它必须依次认真地做好三个阶段的工作，即资料搜集、资料整理和资料分析。这之中，资料搜集又是社会统计之始，是资料整理和资料分析的前提。

第一节　社会统计资料搜集的一般问题

一、社会统计资料搜集的意义

社会统计资料搜集是根据研究目的，运用科学的资料搜集方法，有组织、有计划地搜集有关社会现象统计资料的工作过程。它在整个社会统计研究中占有十分重要的地位。从研究目的来看，资料搜集是统计研究的起始阶段。统计研究只有通过资料搜集，掌握有关社会现象的丰富材料，才能进行分析，达到认识总体的目的。从统计认识的角度来看，资料搜集基本上属于统计认识过程的感性阶段，统计分析属于理性认识阶段。如果离开了资料搜集这个感性认识阶段，也就谈不上什么理性认识。所以社会统计资料搜集在整个统计研究中有着十分重要的意义，如果不重视这一点，势必造成社会统计分析难以弥补的损失。

二、社会统计资料搜集的要求

为了保证社会统计资料搜集的质量，资料搜集应当遵循三个基本要求：准确、及时、全面。所谓准确性，是指在社会统计研究实践中所获取的原始资料必须真实可靠，符合客观实际。只有可靠的统计资料，才能据以进行正确的统计分析。所谓及时性，是指统计资料的搜集应当在规定的时间内完成。如果资料搜集不及时，就会使得整个统计研究失去时效性。所谓全面性，是指根据研究目的，调查单位与项目的资料搜集要齐全，不得重复、遗漏。若资料残缺不全，就不可能反映研究对象的全貌和正确认识社会现象总体特征。以上三个基本要求是辩证统一的，准确性是基础，没有准确性，及时性、全面性也就失去其意义。

三、社会统计资料搜集的来源

社会统计资料，主要来源于两种渠道：一是来源于直接的社会调查和科学实验；二是来源于他人的社会调查和科学实验。对于直接来源的统计资料，称之为原始资料；间接来源的统计资料，称之为次级资料。原始资料是向调查单位直接搜集的、未经加工整理的资料，它主要通过各种调查方式而取得。次级资料是经初步加工、整理过的，能够在一定程度上说明总体现象的资料。与原始资料相比，次级资料是长期积累形成的，具有信息量大、用途多样、来源广泛，搜集迅速、成本较低、花费时间短等特点。但在使用时应注意：该资料当初的研究目的是什么，什么时间搜集的，原始资料搜集的方法是什么，以及资料数据的含义、计算口径、计算方法等，避免误用；同时，在引用次级资料时，要注明资料的出处，以尊重他人的劳动成果，也便于读者查找。社会统计研究所搜集的统计资料，既包括原始资料，又包括次级资料，但一般指的是对原始资料的搜集。

四、社会统计资料搜集的误差

社会统计资料搜集的误差，指的是统计调查误差，它包括登记性误差和代表性误差。所谓登记性误差是由于对事实的错误判断或错误登记而发生的误差。其产生的原因包括主客观两方面，致使操作不当，技术失真，责任心缺失，诸如计量错误、记录错误、抄录错误，上报过程中的汇总错误，以及被调查者的不如实报告或有意虚报、瞒报等。登记性误差在各种统计调查中，都有可能发生。我国第六次人口普查登记结束后，全国统一随机抽取402个普查小区进行了事后质量抽样调查。结果显示，人口漏登率为0.12%。所谓代表性误差，是指由样本资料得到的指标和总体指标之间的可能存在的差数。它只存在于抽样调查之中。代表性误差的大小、计算、控制等问题第七章将作详细介绍。资料搜集的质量是由调查误差的大小来反映的。而任何一项社会统计资料搜集工作，由于受到主客观因素的影响，因而都不可能完全避免误差，关键是误差要得到有效控制。因此，为了取得准确的资料，必须针对可能发生的登记性误差产生的原因，采取相应的措施，以将其缩小到最低范围内。其措施包括完善调研方案、提高调查人员的责任心和业务素质、加强调查过程的检查、监督等。

第二节　社会统计资料搜集的调研方案

为了保证资料搜集顺利进行，在组织资料搜集之前，必须设计一个切实可行的统计调查方案。一个完整的统计调查方案，应包括以下基本内容。

一、确定资料搜集的调研目的

确定资料搜集的调研目的，就是要明确统计调查所要研究和解决什么问题。有了明确的资料搜集的调研目的，才能确定调查对象，进而确定调查的内容，选择适合的调查方式。目的不明，调查工作就会陷入盲目混乱，导致搜集到的资料要么不合要求，造成人力、物力、财力和时间的浪费，要么需要了解的资料没有在调查结果中得到反映，势必难以满足研究的需要。

二、确定资料搜集的对象和单位

确定资料搜集的对象和单位，就是确定调查对象和调查单位，它是为了解决向谁调查，由谁来具体提供统计资料的问题。调查对象是根据调查目的确定的研究总体。它是由性质相同的许多个别单位组成的。确定调查对象，有助于界定总体范围，避免因界限不清而影响调查资料的准确性。例如，第六次全国人口普查的对象确定为："人口普查对象是指普查标准时点在中华人民共和国境内的自然人以及在中华人民共和国境外但未定居的中国公民，不包括在中华人民共和国境内短期停留的境外人员。"这样就把调查对象的界限划清了。调查单位是组成调查对象的个别单位，也就是总体单位。它是调查项目的承担者。例如调查某福利院老年人的生活状况，调查对象就是某一时期该福利院全体在院老年人，调查单位是每一位在院老年人。在确定调查单位的同时，还应确定报告单位（填报单位），即负责报告调查资料的单位。调查单位与报告单位有时一致，有时不一致。例如调查福利院老年人，调查单位和报告单位是一致的；而在人口普查中，调查单位是每一个人，报告单位却是每一户，二者不一致。

三、确定资料搜集的具体内容

确定资料搜集的具体内容，就是确定调查的项目，也就是一次调查中所要调查登记的统计标志，包括品质标志和数量标志。确定具体的调查项目是统计资料搜集任务的关键环节，因此，调查项目制定得成功与否，关系到整个调查的成败。调查项目的设计与制定，是根据调查目的、研究课题，形成研究假设或研究设想，再明确其中的概念，将概念操作化，一步步分解而来的。所谓概念的操作化就是将抽象的概念具体化为可观测的调查项目的过程。对这一问题的叙述较为复杂，有关详细内容可参阅相关社会研究方法或社会调查方法等书所述研究设计问题。

反映调查单位特征的标志很多，一次调查不可能将调查单位的所有标志都作为调查项目，而应根据调查目的和调查对象本身的特点来选择。确定调查项目应注意：(1)确定的调查项目应是与调查目的直接相关的内容；(2)对不必要或不可能取得的资料内容不要列入调查项目之中；(3)调查项目的含义要明确，应当有统一的解释，而不能出现不同的解释，以保证资料搜集的质量，避免调查人员与被调查者因各自的理解的差异，而使得调查结果无法汇总；(4)各项目之间应尽可能做到相互联系，以便核对；(5)本次调查项目与过去同类调查项目尽可能相互衔接，以便进行动态比较。

调查项目制定好后，还需要通过其物质载体以规范的形式表现出来，即社会统计资料搜集工具，包括调查问卷、调查表格、观察表格、观察卡片等。调查方式方法不同，所需准备的调查工具也就有所不同。本章第五节将对这些调查工具作一介绍。

四、确定资料搜集的调查时间

调查时间的确定包括两方面的含义：(1)调查资料所属的时间。如果是时期现象，就要明确其所属时期，即规定所反映的调查对象属于从何年何月何日始至何年何月何日止的资料；如果是时点现象，就要明确规定资料所属的统一时点，即所谓标准时间，如我国第六次人口普查的标准时间是 2010 年 11 月 1 日零点。(2)调查工作进行的时间期限。即调查工作开始到结束的时间。为了保证资料的及时性，对调查期限的确定应尽可能短。

五、确定资料搜集的组织实施

确定资料搜集的组织实施计划，是统计调查顺利进行的保证。它包括资料搜集的组织机构、人员培训、调查方式、文件准备、经费预算，等等。

调查方案编制出来后，还需进行可行性研究，方法有逻辑分析法、经验判断法和试验调查法。通过可行性研究，发现问题，及时修改、补充、完善，以使资料搜集工作保质保量完成。

第三节　社会统计资料搜集的组织形式

社会统计资料搜集的组织形式，有专门调查和统计报表，此外还有专门组织的实验室实验。专门调查是为了解某种情况或研究某一专门问题，需要在一定阶段上进行一次性的，由专门机构负责组织的调查工作。依据调查对象的范围，专门调查又可分为普遍调查、抽样调查、重点调查和典型调查。社会统计资料，大量的是通过各种专门调查而获得的，其中尤以抽样调查为多。上述各种资料搜集的组织形式、方式，各有其特点和作用以及不同的适用情形，在进行社会统计资料的搜集时，应当根据研究目的和要求选择不同的调查方式，也可以将它们结合起来运用。

一、普遍调查

普遍调查简称普查，它是对研究对象总体所包括的全部单位逐一不漏地进行调查的方式。普查的典型例子是人口普查，如我国进行的六次人口普查。正因为普查搜集的资料全面、准确，做出的结论普遍性、可靠性较高，同时由于普查具有很强的时间性和很广的空间性，使得它获取的资料易于进行分类比较，具有可信性，因而普查的价值比较大，对制定社会计划和社会政策有重要意义。它是了解国情、省情、市情、县情最重要的方法。但是，普查受到时间和空间条件的限制，所需人力、物力、财力较大，组织工作复杂，且调查内容有限，很难对社会问题进行深入细致的研究。因此，普查应用的范围较窄，适应性较小。它只适于对有关全局性的基本情况进行调查，多为政府和统计机关所用。

二、抽样调查

抽样调查是按照随机原则从调查对象总体中抽取部分单位进

行调查，并根据这部分单位的资料从数量方面推算总体指标的一种非全面调查。抽样调查虽然是非全面调查，但它的目的却在于取得反映总体综合指标的资料。在严格遵循随机原则，抽取的调查单位达到足够多的条件下，用样本指标数值来推算总体指标数值，准确性是相当大的。虽然样本数据推算总体的数量特征，不可避免地会产生误差，但是这个误差可以事先计算并加以控制。与全面统计报表和普查相比，抽样调查工作量小，可以节省人力、物力、财力，同时因数据处理时间大大缩短，还可以提高数据的时效性。正因为如此，抽样调查为世界各国广泛采用。关于抽样调查的理论与方法，将在第七章详加介绍。

三、重点调查

重点调查是一种在整个调查总体中有意识地只选择一部分重点单位进行调查的非全面调查。所谓重点单位是那些在全部调查单位中只占小部分比重，而它们的标志量在标志总量中却占绝大比重的单位。通过对这些重点单位进行调查就能够对所研究对象总体的基本情况有所认识和了解。例如，当某地区发生灾情时，有意识地选择少数灾情重、缺粮面大的重灾区和户进行调查，就能及时了解到全部灾情的基本情况。重点调查的明显特点是：一是由于调查单位少，因此比全面调查省事、省力、能用较少的代价及时搜集到总体的基本情况；二是由于重点单位的选择着眼于调查对象的标志值总量的比重，因而它的选择基本不带有主观的因素；三是调查单位与一般未入选的单位的差别较大，故通常不能用重点调查的结果来推算整个调查总体的指标。采用重点调查需要具备两个基本条件：（1）调查的主要任务是掌握研究总体的基本数量情况；（2）调查的某些项目和指标在少数重点单位能够得到集中反映。只有当同时具备这两个条件，进行重点调查才较为适宜。也正因为如此，重点调查的适用范围比较小。

四、典型调查

典型调查是指根据调查的目的和要求，在对被研究现象进行全面科学分析的基础上，有意识地从中选择若干具有代表性的单位作为典型，并通过对这些典型单位的调查来由此及彼地认识同类社会现象的本质及其发展变化规律的一种非全面调查方法。典型调查具有如下几方面突出的特点：一是有意识地选择调查单位；二是调查单位在研究特性上具有一定的代表性，即具有更多的同类事物的一般特征；三是调查单位少；四是调查内容全面、深入、细致，属于一种深度调查；五是侧重于定性研究，它主要通过对事物内部结构的解剖而揭示事物的性质、特点及其发展变化的趋势和规律。典型调查的上述特点，决定了它具有以下用途：(1)可用来研究新生事物；(2)可用来研究事物发展变化的规律；(3)可用来研究事物的不同类型，分析它们之间的差异和相互关系。但是，典型调查也有其自身的局限性：一是不适于大范围调查；二是选出的单位不是通过随机抽样取得的，而是借助于分析判断，因此，受调查者的主观影响较大；三是用典型推论一般，缺乏准确性保证，也难以确定典型单位所代表的总体范围和调查结论的适用范围；四是缺少科学的定量分析。由于存在这些不足，因此，典型调查无法替代普遍调查和抽样调查。但是由于它具有定性研究等方面的优点，故它将继续存在，并与定量分析方法携手前进。

五、统计报表

统计报表是按照国家或上级部门统一规定的表式、统一的指标、统一的报表程序和报送时间，自下而上地逐级提供基本统计资料的一种调查方式。它是定期取得国民经济和社会基本统计资料的一种重要的统计调查组织形式。在我国，统计定期报表已经形成一整套完整的报告制度。它包括的范围比较全面，项目比较系统，分组比较齐全，指标内容和调查周期相对稳定，所反映的是社会经济全貌的基本统计资料，因此，它是各级政府和有关部门制订政策、编制和检查计划的重要依据。

统计报表有着不同的种类：按制发机关的不同，可分为国家统计报表、业务部门统计报表和地方统计报表；按调查范围分类，可分为全面统计报表和非全面统计报表；按报送周期长短的不同分类，可分为日报、旬报、月报、季报、半年报和年报；按填报单位分类，可分为基层统计报表和综合统计报表；等等。统计报表制度的基本内容包括报表目录、表式及填表说明三部分。统计报表的资料，来源于基层单位的原始记录。原始记录是基层单位以一定的表格形式，对生产经营管理活动所做的最初数字和文字的记载。因此，原始记录的质量直接决定统计报表数字的准确性和报送的及时性。利用原始记录还不能直接编制统计报表，中间尚需设置各种统计台账。所谓统计台账，就是根据报表编制和核算工作的要求，用一定的表格形式，按时间顺序设置的一种定期总结、系统积累统计资料的表册。统计台账中的资料由于已经过初步的加工整理，因此可为统计报表的填报提供条件。原始记录、统计台账、统计报表之间的协调统一关系，表明了统计报表资料的一般汇总过程：原始记录是统计报表的资料基础；统计台账是原始记录的系统积累，又是填报统计报表的直接依据；统计报表则是各种原始、次级资料整理汇总和核算的最终结果。

六、实验调查

实验调查是根据一定的研究目的和假设，选择一组研究对象，人为地控制某些因素，在"纯化"的条件下通过观察、记录、搜集资料以证实和研究客观现象间因果关系的方法。实验调查根据实验组的环境，可分为实地实验和实验室实验。实地实验是指在研究对象的现场进行的实验，实验者对实验环境、实验过程及其变化中只能实施部分控制；实验室实验则是在某种人工环境中进行的实验,实验者根据研究目的设置实验环境,并对实验过程实行完全有效的控制,其最大特点是环境的人为性。实验调查的最大优点是实践性,即调查结论不只是眼看、口问、耳听得来的,而是通过亲手干,通过实验激发改变实验条件或环境促使实验对象发生变化而得来的。实验调查有两个不能忽视的缺点:其一,实验对象和实验环境的选择难以具有充分的代表性,特别是实验组与对照组中实验对象和实验环境的选择难以做到相同或相似;其二,实验者很难对实验过程进行充分有效的控制,特别是在实地实验中往往无法完全排除非实验因素的干扰。因此,任何实验调查结论都具有一定的特殊性,其适用范围都是有限的。

第四节　社会统计资料搜集的基本方法

社会统计资料搜集方法主要有以下几种①。它们各有其优点与局限性,实际工作中,应根据不同情况灵活运用,并将各种资料搜集方法结合使用。

一、自填式问卷

自填式问卷,是问卷法的一种类型。它是调查者请被调查者自己填写统一设计的问卷以搜集资料的方法。它具有书面性、间接性和标准化的特点,能在较短的时间内做大面积的调查,适宜于调查有一定文化水平,且总体构成比较单一的调查对象。自填式问卷可以分为如下几种形式:(1)邮寄问卷方式。它通常是把打印好的问卷通过邮局寄给选定的被访者,请他们按一定的要求自行填答问卷,并在规定的时间内将填答完的问卷寄回调查机构或研究者。(2)报刊问卷方式。这是将问卷刊载在报刊上,然后

---

① 周德民等主编:《社会调查原理与方法》,中南大学出版社,2012年,第8、9、10、11章。

随报刊的发行传递到读者的手中，被调查者收到后将其剪下、填写好再寄回报刊编辑部。(3)发送问卷方式。这是由调查员将问卷送到被调查者手中，回答者填完后，再由调查员逐一收回。(4)网络问卷方式。它又有两种形式：一种形式是将设计的网络问卷程序系统放置到网络服务器上，受访者在网上自愿填写后通过网络提交问卷；二是通过电子邮件发送，受访者填答后再通过电子邮件向指定邮箱提交问卷。

　　自填式问卷一般由介绍词、答问指南、问题、答案和编码组成。它是一项要求严格、细致的工作，也是问卷法的最基本最重要的工作。自填式问卷搜集资料，有着如下优点：一是节省时间、经费和人力，调查成本低；二是具有很好的匿名性，适合处理敏感问题；三是可以避免人为因素的影响。其主要缺点：问卷的回收率难以保证；调查资料的质量经常得不到控制；且对调查对象的文化水平有较高要求。

二、结构式访谈

　　结构式访谈是访谈法的一种形式。它是由调查人员按照统一设计的有一定结构的调查表所进行的访谈，调查人员根据被调查者的答复搜集资料的一种方法。结构式访谈的特点是标准化，即选择被访谈者的标准和方法、访谈中提出的问题、提问的方式和顺序，以及对被访谈者回答的记录方式都是统一的。访谈中由访谈者按照事先制作的问卷提问，问卷上的问题可以是封闭式的，也可以是开放式的。在结构式访谈中，问卷是访谈者的主要工具，访谈者必须严格按照问卷上的问题顺序发问，而且不能随意对问题作解释。当被访谈者表示不明白或听不懂时，访谈者只能重复问题或按规定的统一口径解释。通常这种类型的访问都有一份访问指南，其中对问卷中有可能发生误解问题的地方都有说明，这些说明规定了访问者对这些问题解释的尺度。

　　结构式访谈的优点在于：能够对调查过程加以控制，从而提高调查结果的可靠程度；可以有效地避免由于访谈者个人因素造成的干扰或影响，便于对调查资料进行统计处理和对比分析；由于能使被访谈者听清所提的问题，能当场核实答案，因而减少了误答和因问题不清而不回答的数量；不论被访谈者的文化水平、身体健康状况如何，结构式访谈均可以进行。但结构式访谈不利于充分发挥访谈员与被访谈者的积极性、主动性，在一定程度上可能使复杂的问题流于表面，并且很难触及社会生活的背景，很难对所调查的问题进行深入的探讨。同时，结构式访谈费用高、时间长，使调查的规模受限。

结构式访谈包括当面访谈和电话访谈。与自填问卷相比，当面访谈，调查的回答率较高，调查资料的质量较好，调查对象的适用范围广；但调查员与被调查者之间的互动有时会影响到调查的结果，且匿名性差、费用高，时间长，成本高，对调查员的要求较高。电话访谈，投入的人力较少，效率较高；但回复率、有效率较低，费用较高。

三、结构式观察

结构式观察是观察法的一种形式。它是观察者凭借感官和辅助工具，按照预先确定的观察提纲进行的项目明确、程序固定，记录标准化的观察。所谓观察提纲简单地说，就是一份观察项目的清单，此外，还包括观察日期、观察起讫时间、观察地点和观察对象等附属项目。结构性观察对于观察的内容、程序、记录方法都进行了比较细致的设计，观察时基本上按设计的步骤进行，对观察记录的结果适于进行定量化的处理。

结构性观察由于观察者事先周密的设计，使观察可以系统和深入，能够获得进行定量分析、对比分析所必需的数据和资料，但花费的时间较多，且观察的过程中不易灵活应变。

四、文献搜集法

文献搜集法是根据一定的目的和范围来搜集和摘取文献，以此获得所需资料的方法。文献的种类繁多，有文字文献、数字文献、图像文献、有声文献和网络文献等。社会统计研究更多的是搜集数字文献。数字文献有公开出版、报道的统计数据和未公开出版、报道的统计数据。前者如《中国统计年鉴》、《中国社会统计年鉴》、《世界经济统计年鉴》等等。公开出版、报道的统计数据，还可以通过查阅报刊，或从广播、电视等各种传媒中获取，也可以通过网络浏览、下载各种信息，获得相关的各种资料。未公开出版、报道的统计数据包括单位、机构、企业的内部统计数据。文献搜集具有超时空性和间接性的特点，同时可以用较少的人力、经费、时间，获得比其他方法更多的信息。由于许多文献并不都是公开的，因而文献资料并非能随意获得，此外，文献资料落后客观现实，文献的非真实成分也难以鉴别。

五、报告法

报告法是以各种原始记录和核算资料为依据，由报告单位（填报单位）按规定填写调查表并按统一规定的时间上报调查资料的一种方法。我国现行统计报表制度就是采用这种方法搜集统计资料的。这种资料搜集方法的特点是有统一项目、统一表式、统一要求和统一上报程序。当原始记录健全、资料核算工作基础好，用报告法取得的社会统计资料，其准确性是可以保证的。

六、其他方法

社会统计资料搜集除了上述常用方法外，还有非结构式个别访谈和集体访谈、非结构式观察等。

非结构式访谈是事先不制定统一的问卷、表格和访问程序，而是按照一个粗线条的访问提纲，由访谈者和被访谈者进行自由交谈。它有利于充分发挥访谈双方的主动性和创造性,有利于适应千变万化的客观情况,获得结构式访谈无法获得的丰富资料;但非结构式访谈对访谈者的素质要求较高,访谈结果也难以进行深入的定量分析。

集体访谈可以采取结构式进行,以提高访谈的效率,也可以进行非结构式访谈,即通常所说的召开座谈会。通过座谈会所搜集的资料较其他访谈方式所获得的信息更为广泛,而且通过互动方互相启发、互相补充、互相核对和互相修正,使所访谈的资料更为系统全面和真实可靠。由于它同时对多个人进行访问,因而省时省力。但对一些涉及个人情况或敏感问题的调查,通常不适宜采用这种方式。

非结构性观察是观察者在总的观察目的、要求下,不预先制定观察计划,而是根据具体情况,有选择地进行的观察。这种观察在事先无需严格的设计,比较灵活、机动,能够抓住观察进程中发现的现象而不必受设计的框框限制,往往可以获得意想不到的珍贵资料,但得到的资料较为零散,难以进行定量化处理。

第五节　社会统计资料搜集的常用工具

社会统计资料搜集的工具有两类:一类是调查项目的物质载体;另一类是社会统计资料搜集所需的技术装备用品,如电话、计算机和计算器等。这里讨论的是前一类常用工具①。

一、调查问卷

全面调查和抽样调查,需要事先设计和准备调查问卷。

问卷结构一般包括封面信、指导语、问题、答案、编码等几个

---

① 周德民等主编:《社会调查原理与方法》,中南大学出版社,2012年,第6、9、11章。

部分。封面信是一封致被调查者的短信，一般需说明调查者的身份、调查的主要目的、大致内容、调查对象的选取方法、保密措施等；指导语，是用来指导被调查者填答问卷的一组解释和说明，其作用是对填表的方法、要求、注意事项等作一个总的说明；问题和答案，是每一份问卷必不可少的核心组成部分；编码是赋予问卷中每一个问题及其答案一个英文字母和阿拉伯数字作为它的代码。

问卷设计的关键是"问题"。围绕问题，最感困难的事是如何产生与形成问卷中的问题，以及如何合理、科学与艺术地提出每一个问题。前者与本章第二节所述的确定资料搜集的具体内容密切相关；后者则是这里要说明的。问题的形式设计有开放式与封闭式。开放式问题，就是不为回答者提供具体答案，而由回答者自由填答；封闭式问题，就是在提出问题的同时，还给出若干个答案，要求被调查者选择一个作为回答，其具体设计又有多种形式。

问卷中所提问题，其措辞应遵循简短、明确、通俗、易懂的基本原则，必须做到：问题的语言要简明、问题的陈述要简短、问题的表述要单意、问题的提法要中立、问题的句式要肯定、问题的提问要能答、敏感问题询问要间接。

问题的排列次序应按照如下一般原则来安排：问题的排列应有时间连续性，或由近及远，或由远及近地排列问题，切忌远近交叉，前后跳跃；行为事实问题放在前面，观念态度问题放在后面；简单易答的问题放在前面，复杂难答的问题放在后面；同类型问题编排在一起；封闭式问题编排在先，回答比较复杂的开放性问题在后；不容易引起回答者情绪反应的非敏感性的一般问题放在前，特殊的、敏感性问题放在后。

一份问卷的问题不宜太多，一般应限制在被调查者20分钟以内能顺利完成为宜，最多不超过30分钟。

问题备选答案的设计，要求做到：答案要具有穷尽性，即答案应包括了所有可能的情况，答案要具有互斥性，即答案互相之间不能交叉重叠或相互包含，答案要与现实情况相符合，答案要语言简练明确,答案要避免答非所问。

在一些大型的统计调查中,研究者通常采用以封闭式问题为主的问卷。为了将被调查者的答案转换成数字,以便输入计算机进行处理和定量分析,往往需要对回答结果进行编码。编码既可以在设计问卷的时候就设计好,也可以在调查完成后再进行。前者称为前编码,后者谓之后编码。后编码详见第三章第三节。这里介绍前编码。问题和备选答案的编码一般放在问卷每一页的最右边。例如:

A1 您的年龄:_____岁　　　　　　　　　A1□□

A2 您的性别:

　1.男　　　　　2.女　　　　　　　　　　　□

A3 您的婚姻状况:

　1.未婚　2.已婚　3.离婚　4.丧偶　　5.其他　　□

A4 您去年年收入为:_____元　　　　　　□□□□□

对于 A1 问题来说,因为年龄一般往往在 100 岁以内(若某人年龄大于 100 岁,常记为 99 岁),故编码给出两格。对于 A2、A3 问题,都只可能选择一个答案,答案数目小于 10,故分别只给一格。而 A4 个人年收入,一般 100 000 之内。

问卷的设计、制作是一个较为复杂的过程,详细设计情况可参阅有关社会调查方面的书籍。具体实例请见本章第六节。

二、调查表格

采用全面调查、抽样调查、重点调查方式时,有的也需要事先设计与编制调查表格。所谓调查表是根据调查目的所确定的具体调查项目,按照一定的顺序排列用框格形式表现的一种表格。调查表的形式一般有单一表和一览表两种。单一表是指每个调查单位填写一份的调查表,它可以容纳较多的项目,适用于详细调查。表 2－1 是家庭户就业情况调查的单一表。

表 2 – 1   2012 年年初职工家庭就业人口调查表

姓 名	与户主关系	性别	年龄	工作单位	职业	职务职称	备注

一览表是在一张表格上可以填写许多调查单位情况的调查表，其特点是每个调查单位的共同事项只需登记一次，节省了人力和时间，但调查的项目不能太多，适用于调查项目不多的调查。如表 2 – 2 所示。

表 2 – 2   参加基本养老保险人员缴费情况表

单位编码 _____年   单位：元

姓 名	社会保障号 码	参加工作时 间	用工形式	视同缴费年限	首次参保年 月	月缴费工 资	备注

填报单位(章)：   联系电话：
联系人(签章)：   填报日期：

调查表与问卷不同：问卷是"问题表格"，而调查表是由调查项目排列而成的框格形式表格，是非问题表格；问卷多用来对个人的状态、行为、态度进行测量，调查表并不偏重这一方面，宽泛一些。在社会调查中，人口调查、经济调查、城镇住房调查、全国残疾人抽样调查、城乡老年人口状况调查等，一般需要使用调查表，但社会调查更多的是采用问卷搜集调查资料。

三、观察提纲、观察表格和观察卡片

运用结构式观察法搜集资料，需事先准备观察提纲。所谓观察提纲，简单地说，就是一份观察项目的清单。如调查农村贫富情况的观察项目清单，其内容包括：住房类型、住房间数、住房面积、家庭电器、大型家具、摩托车、电动车、汽车数、食物衣着

等。此外,观察提纲还应包括观察日期、观察起讫时间、观察地点和观察对象等附属项目。如果观察项目较多,则被分为一些观察表格、观察卡片。设计观察提纲的同时,还应附带一个观察指南。其作用在于:指导观察者正确理解、利用和填写观察提纲或观察表格、观察卡片,指导观察者如何观察被观察对象以及如何填写观察结果等。当聘请观察员进行观察时,观察指南尤为必要。

观察表是将观察项目以表格的形式排列。如表 2−3 所示。

表 2−3   某街道路口汽车通行情况观察表

观察地点:××市××区××路   观察方向:由南往北

观察时间:7 时 30 分～8 时 30 分

车辆类型		通过车辆数
小汽车		
客车	小型客车(10 座以下)	
	中型客车(11～30 座)	
	大型客车(31 座以上)	
货车	小型货车(3 吨以下)	
	中型货车(4～7 吨)	
	大型货车(7 吨以上)	
观察意见		

观察员:

观察卡片往往列出某一类或涉及一个方面的问题。它们均要依据观察指标进行设计。如表 2−4 所示。

设计和制作统一的观察表格和观察卡片,不仅是为了提高观察、记录的质量和速度,而且是为了便于分类整理,对观察结果做定量分析和对比研究。

表 2 - 4　某次会议观察卡片

编号：

被观察单位：　　　　　会议主题：

观察地点：　　　　　　观察日期：　　　　　观察时间：

项　目		人　数	备　注
会议人数	会议开始时		
	迟　到		
	中途退场		
	会议结束时		
会议情况	发　言		
	参与讨论		
	看书报杂志		
	闭目养神		
	闲　聊		
	做其他事情		
主要观感			

观察员：

四、量表

量表是用多个问题对同一调查项目进行测量的测量工具。在社会调查及其他社会研究中，大多是运用量表来测量人们的态度。例如，可用以下几个问题组成量表来了解城市居民对流动儿童在城市就读的态度。如表 2 - 5 所示。

表 2 – 5   调查城市居民对流动儿童在城市就读的态度的测量量表

提问项目	是	否
(1)您是否愿意流动儿童与您小孩在同一所学校就读?	1	0
(2)您是否愿意流动儿童与您小孩在同一所学校同一年级就读?	1	0
(3)您是否愿意流动儿童与您小孩在同一所学校同一班级就读?	1	0
(4)您是否愿意流动儿童与您小孩在同一班级同桌一起就读?	1	0
(5)您是否愿意流动儿童与您小孩结交朋友,在一起玩耍?	1	0

回答"是",记 1 分,回答"否",记 0 分。所得总分,能较精确地度量人们对流动儿童在城市就读的态度。如得 5 分者表示最没有偏见,得 0 分者表示存在严重歧视。对这一调查,也可用问卷形式:"您是否愿意流动儿童与您小孩一起就读? ①非常愿意;②愿意;③无所谓;④不愿意;④非常不愿意"。虽然调查者也能得到被调查者的真实回答,但显然调查结果不如量表能精确地测量到被调查者对流动儿童在城市就读的偏见程度。在社会调查研究中,量表不仅能测量人们的态度,而且能测量人们的能力、智力、性格、素质、社会地位、社会关系、生活水平等。量表的形式有多种,诸如总加量表、累积量表、瑟斯通量表和语言差度量表等,其制作方式和设计方式各不相同,读者可阅读有关心理测量和社会学方法方面的著作。

第六节   社会统计资料搜集的应用实例

一、抽样调查方案

人口变动情况抽样调查方案[①]

---

① 国家统计局网站。

（一）调查目的

为了准确、及时地掌握全国和各省（自治区、直辖市）人口变动以及人口计划执行情况，准确地反映城乡劳动力资源、就业和失业人口的总量和结构情况，为国家和省级人民政府制定国民经济和社会发展计划，掌握人口增长情况提供可靠的人口数据，及时为政府准确判断就业形势，制定和调整就业政策，改进宏观调控提供依据，根据国办发〔1992〕57号文件和国办发〔2004〕72号文件的要求，特进行2008年人口变动情况调查，并同时进行2008年第4季度劳动力调查。

（二）调查对象和登记原则

本次调查对象为抽中调查小区内具有中华人民共和国国籍的人。调查以户为单位进行，既调查家庭户，也调查集体户。应在抽中调查小区内各户登记的人包括：①2008年10月31日晚居住在本户的人；②户口在本户，2008年10月31日晚未居住在本户的人。

应在本户登记的人分成以下几种类型：

（1）本户常住人口：①住本户，户口在本乡、镇、街道的人（含户口在本户，外出不满半年的人）；②住本户半年以上，户口在外乡、镇、街道的人；③住本户不满半年，户口在外乡、镇、街道，离开户口登记地半年以上的人；④住本户，户口待定的人。

（2）本户户籍外出人口：户口在本户，离开本乡、镇、街道半年以上的人。

（3）本户暂住人口：暂住本户，户口在外乡、镇、街道，离开户口登记地不满半年的人。

不同类型的人，分别在《人口变动和劳动力调查表》中不同的部分进行登记。

抽中调查小区内的2007年11月1日至2008年10月31日死亡的人口要登记《死亡人口调查表》。

（三）调查项目

《人口变动和劳动力调查表》

1. 按户填报的项目有

户编号、户别、应在本户登记的人数、本户常住人口数、本户户籍人口中外出半年以上人数、暂住本户，户口在外乡、镇、街道，离开户口登记地不满半年的人数、本户 2007 年 11 月 1 日至 2008 年 10 月 31 日出生人口、本户 2007 年 11 月 1 日至 2008 年 10 月 31 日死亡人口共 8 个项目。

2. 按人填报的项目有

本户常住人口情况：姓名、与户主关系、性别、出生年月、民族、户口登记地状况、离开户口登记地原因、户口性质、2007 年 11 月 1 日常住地、是否识字、受教育程度、学业完成情况、婚姻状况、2007 年 11 月 1 日至 2008 年 10 月 31 日生育情况、是否工作、工作单位类型、就业身份、签订劳动合同情况、未工作原因、是否寻找工作、当前能否工作、未找工作或不能工作的原因、行业、职业、参加社会保险情况、目前的主要生活来源共 26 个项目；

本户户籍外出人口情况：姓名、性别、出生年月、户口性质、受教育程度、外出地状况、外出原因、外出时间；

本户暂住人口情况：姓名、性别、出生年月、户口登记地；

《死亡人口调查表》

填报的项目有户编号、姓名、性别、出生年月、死亡月份。

（四）调查的组织实施

1. 组织方式

2008 年第 4 季度劳动力调查与 2008 年人口变动调查结合进行，采用《人口变动和劳动力调查表》同时收集人口变动和劳动力调查的信息。

2. 组织领导

本次调查在当地政府的领导下，以统计部门为主组织实施，并在基层组织的协助下，派人到抽中的调查小区，进行入户登记。各级统计部门要积极争取有关部门的支持和配合，确保调查数据质量。

3. 调查指导员、调查员的选聘、培训与管理

调查指导员、调查员的选调工作由县级统计机构负责。调查员主要从政府统计系统和基层组织人员中选调，也可从社会招聘，应尽可能保持调查员队伍的稳定。各级统计机构要加强对调查员的培训，应尽可能减少培训层次，以提高培训效果。各级统计机构要加强对调查员工作的监督检查。

4. 调查的宣传工作

为使调查工作顺利进行，各级统计部门和调查工作人员要向调查样本点所在地政府领导做好宣传工作，讲明抽样调查的意义，特别要讲清抽样调查数据对本地、县、乡、村没有代表性，不作为考核本地、县、乡、村人口、就业计划完成情况和政绩的依据，以取得他们的理解和支持。同时还要做好群众的宣传工作，使他们解除思想顾虑，如实反映情况。

5. 调查摸底、入户登记与复查工作

在充分做好调查摸底工作的基础上，进行入户登记工作。入户登记完毕后，要采取议查和个别访问的方法认真进行复查。

6. 调查表编码

调查表编码分专项编码和非专项编码两部分，非专项编码由调查员在登记、复查、逻辑审核无误后进行，专项编码由县级统计机构组织经过培训的专项编码员集中进行。

7. 调查表的报送

调查员在完成登记、复查、编码工作后，要将调查表以调查小区为单位收集，将填写好的调查小区封面放在本小区《人口变动和劳动力调查表》前面，《死亡人口调查表》放在最后，一起装入包装袋后，统一报县级统计机构。县级统计机构报送调查表方

式由各省(自治区、直辖市)统计局根据需要确定。

(五)事后质量抽查

为了准确地掌握全国人口变动调查和劳动力调查的调查误差,各省(自治区、直辖市)在基层调查登记工作结束后,要按照调查制度的规定,立即进行事后质量抽查工作。事后质量抽查结果只用于评估全国调查的质量。

(六)数据处理与资料管理

(1)国家统计局人口和就业统计司负责数据录入程序和汇总程序的编制和下发。

(2)调查数据的录入工作由各省(自治区、直辖市)统计局人口(社科)处按照规定的格式和要求,组织实施。

(3)各省(自治区、直辖市)统计局人口(社科)处要在规定的时间内,做好有关资料的报送工作。

(4)全国数据由国家统计局人口和就业统计司负责汇总,各省(自治区、直辖市)的数据要按照国家统一的部署和安排进行汇总。调查数据需经国家统计局审定后方可使用。

(5)数据处理完成后,调查表和原始数据由各省(自治区、直辖市)统计局人口(社科)处负责管理。

(七)调查工作要求

(1)为了保证调查工作的顺利进行,各级统计机构要切实加强对调查工作的管理。要建立调查工作的质量责任制,明确各项工作要求,对整个调查工作的全过程进行质量监督。

(2)为了保证全国调查数据的范围、分类和计算方法的统一性,各地区必须严格执行调查制度的规定。遇到特殊情况要向上级有关部门请示,不得按照个人的理解擅自处理。

(3)调查员要对其所负责的调查小区的数据质量负责,如果发现调查数据有不实的情况,必须返工重做。

(4)调查员、调查指导员以及各级统计机构及其工作人员都要按照《统计法》的规定，对调查结果、特别是被调查户的情况保守秘密，不得向调查机构以外的任何单位和个人泄漏。

二、调查问卷实例

一审	二审	编码		问卷编号		
				区位编码		
				访员编号		

政府法制建设三十年专题调查问卷①

尊敬的女士/先生：

　　您好！受国务院法制办委托，我们正在进行一项有关我国全面推进依法行政方面的调查，希望听到您的意见。调查采取无记名方式，您的意见仅供课题组研究参考，涉及您的个人信息将会受到充分尊重和保护。问卷中的问题，如无特别说明均为单选题，在列出的答案中选择一项打√即可；对于多选题，您可根据自己的想法选择 1 个或多个答案

　　调查截止日期为 2008 年 2 月底。填好的问卷，电子版请发送到联系人信箱：陆伟明（博士生），62517622、13810974032、lwm0418@ sohu. com；纸稿版请寄到：100872　北京市海淀区中关村大街 59 号　中国人民大学法学院　莫于川教授收。

谨对您的支持和帮助表示衷心感谢！

中国人民大学宪政与行政法治研究中心
二〇〇八年二月十八日

　　　　访问开始时间T₁：_____月_____日

　　　　　　　T₂：_____时_____分

---

① http://www.baidu.com/ 编者引用时作了适当处理。

A 接受调查者(受访者)的个人情况:

A1. 性别:

　1. 男　　2. 女

A2. 年龄:_____(周岁)

A3. 职业:

　1. 行政公务人员　　2. 其他公务人员　　3. 非公务人员

A4. 受教育程度:

　1. 初中以下　2. 高中　3. 大专　4. 本科　5. 研究生

A5. 受访者所在地区:_____省(自治区、直辖市)_____市_____县_____乡镇

B 一、政策背景

B1.(a)国务院于 2004 年 3 月出台了《全面推进依法行政实施纲要》,您的了解程度为:

　1. 非常清楚　　2. 比较清楚　　3. 知道一些　　4. 没听说过

(b)您是否知道《全面推进依法行政实施纲要》提出了我国建设法治政府的目标?

　1. 详细知道　　2. 大致知道　　3. 知道一些　　4. 没听说过

B2. 全国法制宣传日是:

　1. 5 月 1 日　　2. 10 月 1 日　　3. 12 月 1 日

　4. 12 月 4 日　　5. 不知道

B3.“依法治国,建设社会主义法治国家”被写进宪法,是在下列哪一年的宪法修正案通过?

　1. 1988 年　　2. 1993 年　　3. 1999 年　　4. 2004 年　　5. 不知道

C 二、重要立法

C4.(a)您知道《中华人民共和国立法法》吗?

　1. 知道[请做(b)题]　　　　2. 不知道[跳过(b)题]

(b)您对《中华人民共和国立法法》的重要性认识程度为:

　1. 非常清楚　　2. 比较清楚　　3. 知道一些　　4. 不了解

(c)您参加过立法过程中的座谈会、论证会或听证会等立法活动吗?

　　1.经常参加　　　2.多次参加　　　3.偶尔参加　　　4.从未参加

C5.(a)您是否知道《中华人民共和国行政复议法》?

　　1.是[请做(b)题]　　　　　2.否[跳过(b)题]

(b)您对《中华人民共和国行政复议法》的了解程度为:

　　1.用过它维护权益　　　　　2.读过一些内容

　　3.听人说起过　　　　　　　4.不了解

C6.(a)您是否知道《中华人民共和国行政诉讼法》?

　　1.知道[请做(b)题]　　　　2.不知道[跳过(b)题]

(b)您认为《中华人民共和国行政诉讼法》在保护公民权益方面的作用:

　　1.比较到位　　2.一般　　　3.不大理想　　4.很不理想

D 三、执法救济

D7.(a)您知道"孙志刚案件"吗?

　　1.是[请做(b)题]　　　　　2.否[跳过(b)题]

(b)您如何评价相关政府在处理该案上的表现?

　　1.非常满意　　2.比较满意　　3.一般　　　　4.不大满意

D8.(a)您是否看过或听说过由著名演员巩俐主演的老电影《秋菊打官司》?

　　1.是[请做(b)题]　　　　　2.否[跳过(b)题]

(b)您认为这部电影给我们的启示有(可多选):

　　1."民告官"现象越来越普遍,公民维权意识显著增强

　　2.对"讨个说法"的理解,一般民众跟国家机关存在差别

　　3.现有的国家法跟"乡土法"之间仍需要进一步互动和协调

　　4.在我国,公民的法治观念和意识需要得到多方面提高

　　5.其他＿＿＿＿＿＿＿＿＿＿＿＿＿＿＿＿＿＿＿＿＿(请注明)

D9.您是如何看待现今普遍存在的"行政罚款"现象的?

　　1.挺合理,没什么异议　　2.数额能接受,但处罚程序不当

3.罚得太少，力度不足　4.罚得太多，程序上也存在问题

5.其他_____（请注明）

D10.您对政府公务信息公开现状的看法是：

1.非常公开　　　2.公开不多　　　3.不公开

4.不应当公开　　5.不知道

D11.（a）您知道或亲自参加过行政听证程序的活动吗？

1.是[请做(b)题]　　　　　　2.否[跳过(b)题]

（b）您认为目前行政听证程序所起到的效果如何？

1.作用很大，是公民参与政府行政决定的重要方式之一

2.作用较大，有的听证还可以起些作用，有的就不行了

3.作用不大，对公民的实质利益保护十分不力

4.没啥作用，根本就保护不到公民的实质利益

D12.当您的合法权益受到行政机关不法侵害时，您会倾向于选择何种途径解决？

1.自认倒霉，不了了之　　2.找关系解决　　3.信访

4.行政复议　　　　　　　5.行政诉讼

6.其他_____（请注明）

E 四、队伍建设

E13.您是如何看待当前行政工作人员的执法行为效果的？

1.合法、公正　　　　　　2.合法、但不公正

3.不合法，也不公正　　　4.不知道

E14.您觉得当前行政工作人员的执法效率如何？

1.效率很高　　2.效率较高　　3.效率一般

4.效率低下　　5.难以评价

E15.您认为行政公务人员是否应参加与工作相关的执法培训？

1.经常参加　　2.有时参加　　3.不需参加

E16.在您看来，现有行政公务人员需要从下列哪些地方加以完善提高(可多选)？

1. 法治观念需得到进一步加强
2. 自身业务素质仍然亟需提高
3. 不断增强廉洁性和抗腐能力
4. 努力加强人文关怀方面修养
5. 其他＿＿＿＿＿＿＿＿＿＿（请注明）

F 五、问题建议

F17. 您对政府法制建设这三十年的整体评价是：

1. 非常满意，越来越好
2. 比较满意，需要改进
3. 不大满意，有很长路要走
4. 很不满意，太多地方需要完善

F18. 您对加强和完善政府法制建设工作还有哪些意见和建议？（请写在下面）＿＿＿＿＿＿＿＿＿＿＿＿＿＿

再次对您的大力支持配合，表示由衷感谢！

第七节　计算机统计分析软件介绍

社会统计资料搜集阶段，搜集而来的是大量零星、杂乱的数据资料，一般需要借助计算机进行整理、分析，而计算机处理繁琐的数据，离不开先进实用的数据处理软件。数据处理软件众多，常用的有 SPSS、SAS、LISREL、AMOS、Excel 等。这里主要介绍 SPSS 软件和 Excel 软件。

一、SPSS 软件

社会统计分析常用的软件是 SPSS。SPSS 最初是 statistical package for social science 的英文缩写，即社会科学应用统计分析软件包。它于 20 世纪 60 年代由美国斯坦福大学三位研究生研制，最初研发的只是一个小型软件包，统计功能不多，经过几十年的发展，逐步扩展成了集统计分析、决策支持、管理咨询等功能于一身的巨型服务系统，因而其英文名字变成 statistical system and service solution。由于 SPSS 统计功能强大，表格和图形制作方便，入门相对比较容易，因而成为当今世界流行最广的统计分析系统之一。在我国，由于 SPSS 影响巨大，因而它几乎成了统计软件的代名词。在国际学术界有条不成文的规定，在国际学术交流中，凡是用 SPSS 软件完成的计算和统计分析，可以不必说明算法，由此可见其影响之大和信誉之高。

SPSS 软件系列包含了 SPSS 的基本操作功能、图形功能和统计分析功能。统计分析功能包括样本描述与数据准备、参数估计、假设检验、相关分析、回归分析、方差分析、因子分析、聚类分析、判别分析和可靠性分析等。SPSS 是世界上最早采用图形菜单驱动界面的统计软件，它将几乎所有的功能都以统一、规范的界面展现出来，用户只要掌握一定的 Windows 操作技能，粗通统计分析原理，就可以使用该软件为特定的科研工作服务。

SPSS 输出结果虽然漂亮，但不能为 Word 等常用文字处理软件打开，只能采用拷贝、粘贴的方式加以交互调用；再者，SPSS 虽说入门容易，但要真正运用它，使其充分发挥各种功能，却并非易事，由于软件内容丰富、涉及面广且操作繁杂，故一般仅供统计专业人员和进行大型专业统计时使用；此外，SPSS 价格昂贵，非专业用户一般不会购买。

二、Excel 软件

Excel 是微软公司推出的办公软件 Office 系统中的一种。它具有功能强大、技术先进、使用方便等特点，广泛应用于会计、财务、金融、营销、贸易、统计、行政等领域。就统计功能来说，Excel 虽然比不上 SPSS 等专业统计软件，但它也有相当丰富的统计功能，能完成许多复杂的数据运算、进行数据分析和预测，并且具有强大的制作图表的功能等，足以满足大多数用户统计分析的需要。更重要的是，Excel 使用简便，能够与 Windows 操作系统以及 Office 中的其他软件良好结合。例如，用 Excel 分析完数据后，撰写研究报告时其统计结果可直接进入 Word，而不必像使用其他统计软件那样需要转换。正因为此，Excel 在我国已被越来越广泛地使用。社会统计分析亦可使用之。本书后续章节便是使用 Excel 软件来介绍计算机在社会统计分析中的运用。

利用 Excel 进行统计分析，主要是利用 Excel 中的统计函数、数据分析工具和图表。Excel 内置的函数中有很多可用于统计，其中常用的统计函数有：AVERAGE（算术平均数）、MEDIAN（中位数）、MODE（众数）、STDVE（样本标准差）、STDEVP（总体标准差）、CONFIDENCE（总体平均数的置信区间）、ZTEST（Z 检验的双尾 P 值）等。在工作表中插入这些函数即可得到相应统计指标或估计量的数值。Excel 提供了一组可直接使用的数据分析工具，称为"分析工具库"。其使用方法是：选择菜单栏中的"工具"→"数据分析"命令，在弹出的对话框中选择所需的分析工具，再在所选工具的对话框中填写必要的数据或参数的信息后单击"确定"按钮，即可得到所需的输出结果。

思考练习

1.什么是统计调查？统计调查的意义和要求是什么？

2.为什么要制定统计调查方案？统计调查方案应包含哪些主要内容？

3.调查对象、调查单位和报告单位之间有何区别？试举例说明。

4.调查时间的含义是什么？为什么要规定调查时间？

5.重点调查、典型调查与抽样调查，各有哪些特点？其区别与联系何在？

6.社会统计调查的具体方法有哪些？

7.社会统计工作中为什么要强调多种调查组织方式方法的结合运用？

案例分析

案例[2-1]　两个研究课题的比较

课题1：艾滋病患者的社会支持状况调查

课题2：未成年人成长环境调查

分析与讨论

1. 这两个课题分别适用何种调查方式？为什么？

2. 这两个课题适宜采用哪些方法收集资料？为什么？

案例[2-2]　"农村劳动力资源现状调查"确定的调查项目

下面是根据某项课题"农村劳动力资源现状调查"确定的部分问题，即在问卷中提出需要被调查者回答的项目：家庭成员、家庭人均耕地面积、收入来源、家庭成员从事的行业、家庭支出、家庭拥有家电的情况、家庭人均居住面积、经济状况、家庭成员在外打工从事的工种、家中田地菜地荒芜程度、家中老人收入来源、老人身体状况、家中所在农村实行国家相应政策情况、希望国家对农村发展所作出的举措。

分析与讨论

1. 上述调查项目是否能充分反映课题研究目的，你认为需要做哪些项目的增减？

2. 根据该课题及其所确定的上述项目与你认为要增减的项目，设计一份调查问卷。

第三章　社会统计资料的整理

第一节　社会统计资料整理的程序与方法

一、资料整理的意义与程序

（一）社会统计资料整理的意义

社会统计资料整理是根据社会统计研究的目的，将统计调查搜集到的原始资料进行科学分类、汇总，使其条理化、系统化，从而得到综合说明所研究总体数量特征的统计资料的工作过程。根据研究目的，统计调查所搜集到的资料大多是零星、不系统的，只能说明各调查单位的具体情况，只有对这些资料进行整理加工，才能够得到反映总体特征的各项指标，显示出调查总体的数量特征和变化规律。社会统计资料整理在社会统计工作中处于承前启后的位置，是从对社会现象个体量的观察过渡到对社会现象总体认识的连接点。社会统计资料整理的结果能否如实地反映客观情况，直接影响社会统计资料分析的准确性和真实性。

（二）社会统计资料整理的程序

1.设计整理方案

统计资料整理方案是根据研究目的，事先对整个整理工作做出的全盘安排。由于资料整理是在资料搜集的基础上进行的，同时又直接为资料分析服务，因此，制定整理方案时，一方面必须与资料搜集的调研方案相适应，使整理方案有实现的可能；另一方面也必须与资料分析任务相适应,使统计整理结果能够满足统计分析的要求。统计整理方案的主要内容包括:根据研究目的,确定对哪些内容进行整理;如何进行统计分组;选择整理组织形式与方法;采用哪些汇总指标以及统计资料如何表现等。

2.审核原始资料

在进行资料整理之前,必须对调查来的原始资料进行审核,以保证资料整理的质量。审核的主要内容包括资料的准确性和完整性两个方面。准确性审核主要是检查原始资料是否真实可靠,符合社会客观实际。具体审核方式有逻辑审核与计算审核。逻辑审核主要是检查调查项目之间有无自相矛盾或不符合实际的地方。计算审核主要是检查调查表中各项数据在计算方法、计量单位、计算结果上有无差错,同一指标数值在不同的调查表上是否相同等等。完整性审核主要是检查统计资料是否按规定的调查项目搜集齐全,调查单位是否有重复和遗漏,报送单位是否有不报或漏报的现象等。资料审核中,对于发现的问题与错误,应分别情况及时纠正与处理。

3.进行分组汇总

资料的分组与汇总是整理工作的中心环节。它是按照一定的组织形式和方法,对原始资料进行科学的组别划分,并对个体资料加以归类,计算出各组单位数和总体总数,获得统计整理成果。

4.编制统计图表

将整理结果以统计表或统计图的形式表现出来,简明扼要地表达现象的数量特征。

二、资料整理的统计分组法

统计分组法既是统计资料整理的基本方法,也是统计研究的一种重要方法。它在统计研究中的应用非常广泛。

（一）统计分组的意义

统计分组就是根据统计研究的目的和研究对象本身的特点，按照一定的标志，将调查总体划分为若干组的一种统计分析方法。统计分组具有两方面的含义：从总体角度看，它是"分"的过程，是将总体中的各个单位划分为若干性质不同的组成部分；从个体角度看，它又是"合"的过程，是把总体中性质相同的单位组合成一组。统计分组的要求是，通过分组应起到组内同质、组间异质的效果。

统计分组在统计研究中占有重要地位。只有将调查总体进行科学的分组，才能对统计资料进行科学的加工和分析，得出研究现象正确的结论，从而准确、深刻地认识事物的本质特征。通过统计分组，可以区分社会现象的不同类型，说明社会现象的内部结构，分析社会现象之间的依存关系。统计分组是统计整理的关键，它关系到整个统计研究工作的成败。

（二）统计分组的种类

1.品质标志分组与数量标志分组

（1）按品质标志分组。这是按反映事物属性或质的特征的品质标志进行的分组。如老年人按婚姻状况、户居方式分组；流浪儿童按外流原因、流出地分组等。这种分组能直接反映事物性质的不同，给人以具体明确的概念。按品质标志分组有的比较简单，如上面所举之例均如此；有的则比较复杂，如对人口职业分类就比较复杂，其类别繁多，且各组界限很难划定。对于复杂的重要品质标志的分组，国家往往编有标准的分类目录，以统一全国的分组口径。

（2）按数量标志分组。这是选择表现总体单位数量差异的数量标志为分组标志。如将贫困户按家庭人口分组，了解职工生活按经济收入分组，等等。按数量标志分组，必须以分组结果能够反映被研究现象的不同类型和性质差异为前提。

2. 简单分组与复合分组

(1)简单分组。简单分组就是对研究对象只按一个标志进行的分组。如居民按家庭人均收入分组,妇女按初婚年龄分组等。它们分别只能从一个角度说明现象的分布状况和内部构成。对于同一总体采用两个或两个以上的标志进行简单分组,则形成平行分组体系。在平行分组体系中,各简单分组的分组标志是平等的关系,无主次之分。如表3-13所示。

(2)复合分组。复合分组就是对所研究对象选择两个或以上的标志进行层叠分组。即先按一个标志分组,然后,再对每一个组别按另一个标志作进一步分组。例如对某系学生按专业和性别进行复合分组,如表3-12所示。复合分组比简单分组能更深入地说明问题。但在分组时,应根据分析的要求,确定分组标志的主次顺序,主要标志在先,次要标志在后。另外,分组标志不宜过多,以防组数太多而显得内容繁杂,不利于说明问题。

(三)统计分组的方法

1. 选择分组标志

统计分组的关键在于分组标志的选择。它直接影响到分组的作用和效果。因此,选择分组标志应遵循以下原则:

(1)根据研究目的选择分组标志。调查总体单位有许多标志,究竟选择什么标志作为分组标志,需要根据研究目的来决定。如要分析老年人对待火葬的态度,可以选择年龄作为分组标志,而要了解老年人的生活状况,则应以月生活费用作为分组标志。

(2)选择能够反映现象本质特征的标志。在研究对象的诸多标志中,有的标志是主要的、本质的;有的则是次要的、非本质的。只有选择了主要的、本质的标志作为分组标志,才能达到反映现象本质或主要特征的目的。例如,研究居民生活水平状况,可以按民族标志,也可按城乡地区标志对居民分组,从现实情况来看,按城乡分组比按民族分组更能反映所研究问题的本质。

（3）考虑现象所处的具体时空条件。社会现象会随着时间、地点、条件的变化而发生变化。同一分组标志，在某一时期、地点适用，在另一时期、地点就不一定适用。因此，应针对各种具体情况进行具体分析。例如，解放初期研究农村经济政策时，按阶级成分分组是基本的分组，而研究当前农村经济问题，选择生产水平、经济收入为分组标志比较恰当。

2. 依据选择的分组标志确定组别

选择好分组标志之后，按照所选择的分组标志确定具体分几组，并依一定的顺序排列好各组。按品质标志分组各组名称及顺序排列比较简单，而按数量标志分组确定各组，则比较复杂。此一问题在下面"统计分组形成分配数列"中再作详细介绍，此处从略。

3. 使用汇总技术进行资料汇总

资料分组确定之后，便是运用统计汇总技术对各组资料数据加以汇总。统计汇总技术有手工汇总和电子计算机汇总两种。

（1）手工汇总。它又有如下四种方法：①划记法。即用点线符号（如"正"字）计算各组单位数的方法。此法简便，但只能汇总总体单位数。一般在调查单位资料不多的情况下采用。②过录法。即将调查资料先过录到事先设计好的汇总表中，然后再将加总结果填入正式的统计汇总表中。此法汇总内容较全面，也便于校对检查，但工作量大。③折叠法。即将所有调查表中需要汇总的项目和数值折在边上，一张一张的叠在一起进行汇总计算。此法适用于对标志值的汇总。但汇总需细致，否则，发现差错只能从头返工。④卡片法。即将每个调查单位需要汇总的项目和数字摘录在设计制作好的卡片上，再根据卡片分组归类和汇总计算。此法适用于调查资料多、统计分组细的情况。其操作步骤：a. 编号：将所选择的分组标志进行分组，然后依组序编号，并在调查表的有关项目下注上组号，每个调查单位也编号，以便核对；b. 制作卡片；c. 摘录：把每个调查单位的组号和汇总项目的实际数值摘录在卡片上；d.分组计数：根据分组要求，对卡片资料加以汇总计数，卡片数即是调查单位数。

(2)计算机汇总。计算机汇总是资料汇总技术的新发展，是资料整理现代化的重要标志。在进行大规模的社会统计资料搜集的情况下，手工汇总既费时费力，又容易出差错。而计算机汇总优点显著：速度快，精度高，汇总量大，具有逻辑运算、自动工作和储存资料的功能。目前在我国计算机汇总已得到广泛应用。有关计算机汇总的具体实施方法与步骤可参阅本章第三节"计算机对问卷调查资料的整理"。

三、资料整理形成分配数列

(一)分配数列的概念与种类

分配数列是指将资料按分组标志统计分组后，将各组依一定顺序排列，各总体单位按类入组，并计算出各组分配次数所形成的数列。数列中分配在各组的总体单位数称为次数，又叫频数。各组次数占总体单位总数的比重为频率。分配数列根据分组标志性质的不同，可以分为品质分配数列和数量分配数列。

1.品质分配数列

品质分配数列是按品质标志分组形成的数列，如表3-1所示。

表3-1　某社区老年人口婚姻状况构成

婚姻状况	人数(人)	百分比(%)
未婚	2	1.0
有配偶	119	59.5
丧偶	75	37.5
离婚	4	2.0
合计	200	100.0

由表3－1可知，品质分配数列由两部分构成：组的名称和各组次数。表中左栏是各组名称，右栏两列，一为各组次数，即各组人数；一为各组频率，即各组人数占老年人总数的比重。

品质分配数列的编制比较简单。只需按照所选择的分组标志分好组，依一定的顺序将各组名称依次排列好之后，计算出各组分配次数即可。值得注意的是：若资料为定序尺度，各组排列应按高低顺序确定；若资料为定类尺度，各类别间尽管是并列的，也应从时间、空间、习惯等因素考虑各组的排列顺序。

2. 数量分配数列

数量分配数列是按数量标志分组形成的分配数列，简称变量数列。如表3－2。

表3－2　某调查人群家庭人口统计

家庭人口（人）	户数（户）	百分比（%）
1	6	4
2	30	20
3	48	32
4	60	40
5	6	4
合计	150	100

从表3－2可知，变量数列也有两个构成要素：一是由变量值所形成的各个组；二是总体单位在各组的分配次数（频数），即表中的户数；以及各组次数的比重（频率），即表中的百分比。

（二）变量数列的编制

变量分配数列按各组变量值的表示方法的不同，可分为单项式变量数列和组距式变量数列。单项式变量数列是指数列中的每个组只用一个变量值表示的数列，如表3－2所示。单项式变量数列应用范围较小，只适用于变量值的变动范围较小且多为离散型变量的资料。其编制与品质分配数列的编制方法基本相同。组距式变量数列是指数列中的每个组用两个变量值组成的一个区间表示的数列。表3－3就是组距式变量数列。

表3－3　某班学生社会学考试成绩统计

考试成绩（分）	人数（人）	百分比（%）
60 以下	2	5.0
60～70	7	17.5
70～80	11	27.5
80～90	12	30.0
90～100	8	20.0
合　计	40	100.0

组距式变量数列适用于变量值的变动范围较大且一般总体单位数较多的资料。组距式变量数列的编制相对复杂，下面作专门讲解。

1.编制组距式变量数列应考虑的问题

（1）组数与组距。组距是每组变量的最大值与最小值之差。如表3－3中第二组的组距＝70－60＝10（分）。组距与组数是相互关联的，它等于全距除以组数。组距与组数呈反比关系，即：组数少，组距大；组数多，则组距小。编制组距式变量数列的一个重要问题是如何确定组数和组距。而统计分组的基本要求是必须做到组内同质，组间异质。若组数分得太少，组距过大，则会将不同性质的总体单位划分在同一组，这违反了组内同质的要求；若组数分得过多，组距太小，则容易将属性相同的总体单位划分在不同的组间，又违反了组间异质的基本原则。因此，组数与组距的确定应适当。何谓"适当"，实际工作中，没有固定模式，数列编制者应根据社会统计研究的具体要求及对实际情况的了解，并结合自己的实践经验做出判断。

（2）等距分组与异距分组。等距分组即数列中各组组距相等。如表3－3中每组组距都是10分。异距分组是数列中各组组距不相等。如表3-4中各组组距就不相等。采用等距分组还是异距分组，主要取决于研究现象特点的差异变动是否均衡。当变动比较均衡时，应尽量采用等距分组；反之，当性质的变动很不均衡，则应采用异距分组。等距分组相对异距分组容易些，各组分配次数可以直接比较，也便于计算其他分析指标，进行对比研究。异距分组，由于各组组距的大小对各组的次数分配有影响，这时的次数分布不能准确反映总体的分布特征，要消除组距不同的影响，就需用各组的次数密度来反映现象的实际次数分布状况。如表3-4最后一列所示。

表3-4 某地区2011年死亡人口年龄结构状况 单位：人

年龄组（人）	人数（人）	次数密度（次数/组距）
0	107	107.00
1~14	49	3.50
15~59	253	5.62
60以上	591	13.13
合计	1000	—

表3-4中，次数密度=次数/组距。显然，次数密度比次数能够真实地反映实际的次数分布情况。等距分组由于组距相同，各组次数的分布不受组距大小的影响，故不需要计算次数密度。异距分组没有固定的模式，统计人员应丰富自己的相关知识，并在实践中不断探索，逐步提高对各种复杂社会现象的界定能力。

（3）组限及其表示方法。组限是各组的数量界限，即每组两端的数值。其中较大值为上限，较小值为下限。组限的表示方法有两种：一是上下限重叠式；二是上下限不重叠式。连续变量分组，常采用上下限重叠式，如表3-3所示；离散变量分组，一般采用上下限不重叠式，如表3-4所示（实际工作中，年龄常作离散型变量使用）。采用重叠组限分组时，通常把某组的下限值划在该组内，而把上限值归于较大的一组内。这就是所谓"上限不在内"的原则。表 3 – 3 中，若某位学生的社会学考试成绩为 80 分，则应将其分到 80 ~ 90 这一组内。采用不重叠组限分组时，运用的原则是"上下限均在内"的原则。此外，组限值最好取整数，且以 5 或 10 的倍数形式表示为好。

(4)开口组与闭口组。开口组常出现在第一组和最后一组，用"以下""以上"的形式表示。如表 3 – 3 中的成绩分组的第一组"60 以下"，表 3 – 4 中按年龄分组的最后一组"60 以上"，都属于开口组。闭口组是组内既有上限也有下限。一般情况下，最好采用闭口组的形式。但数据资料中若出现极大或极小的极端变量值时，则只能采用开口组形式。

2. 编制组距式变量数列的步骤

下面举例来说明组距式变量数列的编制步骤

例　　　　2011 年某地新生代农民工人均月收入资料　　　　单位：元

3850	1080	1120	870	3080	1430	1320	1260	2430	1490
1000	1960	1890	1630	1870	1990	1500	590	1860	1580
1990	1630	1520	1940	1730	3610	2480	2360	1370	2310
2080	2960	2510	2890	2740	2630	3320	1330	920	3120
890	2200	1740							

解：本例人均月收入属于连续变量，且变量值的变动范围较大，故应编制组距式变量数列。

(1)计算全距。全距是总体内最大变量值与最小变量值之差。本例，最大变量值为 3850，最小变量值为 590，则全距 = 3850 – 590 = 3260。求全距是作为划分组数和组距的参考。

(2)确定组数和组距。本例人均月收入变动比较均衡，故选择等距分组。根据研究的具体要求、对实际情况的了解，以及经验判断，确定组距为 500，则组数 = 全距/组距 = 3260/500 = 6.52。即设 7 组较为适合。

（3）确定组限和组限表示法。人均收入为连续变量，故采用上下限重叠式的组限表示法。组限值取整百整千的数值。如表3-5左栏所示。

（4）计算各组单位数及比重。由于本例采用的是重叠式的组限表示法，故需运用"上限不在内"的原则计算各组单位数。根据研究的需要再计算各组比重。结果如表3-5所示。

表3-5　2011年某地新生代农民工人均月收入统计表

人均月收入(元)	人数(人)	比重(%)
500 ~ 1000	4	9.30
1000 ~ 1500	9	20.93
1500 ~ 2000	14	32.56
2000 ~ 2500	6	13.95
2500 ~ 3000	5	11.63
3000 ~ 3500	3	6.98
3500 ~ 4000	2	4.65
合　　计	43	100.00

（三）累计次数和累计频率

为了资料分析的需要，统计工作中还常计算累计次数和累计频率。其计算方式有两种：向上累计和向下累计。向上累计是将各组次数或频率，由变量值小的组向变量值大的组逐组累加；向下累计是将各组次数或频率，由变量值大的组向变量值小的组累计。例如，表3-6是以表3-5为基础，计算得到的累计次数和累计频率分布表。

组距数列，向上累计表示各组上限以下总共所包含的总体次数或频率的数值；向下累计表示各组下限以上总共所包含的总体次数或频率的数据。单项数列、定序尺度品质分配数列，向上累计表示各组（包含该组）以下总共所包含的总体次数或频率的数值；向下累计表示各组（包含该组）以上总体次数或频率的数据。

表3-6　2011年某地新生代农民工人均月收入累计分布表

人均月收入 (元)	户数 (户)	频率 (%)	向上累计		向下累计	
			户 数	频 率	户 数	频 率
500~1000	4	9.30	4	9.30	43	100.00
1000~1500	9	20.93	13	30.23	39	90.70
1500~2000	14	32.56	27	62.79	30	69.77
2000~2500	6	13.95	33	76.74	16	37.21
2500~3000	5	11.63	38	88.37	10	23.26
3000~3500	3	6.98	41	95.35	5	11.63
3500~4000	2	4.65	43	100.00	2	4.65
合　计	43	100.00	—	—	—	—

第二节　社会统计资料整理的结果与展示

社会统计资料整理的结果,可以用不同的形式加以表现,统计表是应用最为广泛的一种形式,其次是统计图。

一、统计表的制作与数据展示

(一)统计表的意义

统计表是用表格显示统计资料的一种基本形式。广义的统计表包括统计工作各个阶段的一切表格,包括调查表、汇总表、整理表与分析表。本节所讲的统计表是狭义的。它既表明前述资料整理工作的终结,又是后续资料分析工作的开始。统计表的主要作用表现在:它把大量的统计资料有条理地组织与安排,从而使资料系统清晰,直观易懂,让人一目了然;统计表内的数字组织科学,排列有序,因而便于统计资料的比较对照;统计表还是分析研究各指标之间的数量关系,进行统计分析的有效工具。

（二）统计表的结构

1. 统计表的形式结构

（1）总标题。即表的名称，用以概括说明全表内容，置于表的上端正中位置。（2）横行标题。即横行的名称，通常用来表述表内各组的内容，一般写在表的左边。（3）纵栏标题。即纵栏的名称，通常用来表述总体各组的统计指标名称，一般写在表的右上方。（4）指标数值。它是用来说明总体特征的各种综合指标值，填写在横行标题和纵栏标题相对应的空白处。

2. 统计表的内容结构

（1）主词。主词是统计表所要说明的总体或总体的各个组，通常写在表的左边。（2）宾词。宾词是用来说明主词的一系列统计指标的名称和数值，通常写在表的右边。

下面用表3-7来说明统计表的结构。

表号→　　　**表3-7 中国大陆2010年人口统计资料**　　←总标题

性别	总　人　口		纵栏标题
	绝对数(万人)	比重(%)	
男	68 685	51.27	指标
女	65 287	48.73	数值
合计	133 972	100.00	

横行标题　　主词栏　　　　　宾词栏

有时主词、宾词按通常位置排列，会使统计表的表式过分狭长或过于扁大，此时可将主词与宾词合并排列或互换位置排列。如表3-8所示。

表3-8　2002—2010年全国结婚率与离婚率统计　　　%

年份	2002年	2003年	2004年	2005年	2006年	2007年	2008年	2009年	2010年
结婚率	6.10	6.30	6.65	6.30	7.19	7.50	8.27	9.10	9.30
离婚率	0.90	1.05	1.28	1.37	1.46	1.59	1.71	1.85	2.00

资料来源：民政部网站《2010年社会服务发展统计报告》

（三）统计表的种类

1.按主词结构分类

（1）简单表。这是主词未作任何分组的统计表。它包含三种情况：主词按时间顺序排列的统计表；主词只列出总体单位名称的统计表；主词由地区、国家、城市等目录组成的区域表。如表3－9、表3－13、表3－10所示。这种表可用来反映总体各单位的基本情况，也可用来分析现象发展变化的趋势。

表3－9　2006—2010年全国城镇下岗失业再就业情况统计

单位：万人

年　份	下岗失业人员实现再就业人数	就业困难人员再就业人数
2006 年	505	147
2007 年	515	153
2008 年	500	143
2009 年	514	164
2010 年	547	165

资料来源：人力资源与社会保障部网站《2010年度人力资源和社会保障事业发展统计公报》

表3－10　2010年中国各地区农村贫困人口

地　区	贫困人口（万人）	占全国农村贫困人口的比重（%）	贫困发生率（%）
西部地区	1751	65.1	6.1
中部地区	813	30.2	2.5
东部地区	124	4.7	0.4
合　计	2688	100.0	—

资料来源：根据国家统计局网站《2010年我国农村贫困人口2688万》文字资料编制。

（2）简单分组表。简单分组表是主词只按一个标志分组形成的统计表。如表3－11所示。利用简单分组表可以分析不同类型现象的特征、内部结构和现象之间的相互依存关系。

表3－11　中国2010年国内生产总值(初步核实数据)

按产业分组	绝对额(亿元)	比重(%)	比上年同期增长(%)
第一产业	40 534	10.1	4.3
第二产业	187 581	46.8	12.4
第三产业	173 087	43.1	9.6
合　计	401 202	100.0	10.4

资料来源：国家统计局网站。

（3）复合分组表。复合分组表是指主词进行复合分组所形成的统计表。如表3－12所示。

表3－12　某学院2012年上学期在校学生人数构成

按专业、性别分组		人数(人)	比重(%)	合　计	
				人数(人)	比重(%)
行政管理	男	756	30.4	1454	58.4
	女	698	28.0		
社会保障	男	345	13.9	634	25.5
	女	289	11.6		
社会工作	男	194	7.8	401	16.1
	女	207	8.3		
合　计		2489	100.0	2489	100.0

复合分组表由于是将几个标志结合起来进行分组，故能更深入地显示社会现象的特征和规律。

2.按宾词设计分类

统计表按宾词设计不同，可分为宾词简单排列、分组平行排列和分组层叠排列三种形式。

（1）宾词简单排列。宾词简单排列是指宾词不作任何分组，只是将宾词部分所涉及的指标顺次列举。如表3－10、表3－11

所示。宾词指标排列顺序一般是数量指标在前,质量指标在后。

(2)宾词分组平行排列。宾词分组平行排列是指宾词栏中各分组标志彼此分开,平行排列。如表3-13所示。

表3-13 某地区强制戒毒所2011年戒毒人员性别和文化程度(平行排列)

戒毒所名称	性 别			文化程度				合计
	男	女	小计	小学	中学	大专	小计	
(甲)	(1)	(2)	(3)	(4)	(5)	(6)	(7)	(8)
甲戒毒所 乙戒毒所 丙戒毒所								
合 计								

(3)宾词分组层叠排列。宾词分组层叠排列是指宾词部分所涉及的指标,有层次地同时按两个以上标志分组,各种分组层叠在一起。如表3-14所示。

表3-14 某地区强制戒毒所2011年戒毒人员性别和文化程度(层叠排列)

戒毒所名称	小 学			中 学			大 专			全部戒毒人员		
	男	女	小计	男	女	小计	男	女	小计	男	女	合计
(甲)	(1)	(2)	(3)	(4)	(5)	(6)	(7)	(8)	(9)	(10)	(11)	(12)
甲戒毒所 乙戒毒所 丙戒毒所												
合 计												

宾词指标是采用简单排列、分组平行排列,还是分组层叠排列,应根据统计研究的目的来确定。但在分组层叠排列中应尽量防止分组过多过细。否则,不仅增加汇总工作量,还有可能使统计表失去一目了然的作用。

（四）统计表的编制规则

为使统计表能更清晰地反映所研究现象的数量特征，便于分析比较，在编制统计表时应遵守下列各项规则。

（1）统计表的标题应简明确切，总标题要能概括表的基本内容，并表明资料所属的地区和时间。

（2）表中主词各行和宾词各栏，一般应按先局部后总体的顺序排列，但当各部分栏不需要全部列出时，可以把合计栏或总计栏排在最前面。

（3）如果统计表栏数较多，为了更清晰地表明各栏之间的计算关系和便于进行文字说明，可在主词栏用甲、乙、丙、丁等文字标明，在宾词指标各栏用数字编号。如表3-13所示。

（4）统计表中的数字应注明计量单位。当全表只有一种计量单位时，可将单位写在表头的右上方。如果表中需要分别注明不同的计量单位时，横行的计量单位可以专设一栏；纵栏的计量单位可标在纵栏标题的右边或下方。

（5）表中数字应排列整齐，对准位数。如有相同的数字要全部照写。当客观不存在数字时，应划"－"符号表示；缺乏某项资料时用符号"…"标示，数字为0时，要填0。表明不是漏填。总之，统计表中的数字部分不应留下空白，以免使人误以为漏填。

（6）统计表的表式，一般为"开口式"，即表的左右两端不划纵线。上下基线用粗横线封闭。

（7）必要时，统计表应加说明和注解，并将其写在表的下端。

二、统计图的制作与数据展示

统计图是表现数字资料的一种重要形式。它用点、线、面或立体图像鲜明地表达其数量或变化动态。统计图具有形象、生动、直观、活泼、醒目，易于理解和接受等特点。社会统计常用的统计图有：折线图、条形图、直方图、圆形图、曲线图等。

1. 折线图

折线图是用连续的折线表示频数或频率分布状况的图形。绘制折线图时,用横轴表示变量或时间,纵轴表示频数或频率。图 3-1 是根据表 3-8 数据资料绘制的折线图。

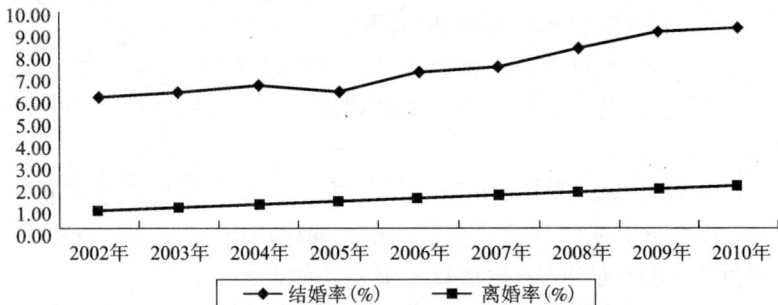

图 3-1   2002—2010 年全国结婚率与离婚率统计图

2. 条形图

条形图是以宽度相同的条形的高度或长度来表示数据变动情况的图形。条形图可以纵置,也可以横置,纵置时又称为柱形图。绘制条形图时,表示定类数据的分布,其宽度是固定的,高度或长度表示各类别数据的频数或频率。图 3-2 是根据表 3-9 资料绘制而成的条形图(柱形图)。

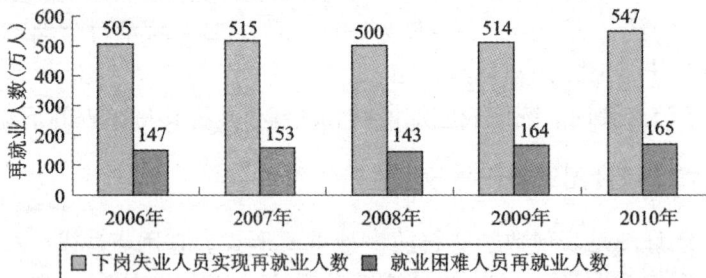

图 3-2   2006—2010 年全国城镇下岗失业再就业统计条形图

3. 直方图

直方图是用直方形的宽度和高度来表示次数分布的图形。绘制直方图时，横轴表示各组组限，纵轴表示次数或比率（或频率），各组组距为直方形的宽度，次数或比率为直方形的高度。图3-3是根据表3-5绘制而成的直方图。

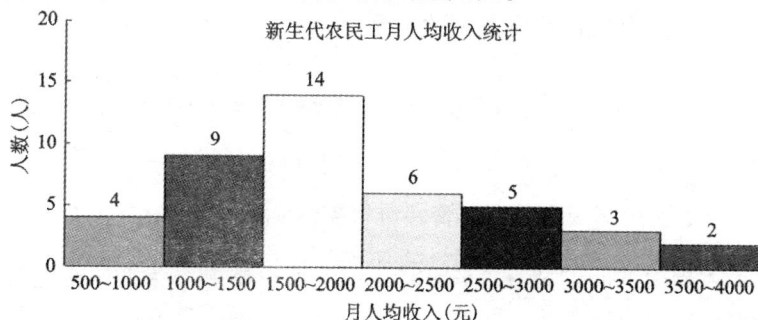

新生代农民工月人均收入统计

图3-3　2011年某地新生代农民工人均月收入直方图

4. 圆形图

圆形图是用圆形及圆内扇形面积表示数值大小的图形。圆形代表分析总体，圆内根据资料类别及其构成比例分成几个扇形，各扇形面积反映各类别在总体中所占比重。圆形图适合于描述结构性问题。图3-4是根据表3-10绘制而成的圆形图。

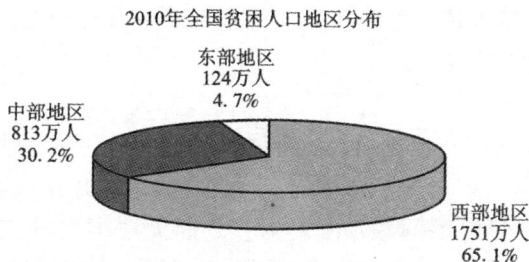

2010年全国贫困人口地区分布

东部地区
124万人
4.7%

中部地区
813万人
30.2%

西部地区
1751万人
65.1%

图3-4　2010年全国贫困人口地区分布圆形图

统计图绘制的基本要求是：(1)根据资料性质和分析目的正确选用图形；(2)图示的内容要简明，数据计算要准确，图示表示要真实；(3)图形设计要科学、美观、大方、生动、鲜明、醒目；(4)图示的标题和编号要确切，其位置通常安排在图体下方。

利用计算机相关软件，可准确地绘制出各种统计图。对此，读者可参阅有关计算机制图的书籍。

第三节　使用 Excel 软件进行社会统计资料的整理

一、使用 Excel 对问卷资料进行整理

大规模的问卷调查，一般需运用计算机整理。为此，首先需先对资料进行预处理，即检查问卷，对问卷进行后编码，录入数据等，再执行各种计算机整理指令。

(一)问卷审查

审查问卷，旨在保证进入计算机整理程序的问卷能有较高的真实性、准确性和完整性。审查的内容，主要检查是否有错填、误填、漏填、乱填、空填等。对于错填、误填答项应根据情况进行矫正；对于乱填、空白、严重缺答的，应作废卷处理，予以剔除；对于漏填答项，可作缺失值计，如果漏填数量大，则只能当作废卷处理；等等。

(二)问卷编码

计算机整理问卷资料，必须对其进行编码。问卷编码有前编码和后编码。前编码在调查设计时已经确定，并在调查时填写。对于问卷中开放型问题，由于调查之前无法事先确定答项的种类，故只能在调查结束之后对其进行后编码。后编码的操作步骤是：第一步，先任意抽取约10%～15%的问卷，将所有开放型问题的回答内容进行较为详尽的分类罗列，并作预编码；第二步，

按照第一步预分的类别，将所有问卷的回答内容进行归类，并编码，如果问卷的有关回答内容，不能归纳入第一步罗列出来的类别中，则增加一个新的类别，并增加一个新的代码；第三步，对已分类别进行选择、合并、删除等工作，即将相近类别合并，有用类别保留，无用类别删除，确定之后作出后编码的定型类别和正式编码；第四步，按照第三步确定好的后编码类别和编码，对全部问卷中的开放型问题的回答内容进行编码。

（三）数据录入

数据录入是将问卷编码表中的每一个项目对应的代码转化成计算机能够识别的形式。对问卷进行录入计算机的操作，可以通过 SPSS 或 Excel 软件来进行。值得注意的是，数据录入一定要思想上高度重视，工作上认真负责，并反复校对，以消除数据录入差错，保证数据录入质量。为了保证数据录入正确无误，录入数据后进行统计分析前，还应借助计算机进行数据清理。

（四）执行指令

对问卷资料进行以上预处理后，统计分析人员便可通过计算机执行统计整理指令，展示统计整理结果，获得所需统计图表。

（五）应用示例

下面以实例说明计算机对问卷资料进行汇总整理的具体步骤。

例：某次问卷调查的某个问题及备选答案如下：

A3 您的婚姻状况：

（1）从未结过婚；（2）已婚有配偶；（3）离异未再婚；

（4）丧偶未再婚；（5）其他

若此次调查共回收了 60 份有效问卷，试对其进行资料整理。操作步骤如下：

第一步：启动 Excel，新建一个工作簿文件。将问卷中的问题答案编码后，按顺序录入到 Excel 软件中，并录入接收区域数据，如图 3－5 所示。

图 3-5   问卷数据录入

第二步：选择"工具"下拉菜单，并单击"工具"菜单中的"数据分析"选项，在数据分析对话框中选择"直方图"，如图 3-6 所示，单击"确定"按钮。

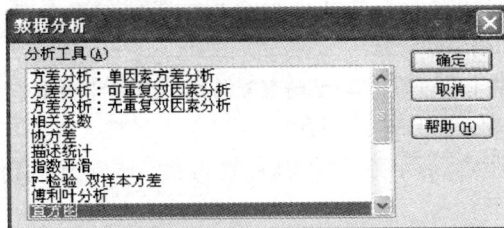

图 3-6   数据分析对话框

第三步：在直方图对话框的"输入区域"内输入代码 $ B $ 3

:$ F $ 62；在"接收区域"内输入代码上限 $ H $ 3 :$ H $ 7；在"输出区域"输入 $ G $ 11；选择"图表输出"复选框；如图3 - 7所示。

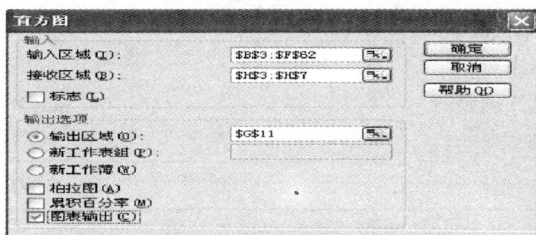

图3 - 7　直方图对话框

第四步：单击直方图对话框的"确定"按钮，得到统计汇总结果，如图3 - 8所示。

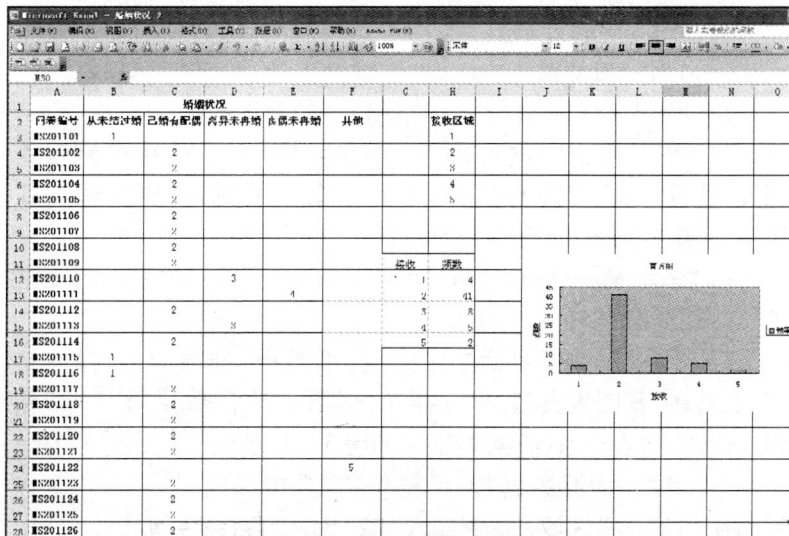

图3 - 8　Excel 统计汇总结果显示

第五步：计算频率，编制按婚姻状况分组的统计分组表，如表3 - 15所示。

表3 – 15   婚姻状况统计分组表

婚姻状况	频数(人)	频率(%)
从未结过婚	4	6.67
已婚有配偶	41	68.34
离异未再婚	8	13.33
丧偶未再婚	5	8.33
其　他	2	3.33
合　计	60	100.00

二、使用 Excel 制作统计图

Excel 提供的统计图有多种,包括柱形图、条形图、折线图、饼图、散点图、面积图、环形图、圆柱图、圆锥图等,这里介绍饼图与直方图的绘制方法。

(一)圆饼图的制作

现以表 3 – 11 资料为例说明圆饼图的制作步骤:

(1)在工作表中输入数据。在单元格 A2 ~ A4 中分别输入"第一产业""第二产业""第三产业",在 B1 中输入"绝对额",在 B2 ~ B4 中分别输入相应的指标数值。

(2)选中某一个单元格,单击"插入"菜单,选择"图表选项",弹出"图表向导"对话框。

(3)"图表向导"对话框中的"标准类型"选项卡中选择"饼图",再在"子图表类型"中选择一种类型,然后单击"下一步"按钮,打开"图表源数据"对话框。如图 3 – 9 所示。

(4)在"图表源数据"对话框中的"数据区域"选项卡中输入数值所在单元格区域,本例输入"B2:B4",再在"系列产生在"中选择"列"。

(5)在"分类(X)轴标志"文本框中输入各组名称所在区域,以便在饼图中显示各组(类别)名称,本例中输入"A2:A4"。

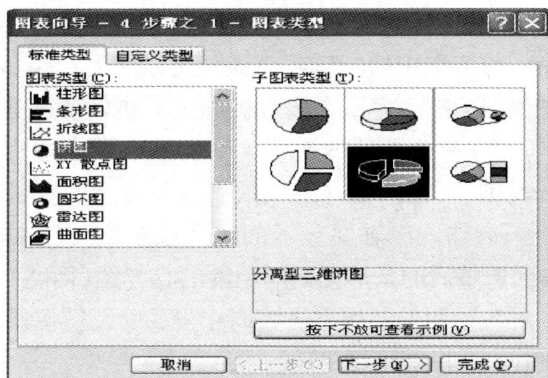

图 3 – 9 "图表类型"对话框

(6)单击"下一步"按钮,在"数据标志"选项卡中选择希望在饼图中显示的内容。本例选择"类别名称""值""百分比"。

(7)图例一般自动生成在右,若需置于底部,应点击"图例",勾选"底部",若不显示图例,则不勾选"显示图例"。

(8)单击"完成"按钮,便得到所需饼图。如图 3 – 10 所示。

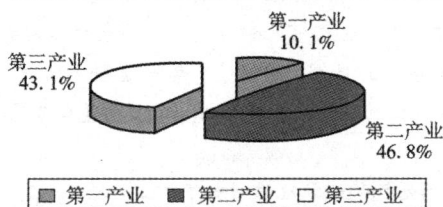

图 3 – 10 2010 年中国国内生产总值分布图

(二)直方图的制作

直方图的绘制可参阅上一个问题"使用 Excel 进行问卷资料的整理"。不过得到的是相似于条形图(柱形图)的图形,如图 3 –8所示。此时需要进行调整,方法如下:(1)单击图中任一直条,然后右击,在弹出的快捷菜单中选择"数据系列格式",从中选择"选项",调整"重叠比例"为 0,"间距宽度"为 0。(2)在图中的非直条处点击右键,清除背景色。(3)将接收区域中的"其他"清除,直方图中的"其他"直条便得以消失。(4)在图例上右击清除图例"频率"二字,在图表标题上右击清除图表标题"直方图"三字。(5)在绘图区域右击,从快捷菜单中选择"图表选项",在"分类轴"下框内输入统计图横轴要显示的变量名称,在"数值轴"下框内输入纵轴要显示的频数或频率。(6)按"确定"按钮,便得到调整后的条形无间隔距离的直方图(图略)。

　　由于各种统计图的制作方法大同小异,以及篇幅所限,其他统计图的制作,这里就不再赘述。

<h2 style="text-align:center">思考练习</h2>

　　1.社会统计资料整理的意义和程序是什么?

　　2.统计分组有什么作用?怎样正确选择分组标志?

　　3.简单分组和平行分组体系指什么?什么是复合分组?

　　4.确定组数和组距应注意什么问题?确定组限时应注意什么问题?

　　5.什么是等距分组和异距分组?它们各自适用于何种情况?

　　6.统计表按主词是否分组有几种类型?统计表的宾词如何设计?

　　7.试根据本班同学的性别、籍贯、年龄等资料,编制一个主词简单分组,宾词指标复合设计的统计表;再编制一个主词复合分组,宾词指标简单设计的统计表。

　　8.某社区30名居民婚姻状况资料如下,试据此编制统计表

调查单位	1	2	3	4	5	6	7	8	9	10
婚姻状况	未婚	离婚	已婚	已婚	未婚	丧偶	已婚	离婚	已婚	未婚
调查单位	11	12	13	14	15	16	17	18	19	20
婚姻状况	已婚	未婚	离婚	已婚	已婚	已婚	离婚	已婚	未婚	丧偶
调查单位	21	22	23	24	25	26	27	28	29	30
婚姻状况	未婚	已婚	已婚	离婚	未婚	丧偶	已婚	离婚	已婚	未婚

　　9.20名住院戒毒患者住院戒毒次数资料如下:4、4、2、3、1、5、3、2、2、4、1、2、1、3、5、3、4、6、3、3。试根据给予的资料编制变量数列。

10. 某省70个街道残疾人抽样资料如下，试编制统计表　　单位：人

461	403	414	377	367	333	327	373	495	484
632	370	284	278	400	396	390	393	381	413
571	564	580	425	409	398	342	382	353	361
161	263	423	247	307	383	227	173	395	294
532	324	354	178	404	196	320	297	481	313
474	364	280	225	309	398	372	282	353	461
376	294	182	127	401	298	300	200	350	360

案例分析

案例[3-1]　贵州省私营企业从业人员学历构成统计

指　标	总　计	研究生	大学本科	专科	中专及高中	初中及以下
1. 年末从业人员	649302	1017	34852	68358	178174	366801
2. 经营管理人员	86923	753	15762	25295	32761	12652
其中：高级	11187	432	3676	3466	3005	609
中级	28065	270	5968	9242	10140	2445
初级	47671	51	6118	12587	19617	9298
3. 专业技术人员	84630	397	15198	23420	34167	11449
其中：管理岗位	33669	263	6886	10874	12163	3482
工程技术人员	39651	158	6746	11214	16530	5003
按专业技术职务分	72046	340	12842	20244	30170	8450
其中：高级	5939	196	2572	1644	1218	309
中级	23016	111	5571	8193	7312	1830
初级	42903	31	4657	10321	21422	6472
4. 技能人员	187665	41	4295	15925	65619	101786
其中：高级	14324	23	1033	2544	5925	4799
中级	45228	6	1299	5318	19701	18905
初级	114893	12	1198	6793	34961	71929

资料来源：http://www.gz.stats.gov.cn/SysHTML/ArticleHTML/39484_1.shtml

分析与讨论

1. 请指出该表的主词与宾词。

2. 请说明此表是简单表、简单分组表,还是复合分组表。宾词指标设计是简单排列、分组平行排列还是分组层叠排列。

3. 此表的主词与宾词是否可以互换位置?为什么?什么情况下,统计表的主词宾词可以互换位置。

4. 此表的表题是否完整?为什么?

案例[3-2]　政府法制建设三十年专题调查问卷内容

"政府法制建设三十年专题调查问卷"如第二章第六节所示。

分析与讨论

1. 试根据问卷所提供的调查项目,编制一个简单分组表(编制缺调查数据的空白表,如表3-12所示,下同)。

2. 试根据问卷所提供的调查项目,编制一个复合分组表。

3. 试根据问卷所提供的调查项目,编制一个主词简单设计,宾词分组层叠排列的统计表。

4. 试根据问卷所提供的调查项目,编制一个主词复合设计,宾词简单设计的统计表。

5. 请指出你编制统计表时,选择了哪些分组标志?具体指出哪些是品质标志?哪些是数量标志?

6. 问卷中"您对政府法制建设这三十年的整体评价"的调查结果,适合采用哪些类型的统计图来展示?为什么?

第四章 总体(样本)数量特征的相对程度描述

社会统计研究完成对资料的汇总、整理后,便进入了统计分析阶段。统计分析包括描述性统计和推论性统计。其中描述性统计是基础。第三章介绍了用统计图表来描述总体(或样本,下同)分布特征,虽然简单直观,但通过统计图表,只能对总体分布特征有一个大概的了解。为了进一步研究总体分布的特征和规律,还需要用反映总体分布特征的指标来描述。描述总体分布特征的指标有:描述总体分布特征的集中趋势指标和离散程度指标等。相对指标虽然不属于反映总体分布特征的指标,但在反映总体数量特征方面却是非常的重要。而所有反映总体分布特征的指标和反映总体数量特征的指标的计算,都是建立在另一个描述性统计指标——总量指标的基础之上。

第一节 描述性社会统计分析的基本指标

一、总量指标的作用

总量指标是反映社会经济现象在具体时间地点条件下的总体规模大小或水平高低的统计综合指标。一般用绝对数的形式表现,所以又称为绝对数或绝对指标。它是对统计资料整理汇总后,直接得到的各项总计数字,是社会统计中最基本的描述指标。

总量指标在社会统计中的作用，具体表现为：

1. 总量指标是人们对社会现象总体认识的基点

人们要对社会现象进行全面了解，首要问题就是先准确地掌握客观现象在一定时间、地点、条件下的总体规模或总体水平。

2. 总量指标是人们进行社会管理的基本依据

人们制订社会发展规划，不能凭空设想，总是建立在对上一时期社会发展总量指标的了解与掌握的基础之上。

3. 总量指标是计算其他描述指标的基础

相对指标和描述数据分布状态的集中趋势、离散程度、偏斜程度的指标，其计算都是建立在总量指标的基础之上的。因而通常将总量指标称之为基本指标，其他描述指标称之为派生指标。也就是说，总量指标计算得正确与否，直接影响到其他描述指标指标计算结果的准确性。如表4-3所示各项优抚费用是总量指标，而比重和增长率则是在此基础上计算出的相对指标。由此可见，总量指标是最基本的统计指标。

二、总量指标的类型

（一）按其说明的总体内容不同分类，可分为总体单位总量和总体标志总量

总体单位总量是用来反映总体中单位数目的总量指标。它说明总体本身规模的大小。如老年人口数、参保企业个数、社区服务网点数。总体标志总量是总体中各个单位某一数量标志值的总和。如扶贫资金总额、社会保障费用支出总额等。

（二）按其反映的时间状况不同分类，可分为时期指标和时点指标

时期指标是反映社会经济现象在一段时期内发展变化的累计总数量。如某一时期初婚人数、工资总额等。时点指标是反映社会经济现象在某一时刻（瞬间）状况的总量指标。如人口数、社会

福利机构设施数等。

时期指标和时点指标的区别表现在三个方面：(1)指标数值累计相加有无意义。时期指标可以累计，累加结果表示一段时期内事物发展的总数量；时点指标累加结果没有独立的经济意义。(2)指标数值大小与时间长短有无直接关系。时期指标的数值随时期的长短而变化，一般计算的时期越长指标数值越大，反之，则越小；时点指标数值的大小与时间间隔长短无关。(3)指标数值是否连续登记取得的。时期指标的数值是通过连续登记取得的；时点指标的数值是对社会经济现象进行一次性调查取得的。

(三)按其所采用的计量单位不同分类，可以分为实物指标、价值指标和劳动量指标

实物指标是以实物单位计量的总量指标。实物单位是根据事物的自然属性和特点而采用的计量单位。其表现形式分为：(1)自然单位。这是按照事物的自然状况来量度其数量的一种计量单位。如人口以"人"为单位，校车以"辆"为单位等。(2)度量衡单位。这是按照统一规定的度量衡制度来量度事物数量的一种计量单位。如粮食以"吨""公斤"为单位。(3)标准实物单位。这是按照统一折算的标准来量度实物数量的计量单位。如将马力不相同的各种拖拉机按15马力折算成统一的标准单位——标准台。(4)复合单位。这是将两种计量单位结合在一起以乘积的形式表示某事物数量的单位。如参观人数以"人次"表示。(5)双重单位。这是用两种计量单位以除式的形式结合在一起量度事物数量的单位。如电动机以"台/kW"来计量。实物指标可以表明各种现象的实物成果，反映其使用价值，但由于计量单位各不相同，不同的实物量就不能相加，因此实物指标缺乏综合性。

价值指标是以货币单位计量的总量指标。如国民生产总值、社会保险基金支出总额等，都是用货币单位计量的。价值指标具有广泛的综合性能和概括能力，在统计研究中得到广泛的应用。

　　劳动量指标是以劳动时间为计量单位的总量指标。劳动单位如"工日""课时"等。劳动量指标可以相加,加总的结果就是劳动消耗总量。它可用于分析劳动资源和劳动时间利用情况。

三、总量指标的应用

　　(1)必须明确每项总量指标的涵义、范围和计算方法,划清统计的界限。如统计残疾人数量,首先要明确残疾人的定义;统计工农业总产值,必须划清工业与农业的界限。

　　(2)必须弄清统计对象是属于时期指标还是时点指标。

　　(3)必须注意统计对象的同类性。只有同类现象才能计算实物总量,不同类的实物总量指标的数值不能加总。

　　(4)必须统一计量单位。同类现象的总量指标的数值,其计量单位必须一致才能加总;否则,在统计汇总时,先要换算成统一的计量单位。

第二节　描述性相对程度统计指标

一、相对指标的意义与表现形式

　　相对指标是两个有联系的指标数值之比。它表明各种社会现象间的数量对比关系。其结果表现为相对数,所以也称为相对数。总量指标是统计中最常用、最基本的统计指标,它虽能反映现象的总规模、总水平,但不能直接反映现象发展的程度以及现象之间数量联系的程度。而运用相对指标,可以较清楚地反映现象内部结构和现象之间的联系程度,说明总量指标难以说明的问题,可以使一些无法直接对比的统计指标找到共同对比的基础。

　　相对指标的计量形式主要有两种:有名数和无名数。其中有名数主要用来表示强度相对数的数值,它是以相对指标中分子与分母指标数值的双重计量单位来表示的。如人口密度用"人/平方公里"表示。相对指标中,大量的是以无名数表示的。无名数是一种抽象化的数值,常以系数、倍数、成数、百分数、千分数表示。系数和倍数是将对比的基数抽象化为1而计算的相对数。两个指标对比,其分子和分母指标数值相差不大时常用系数,子项较母项大得多时用倍数。成数是将对比的基数抽象化为10而计算的相对数。百分数是将对比的基数抽象化为100而计算的相对数。千分数是将对比的基数抽象化为1000而计算的相对数。百分数适用于分子数值与分母数值相差不大的情况。如失业率、独生子女领证率。千分数适宜于当分子数值小于分母数值很多的情况。如人口出生率、死亡率。

二、相对指标的种类与计算方法

(一)结构相对指标

结构相对指标是总体各组数值与总体全部数值之比。它表明构成事物总体的各个组成部分在总体中所占的比重,说明总体结构。其计算公式为:

$$结构相对指标 = \frac{总体(样本)部分数值}{总体(样本)全部数值} \times 100\%$$

结构相对指标一般用百分数表示,有时也用系数、成数表示,各组结构相对数之和应等于100%或1。其计算式的分子和分母既可以是总体单位总量指标,也可以是标志总量指标。

结构相对指标必须以科学的统计分组为前提,才能起到揭示现象的本质特征和变化趋势的作用。其主要作用如下:

1.结构相对指标可以反映总体内部构成的性质和特征

例:表4-1中资料表明我国国家级贫困县的地域构成状况,表明我国三大经济地带上,贫困县的分布极不平衡,这为研究、解决贫困地区问题提供了依据。

表 4 - 1　中国国家级贫困县的地域分布

地　区	县数(个)	百分比(%)
东　部	105	17.73
中　部	180	30.41
西　部	307	51.86
合　计	592	100.00

注:我国只在 1986 年和 1994 年,分两次确定了 331 个和 592 个国家级贫困县,2012 年对部分贫困县作了调整,调出与调入各为 38 个县,总数与各省名额没变。

2.通过不同时期结构相对指标的变动情况,可以反映事物的发展变化趋势

例:我国 2000 年和 2010 年城镇人口构成资料如表 4 - 2 所示。资料显示,我国 2010 年城镇人口比 2000 年上升了 13.46 个百分点;2000 年比 1990 年前一个十年,城镇人口比重上升了 9.86 个百分点。由此说明后十年城镇化进程在加快,也标志着我国工业化和现代化水平的不断提高。

表 4 - 2　中国第四、五、六次人口普查时点的城镇人口构成

普查 年份	城镇人口 (万人)	城镇人口 占总人口比重(%)	城镇人口比重当年 比前十年上升百分比(%)
1990	29 651	26.23	—
2000	45 594	36.09	9.86
2010	66 557[①]	49.68	13.46

注①:城镇、乡村是按 2008 年国家统计局《统计上划分城乡的规定》划分的。
资料来源:国家统计局第四、五、六次人口普查数据公报。

(二)比例相对指标

比例相对指标是同一总体中某一部分的指标数值与另一部分的指标数值之比。它表明总体范围内各个组成部分之间的比例关系或均衡状况。计算公式如下:

$$比例相对指标 = \frac{总体(样本)中某一部分数值}{总体(样本)中另一部分数值}$$

　　比例相对指标一般用几比几的形式表示，也可用百分数表示。例如，某市流浪儿童保护教育中心某年救助的流浪儿童，男孩 88 人，女孩 22 人，则该中心当年救助的流浪儿童的性别比为 4∶1(88/22)。统计分析中有时还要求用连比形式表示总体中若干组之间的比例关系。此外，也有以比较基数单位为 1、100、1000 时被比较单位数是多少的形式来表示的。例如，性别比就是以女性人数为 100 而计算的比例相对指标。

　　比例相对指标一般以总量指标进行对比。根据分析任务和资料提供情况，也可运用现象总体各部分的相对数或平均数进行对比。比例相对指标所反映的比例关系属于结构性比例。它与结构相对指标只是在对比的方法 、研究的角度上有所差别，而基本功能是相同的。

　　(三)比较相对指标

　　比较相对指标是不同空间条件下同类指标对比得出的综合指标，。比较相对指标用以反映某一现象在同一时期内或同一时点上不同空间条件下的数量对比关系，一般用百分数或倍数来表示。其计算公式为：

$$比较相对指标 = \frac{某一空间条件下某类指标数值}{另一空间条件下同类指标数值} \times 100\%$$

　　例如，2011 年甲地区农民人平纯收入为 1494 元，乙地区同年农民人平纯收入为 2160 元。则 2011 年甲地区农民人平纯收入为乙地区农民人平纯收入的百分比 = 1494/2160 × 100% = 69.17%；2011 年乙地区农民人平纯收入为甲地区农民人平纯收入的百分比 = (2160/1494) × 100% = 144.58%。

　　比较相对指标可以揭示现象之间的差异程度。根据分析说明的目的和方式的不同，比较相对指标的子项与母项可以互换位置，从不同角度说明问题，但一般地说，应以指标数值小的作为对比的基数。比较相对指标可以是两个总量指标对比，也可以是两个相对指标或平均指标对比。由于总量指标容易受总体范围大小的影响，因此，计算比较相对指标更多的是采用相对数或平均数。

（四）动态相对指标

动态相对指标是同类指标数值在不同时间上的对比，用以反映现象在时间上发展变化的方向和变化程度。一般将作为比较标准的时期称为基期，将所研究的时期称为报告期。动态相对指标通常用百分数或倍数表示。其计算公式为：

$$动态相对指标 = \frac{报告期指标数值}{基期指标数值} \times 100\%$$

例：某地区 2010 年各项优待抚恤费用比 2005 年的增长情况，就是将 2010 年优抚费用作为报告期指标数值，2005 年优抚费用作为基期指标数值进行计算的。如表 4 - 3 所示。

表 4 - 3　某地区 2005 年和 2010 年各项优抚费用统计

优抚费用分组（万元）	2005 年		2010 年		2010 年比2005 年增长（%）
	总额	比重（%）	总额	比重（%）	
优待抚恤费用总额	1280	100.00	1560	100.00	21.88
其中：牺牲病故、伤残抚恤费	525	41.02	650	41.67	23.81
各种优抚补助费	235	18.36	280	17.95	19.15
优抚事业单位经费	420	32.81	497	31.86	18.33
优抚慰问活动经费	80	6.25	110	7.05	37.50
其他	20	1.56	23	1.47	15.00

动态相对指标可以说明社会经济现象发展变化的程度，因此，动态相对指标也称为发展速度。它在统计分析中具有重要意义，本书将在第九章专门阐述。

（五）强度相对指标

强度相对指标是两个性质不同而又有联系的总量指标的对比，用来说明现象的强度、密度、或普遍程度的综合指标。计算

公式如下:

$$强度相对指标 = \frac{某一现象的总量指标数值}{另一有联系而性质不同的总量指标数值}$$

强度相对指标和其他各种相对指标的根本不同点,就在于它是不同类现象指标对比。

强度相对指标的表现形式有两种:一种是无名数表示的强度相对数;另一种是有名数表示的强度相对数。无名数表示的强度相对指标,一般用倍数、百分数或千分数表示。如科技统计中的科技活动国内总经费与国内生产总值比率用百分数表示;人口统计中的出生率、死亡率、自然增长率,安全统计中的伤亡事故率用千分数表示。有名数表示的强度相对指标,一般用双重计量单位表示。如城市人口密度用"人/平方公里"表示;人均国民收入用"元/人"表示。

强度相对指标在计算过程中,根据需要可以将对比的指标相互转换做分子和分母,这就产生了有些强度相对指标有正指标和逆指标两种计算形式。凡强度相对指标的数值大小与现象的发展程度或密度成正比,叫正指标;若与现象的发展程度或密度成反比,叫逆指标。例如社区服务网密度:

$$社区服务网密度 = \frac{社区服务机构数(个)}{地区人口数(千人)} \quad (正指标)$$

$$社区服务网密度 = \frac{地区人口数(千人)}{社区服务机构数(个)} \quad (逆指标)$$

某些强度相对指标,虽然带有平均的意义,但它不是一个同质总体内标志总量与总体单位总数对比,而是两个性质不同的总体中的总量之比,故不是第五章要介绍的平均指标,而只是一种含有平均意义的相对指标。

(六)计划完成相对指标

1. 计划完成相对指标的概念

计划完成相对指标是一定时期内实际完成指标与计划任务指

标的比值,表明计划完成程度的综合指标。其基本计算公式为:

$$计划完成相对指标 = \frac{实际完成数}{计划数} \times 100\%$$

公式中的分子与分母在指标含义、计算口径、计算方法、计量单位、时间长度、空间范围等方面必须完全一致。由于计划数是衡量计划完成情况的标准,故分子与分母不能互换。计划完成相对指标一般用百分数表示。

例:某民政局 2011 年计划安置转业军人 40 人,实际安置了 46 人,则转业军人安置计划完成程度为 46 ÷ 40 = 115%。说明超额完成计划 15%。

2.计划完成相对指标的具体计算形式

由于制定、下达的计划任务数,可以是绝对数、相对数或平均数,因此,计划完成相对指标在计算形式上便有所不同。

(1)计划数为绝对数时,计划完成相对指标的计算公式:

$$计划完成相对指标 = \frac{实际水平}{计划水平} \times 100\%$$

它适用于考核社会经济现象的规模或水平的计划完成情况。

(2)计划数为平均数时,计划完成相对指标的计算公式:

$$计划完成相对指标 = \frac{实际平均水平}{计划平均水平} \times 100\%$$

它适用于考核以平均水平表示社会经济指标的计划完成情况。

(3)计划数为相对数时,计划完成相对指标的计算公式:

$$\begin{aligned}计划完成相对指标 &= \frac{实际完成百分比}{计划规定百分比} \times 100\% \\ &= \frac{本期实际水平/基期水平}{本期计划水平/基期水平} \times 100\% \\ &= \frac{本期实际水平}{本期计划水平} \times 100\%\end{aligned}$$

例：某地区社会保险基金收缴额计划比上年提高 10%，实际提高了 14%，则该地区社会保险基金收缴额的计划完成程度为：

$$\frac{100\% + 14\%}{100\% + 10\%} \times 100\% = 103.64\%$$

再如，某地区为加强计划生育工作，决定提高一胎率，控制二胎和多胎率。计划二胎率比上年降低 8%，实际降低了 10%，则二胎率降低计划完成情况为：

$$\frac{100\% - 10\%}{100\% - 8\%} \times 100\% = 97.83\%$$

对计划完成情况的评价，应当注意计划指标的性质和要求。按最低限额规定的计划指标，当计划完成程度大于 100% 时为超额；按最高限额规定的计划指标，当计划完成程度小于 100% 时为超额。

3.检查长期计划执行情况的方法

对计划完成情况的检查，可分为短期计划检查和长期计划检查。短期计划，即一年以内计划的检查，可采用上述介绍的计划完成检查的方法。若要检查的是中长期计划，则需根据计划指标制定的不同，有针对性地采用累计法或水平法。

（1）累计法。凡计划指标是按计划期各年总和制定的，应按累计法计算。以五年计划为例，其计算公式为：

$$计划完成程度 = \frac{五年计划期间实际完成累计数}{五年计划规定的累计数} \times 100\%$$

（2）水平法。凡计划期指标是按计划期末应达到的水平下达的，应按水平法计算。以五年计划为例，其计算公式为：

$$计划完成程度 = \frac{五年计划末年实际达到的水平}{五年计划末年规定达到的水平} \times 100\%$$

三、相对指标计算与应用的问题

（一）要注意对比事物是否可比

可比性是计算和应用相对指标的前提。如果将不可比的事物加以比较，不仅不能反映事物之间的关系，而且会歪曲事实真相。所谓可比性是指对比的指标所包含的现象内容、统计范围、计算方法、所属时间等方面是否可比。例如，改革开放后我国进行了人事制度、工资制度改革，但由于各部门、各单位改革力度不一样，因而有关"职工"、"工资"的含义、范围可能不一致。当我们将两单位职工工资进行比较时，对此就需加以注意，进行必要的调整之后才能进行对比。再如，比较各国的"官民比"（公务员人数与人口总量的比值），必须先要明确一个问题，即各国对"公务员"的界定是否相同。

（二）要注意正确选择基数基期

相对指标是通过指标之间的对比，来反映现象之间的联系的。而基数、基期(母项)是对比的基础和标准，基数选择不当，就会使对比失去实际意义。例如，计算居民识字的普及程度指标，对比基数就不能用全部人口数，因为全部人口数中包含着不属于识字普及对象的学龄前儿童。正确的基数应是全部人口扣除学龄前儿童数后的数字。就业率等指标的计算也要符合此道理。基数、基期的选择，应根据研究目的，结合现象的性质、特点确定。选择的基数一般是同研究目的有关的经验数据或理论数据。基期的选择与基数的选择密切相关，一般应选择社会经济发展比较稳定的时期。常用来作为基期的有：上期、上年同期、历史上具有特殊意义的时期、历史最好时期等。

（三）要注意相对指标和总量指标的结合运用

这是由相对指标的抽象性特点所决定的。虽然相对指标能用一个抽象化的比值表明现象之间在数量上的联系和对比关系，但另一方面它掩盖了现象之间绝对量上的差别,从而看不出原有的规模和水平。因此,运用相对指标说明问题,必须联系其掩盖的绝对水平和绝对差异,将相对指标和总量指标结合起来,相互取长补短,才能得出对现象认识的正确结论。

(四)要注意根据需要将各种相对指标结合运用

各种相对指标各有其特点和独特的功能,都只能从某一个侧面说明现象之间的数量关系,要想全面认识一个复杂现象,就应将多种指标结合起来灵活运用。例如,研究贫困地区经济落后的问题,既要将本地区现在的情况与过去进行动态对比,以说明随着社会的发展,本地区也在发展的事实;更要将其与发达地区进行横向比较,以了解存在的差距以及差距是在扩大还是在缩小;还要计算结构相对指标,以了解地区经济的内部构成状况;计算计划完成相对指标,了解地区社会经济计划完成情况;等等。只有这样,才能较全面的反映客观社会经济现象全貌。

第三节 相对指标在社会统计中的应用

在社会统计中,描述性相对程度统计指标得到了广泛的应用。这里就人口统计和婚姻统计中常用的相对指标的应用举例如下:

一、人口统计中几种常用的相对指标

人口统计的内容较多,包括人口数量、质量与分布、人口生育、死亡、迁移与流动、人口年龄、性别结构与人口老化等。这里只介绍几种人口性别结构与人口老化常用的相对指标。

(一)性别比

性别比是指以女性人口数为 100 而计算的男性人口与女性人口的比例。其计算公式为:

$$性别比 = \frac{某地区某年男性人口数}{该地区该年女性人口数}$$

性别比受到社会经济因素、生物因素和人口因素等多方面的影响。计算性别比,是进行某些社会研究的需要。例如,根据社会阶层人口的性别比,可以说明妇女的社会地位问题;根据死亡人口性别比,可以研究两性的各种差别等。一般而言,初生婴儿性别比总是稳定在1.06左右,其正常值在1.03~1.07之间。总人口性别比在0.96~1.06之间视为正常。值得注意的是:初生婴儿性别比是一个时期概念,而总人口性别比是一个时点概念。表4-4是我国历次人口普查总人口的性别构成。

表4-4   中国六次人口普查时点的总人口性别构成

普查年份	总人数(万人)			性别比 (以女性人数为100)
	合 计	男	女	
1953	59 435	30 799	28 636	107.55
1964	69 458	35 652	33 806	105.46
1982	100 818	51 944	48 874	106.28
1990	113 368	58 495	54 873	106.60
2000	126 583	65 355	61 228	106.74
2010	133 972	68 685	65 287	105.20

从表4-4可知,我国2010年总人口性别比处于正常值范围之内。但我国初生婴儿性别比却严重失衡。根据1982年、1990年、2000年和2010年全国人口普查的数据,我国出生人口的性别比分别为108.5、111.3、116.9、118.08。从这个数据看,我国出生人口的人口性别比有持续升高的迹象。这既有"重男轻女、养儿防老"等传统观念以及经济因素、劳动力因素的影响,同时也与一些医学技术、检查技术的滥用有关。值得全社会关注,共同治理。

(二)反映人口老化程度的基本指标

反映人口老化程度的指标较多,常用的有人口年龄中位数和人口系数。人口年龄中位数在第五章叙说,这里只讨论人口系数。值得注意的是,没有任何一个单一的指标可以全面地描述人口老化,它们都只能从各自不同的角度反映人口老化问题。

1. 老年人口系数

在描述人口老化程度各种指标中使用最多的是老年人口系数。它能直接反映老年人口问题和老年人口对社会经济结构的影响。其计算公式为:

$$老年人口系数 = \frac{某地区老年人口数}{该地区总人口数} \times 100\%$$

联合国建议,当60岁以上老年人口比例超过10%或65岁以上老年人口比例超过7%时,这个人口就已经老化。

2. 儿童人口系数

描述人口老化程度,也可用儿童人口系数来度量。其指标计算公式为:

$$儿童人口系数 = \frac{某地区0 \sim 14岁的儿童数}{该地区总人口数} \times 100\%$$

当儿童人口系数低于20%时,该地区人口被认为已经老化,高于40%时该地区人口被认为是年轻型人口。

3. 老龄化指数

从反映人口年龄结构角度讲,度量人口老化程度还有老龄化指数。其计算公式为:

$$老龄化指数 = \frac{老年人口数}{儿童人口数} = \frac{老年人口系数}{儿童人口系数}$$

表4-5是我国六次人口普查人口老龄化数据,显示我国人口年龄结构已经发生了很大的变化。

我国人口年龄结构的变化,说明随着我国经济社会快速发展,人民生活水平和医疗卫生保健事业的巨大改善,生育率持续保持较低水平,老龄化进程逐步加快。

表4-5   中国六次人口普查时点的有关人口老龄化数据   单位：%

普查 年份	0~14岁 人口系数	60岁及以上 人口系数	65岁及以上 人口系数	65岁及以上人口 与0~14岁人口比
1953	36.28	7.15	4.41	12.16
1964	40.69	6.08	3.56	8.75
1982	33.59	7.63	4.91	14.62
1990	27.69	8.58	5.57	20.12
2000	22.89	10.46	6.96	30.41
2010	16.60	13.26	8.87	53.43

资料来源：中国人大网 www.npc.gov.cn 桂世勋，《中国人口老龄化和老年保障60年回顾及探讨》。2010年老龄化数据引自国家统计局第六次全国人口普查数据公报。

二、婚姻统计中几种常用的相对指标

婚姻统计，旨在从静态和动态方面为社会有关部门提供人口总体的结婚状况、离婚状况、人口总体的结婚年龄、进行国际相关指标的比较，对研究人口结构、计划生育、教育文化、市场经济、社会风尚以及建设社会主义精神文明和物质文明，都具有重要的意义。婚姻统计的主要任务就是要密切结合社会制度、经济发展、人口政策，运用正确的统计方法来收集、整理、计算婚姻状况及其相关数据，探寻人口的性别、年龄与婚姻状况和婚姻行为的关系，了解妇女的初婚年龄及其变化，以及人口总体的离婚率的变动及其原因，从而分析研究人口总体的婚姻状况、构成及其变动趋势。婚姻统计常用的主要相对程度统计指标有：

（一）婚姻状况构成

婚姻状况是一个国家(或地区)人口中，每个人在婚居方面所处的状态。分析婚姻状况构成，国际上通常将15岁以下人口排除在外，因为他们一般不会发生婚姻现象。人口的婚姻状况总体上可分为未婚和已婚两大类。由于有一部分人已经结过婚，因丧偶或离婚之后又结婚,因而在婚者包括初婚和再婚两类,还有一些人结过婚但处于丧偶状态,或因某种原因解除婚姻关系后还处于离婚状态之中,因而,人口的婚姻状况可分为未婚、有配偶、离婚和丧偶四类统计。所谓婚姻状况构成是指某一时点上某地区居民所处上述四类婚居状态的比例结构,通常用百分数表示。由于男女各方可分别处于上述状态,所以对婚姻状况构成的研究,需按男女分组进行统计。

(二)结婚率

结婚率是指在一定时期内结婚人数(对数)与同期人口数之比。它是结构相对指标,一般用千分数表示,计算公式为:

$$结婚率 = \frac{报告期内结婚人数}{报告期平均人口数} \times 1000‰$$

式中,结婚人数是指在法定婚姻登记机关实行登记结婚的人数,包括初婚和再婚人数;报告期平均人口数指全部婚龄人口和婚龄外人口。

显然,由此公式计算出的结婚率要受到婚龄外人口(即法定结婚年龄以下的人口)比重变动的影响,计算的指标不能完全反映客观实际情况。但由于该公式计算简便,资料粗略容易取得,所以在现行统计制度中习惯加以采用,也是国际通用的一个计算式。这种计算口径的结婚率称为一般结婚率或粗结婚率。若计算报告期限结婚人数与婚龄人口数的比率,为特殊结婚率。育龄期男女结婚人数的多少,直接影响到报告期及之后一段时期的出生率,因此,结婚率是制约人口再生产的一个重要因素。

(三)妇女初婚率

结婚率反映的是人口总体的婚姻状况,它包括了初婚和再婚人口数。由于生育行为与婚姻状况密切相连,因而,为了观察婚姻状况对生育行为的影响,必须统计妇女的初婚率。它一般用千分数表示,计算公式为:

$$妇女初婚率 = \frac{报告期内育龄妇女中初婚人数}{报告期育龄妇女平均人数} \times 1000‰$$

式中，育龄妇女按国际惯例，是指 15～49 岁年龄段的妇女，因为 14 岁以下，50 岁以上的妇女初婚情况极少，可以忽略不计。

（四）育龄妇女分年龄组初婚率

由于妇女结婚年龄的早、晚与生育行为发生的早、晚直接相关，因而，仅根据妇女初婚率指标进行观察不够深入，这时需要运用育龄妇女分年龄组初婚率来进行分析。育龄妇女分年龄组初婚率是报告期各年龄组初婚妇女与相应年龄组妇女人数之比。计算公式为：

$$育龄妇女分年龄组初婚率 = \frac{报告期内某年龄组妇女初婚人数}{报告期育龄妇女该年龄组平均人数} \times 1000‰$$

（五）妇女总和初婚率

妇女总和初婚率是指育龄妇女分年龄组初婚率之和。它说明每千名妇女在当年社会状况不变的情况下，按照年龄组初婚率可能初婚的次数。计算公式为：

$$妇女总和初婚率 = \sum 育龄妇女分年龄组初婚率$$

该项指标不受人口构成变动的影响，能够较为准确地反映各年度全体妇女的初婚水平，便于不同年代、不同地区间的比较，因而是研究婚姻问题的重要指标之一。计算总和初婚率的基本资料主要来源于法定的婚姻登记及其统计。

（六）晚婚率

初婚年龄的高低与人口的再生产有着密切联系，早婚导致早育、多育，而晚婚意味着晚育以及代际间隔的延长，因此，鉴于我国人口急增的现实国情，我国《婚姻法》规定，"实际计划生育""晚婚晚育，应予鼓励"。晚婚是指按国家法定结婚年龄推迟三年以上结婚者，即当前女性在 23 岁、男性在 25 岁以上结婚者。晚婚的提倡是调节我国人口的一项重要措施，而晚婚率则是定量研究国家(或地区)计划生育工作执行状况的重要内容。

晚婚率是报告期内达到晚婚年龄的初婚人数与报告期初婚总人数之比。一般按性别分开计算，计算公式为：

$$\frac{晚婚率}{(妇女)} = \frac{报告期达到晚婚年龄的初婚妇女人数}{报告期初婚妇女人数} \times 100\%$$

$$\frac{晚婚率}{(男子)} = \frac{报告期达到晚婚年龄的初婚男子人数}{报告期初婚男子人数} \times 100\%$$

(七)离婚率

离婚涉及到男女双方的精神生活、物质生活，以及子女的抚养、老人的赡养等问题，同时也对人口的再生产产生一定的影响，因此，通过观察离婚率的消长，可以测定社会和家庭的稳定状况。离婚率是一定时期已婚的男女双方经过法律手续解除婚姻关系的人数与该时期社会平均人口数的比率。通常用千分数表示，计算公式为：

$$离婚率 = \frac{报告期离婚人数(或对数)}{报告期平均人数} \times 1000‰$$

式中，分子与分母均为时期指标数值。分母平均人数是按人口总体计算的，包括 14 岁以下与 14 岁以上未婚和丧偶的人口，故该指标无法抵消人口结构变动的影响。但因计算简便，资料易得，故常采用这一指标，称其为一般离婚率。为了较为准确地反映离婚现象的客观实际，上式分母中的平均人数可以采用报告期健在的在婚者平均人数。运用此一方法计算的离婚率，称为特殊离婚率。它虽较之一般离婚率指标科学些，但资料难于取得。

由于离婚率的高低受社会制度、经济结构、意识形态、传统习惯等诸多因素的制约，因此，判断一个社会家庭关系稳定与否，除观察离婚率指标的变动外，还必须分析夫妻离婚的原因，二者结合方能说明问题的本质。

(八)复婚率

复婚率是报告期已离婚又与原配偶按法定程序登记复婚的人

数与报告期离婚总人数的比率。计算公式为：

$$复婚率 = \frac{报告期已离婚又复婚的人数（或对数）}{报告期离婚人数（或对数）} \times 1000‰$$

式中，分子与分母均为时期数，但分子与分母在内涵上不完全一致。分母仅指报告期离婚人数，而分子包含报告期前离婚而在报告期内复婚和报告期内离婚又复婚的人数。因而，该项指标只能看出复婚与离婚之间的比率关系，而不能认为是一个比重指标。复婚率指标可以为研究婚姻、家庭等社会问题提供依据，若将其与离婚率结合，说明问题则更深入。复婚率指标计算的基础资料主要来源于民政部门的婚姻登记和统计。

（九）再婚率

与复婚率一样，再婚率亦可为研究婚姻、家庭等社会问题提供依据。再婚率的计算有三种不同的口径，其分子均为一定时期的再婚人数，不同在于分母人口数的变化。

1. 将一定时期再婚人数与同时期平均人口数进行对比

$$再婚率 = \frac{报告期再婚人数}{报告期平均人口数} \times 1000‰$$

此一公式的优点是计算简便，资料易得，故常用作分析人们婚姻状况变动的基本指标。但由于分母中的平均人口数包括未婚人口、在婚人口、离婚与丧偶人口等，因此，人口结构的变动对再婚率的影响较大，难以反映客观实际情况。

2. 将一定时期再婚人数与同时期已婚人数进行对比

$$再婚率 = \frac{报告期再婚人数}{报告期已婚人数} \times 1000‰$$

此一公式分母中的已婚人数包括有配偶、离婚与丧偶三类人口，因而计算的指标仍含有人口结构变动的影响，不甚合理。

3. 将一定时期再婚人数与同时期离婚与丧偶人数进行对比

$$再婚率 = \frac{报告期再婚人数}{报告期离婚与丧偶人数} \times 1000‰$$

此一公式能够较为准确地反映人们的婚变情况，特别是离婚与丧偶人群中的婚变状况。值得注意的是，离婚双方未必同时期再婚，且再婚者的配偶可能是再婚者，也可能是初婚者，因此，为消除上式中分子与分母口径不一致现象的影响，最好按性别分别计算。

第四节　使用 Excel 软件进行相对程度分析

从本章起，将陆续介绍使用 Excel 计算各种统计分析指标。由于 Excel 统计功能强大，而社会统计指标众多，囿于篇幅所限，不可能一一介绍。一般只介绍该章进行了资料分组的有关指标。

相对指标在社会统计中应用较为广泛，其计算也最为简单。使用 Excel 计算相对指标，操作亦简单直观。下面以表 4－3 资料为例，介绍使用 Excel 计算相对指标的具体操作方法。

(1)在工作表中输入数据。如图 4－1 中 A、B、C 三列所示。

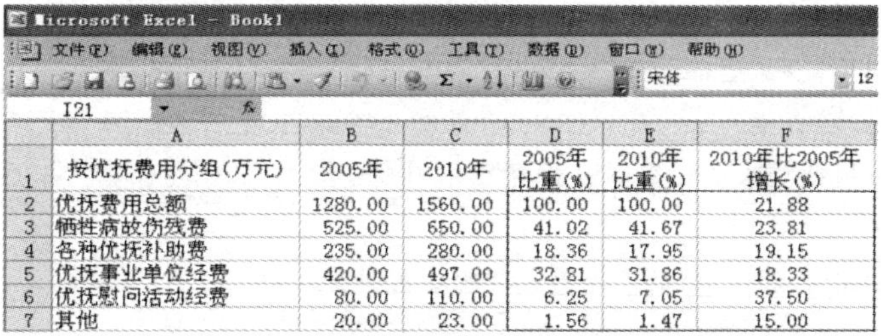

	A	B	C	D	E	F
1	按优抚费用分组(万元)	2005年	2010年	2005年比重(%)	2010年比重(%)	2010年比2005年增长(%)
2	优抚费用总额	1280.00	1560.00	100.00	100.00	21.88
3	牺牲病故伤残费	525.00	650.00	41.02	41.67	23.81
4	各种优抚补助费	235.00	280.00	18.36	17.95	19.15
5	优抚事业单位经费	420.00	497.00	32.81	31.86	18.33
6	优抚慰问活动经费	80.00	110.00	6.25	7.05	37.50
7	其他	20.00	23.00	1.56	1.47	15.00

图 4－1　使用 Excel 计算相对指标示意图

(2)在工作表中输入需要计算的指标名称。本例，在单元格 D1 中输入“2005 年比重(%)”，在单元格 E1 中输入“2010 年比重(%)”，在单元格 F1 中输入“2010 年比 2005 年增长(%)”。如图 4－1 所示。输入指标名称，在于清楚计算结果的含义，方便和规范地输出计算结果，或复制到 Word 文档、PPT 等类型的分析报告中。

(3)选定输出区域,如图4-1中带粗边框的区域所示(此时该区域还是空白的),并定义该区域单元格的格式(如保留两位小数)。也可执行下面的计算再定义输出区域的数据格式。

(4)在单元格 D2 中输入公式[①]" = B2/ $ B $ 2 * 100"[②],按 Enter 键;在单元格 E2 中输入公式"C2/ $ C $ 2 * 100",按 Enter 键;在单元格 F2 中输入公式" = (C2 - B2)/B2 * 100",按 Enter 键。选定单元格 D2 至 F2,用鼠标将其公式向下拖动复制到第七行,放开鼠标后即在选定区域显示全部计算结果。如图4-1中带粗边框的区域所示。

思考练习

1.什么是总量指标?它在社会统计研究中有什么作用?

2.时期指标和时点指标的区别何在?

3.指出下列指标中,哪些是时期指标,哪些是时点指标?

(1)社区服务网点数　(2)贫困户数　(3)戒毒人数

(4)社会保险征缴额　(5)伤残人数　(6)志愿服务者人数

(7)社会福利机构数　(8)工资总额　(9)国民生产总值

4.相对指标在社会统计研究中有什么意义?有哪些种类?各自有何特点?

5.相对指标数值的表现形式有哪些类型?

---

① Excel 中所述输入公式是指输入一个运算公式,其所有公式都以等号(=)开头。例如," = A1/12 + A2"表示单元格 A1 的数字除以 12 再加上单元格 A2 的数字。再如," =SUM(D2∶D6)"表示分别对 D2 到 D6 单元格的所有数值求总和。

② 单元格引用的方式分为绝对引用和相对引用。绝对引用的单元格地址的行号和列标前带有" $ "符号,无论将公式复制和剪切到哪里,都引用同一个单元格。相对引用不加" $ "符号,是指将公式复制和剪切到别处时,公式中所引用的一个单元格地址也会随之相对变动。如输入公式" = B2/ $ B $ 2 * 100",其"B2"是相对引用," $ B $ 2"是绝对引用。

6.哪些相对指标的子项和母项必须属于同一总体?哪些可以互换?

7.计算和应用总量指标应注意什么问题?

8.试阐述计算和应用相对指标应注意的问题?

9.某地三个康复医院2011年下半年经济效益资料如下:

医院名称	第三季度收益	第四季度				计划完成(%)	第四季度为第三季度百分比(%)
		计划		实际			
		收益(元)	比重(%)	收益(万元)	比重(%)		
(甲)	(1)	(2)	(3)	(4)	(5)	(6)	(7)
A 医院	108.16	123.42		135.77			
B 医院	141.82	172.44				95.00	
C 医院	91.54			114.00		105.00	
合 计	341.52						

要求:计算空格指标,并说明(1)~(7)是何种统计指标。

11.某市2006—2010年计划社会福利基础设施建设投资总额为2500万元,实际执行情况如下表:

时 间	2006年	2007年	2008年	2009年	2010年			
					一季	二季	三季	四季
基础设施建设投资总额(万元)	480	508	600	612	120	180	250	150

计算:(1)该市2006—2010年社会福利基础设施建设投资计划完成情况相对指标;

(2)该市提前多少时间完成了五年计划规定的指标。

案例分析

案例[4-1] 长沙市劳动年龄人口状况(摘录)

新中国成立以来,长沙市人口总量不断增加,劳动年龄人口(16~59

岁)总量呈不断增长的态势。历次人口普查资料显示：全市人口已由 1982 年的 480.32 万人，增加到 1990 年的 549.07 万人，2000 年的 613.87 万人，2005 年 639.30 万人；全市劳动年龄人口由 1982 年的 284.9 万人增加到 1990 年的 350.1 万人，2000 年的 424.4 万人，2005 年的 450.9 万人。

1982—2005 年全市劳动年龄人口的年均增长速度超过了同期全市总人口的年均增长速度。1982—1990 年间劳动年龄人口的年平均增长速度为 2.61%，而同期全市总人口的年平均增长速度为 1.68%；1990—2000 年间劳动年龄人口的年平均增长速度为 1.94%，而同期全市总人口的年平均增长速度为 1.12%；2000—2005 年间劳动年龄人口的年平均增长速度为 1.22%，而同期全市总人口的年平均增长速度为 1.01%。这说明长沙市的劳动力资源日益增多，劳动年龄人口的增长速度在 80 年代达到高峰，90 年代进入稳定增长时期。

全市劳动年龄人口的性别构成中，男性的比例仍然比女性要高，但两者的差距在进一步缩小。男性劳动年龄人口占全部劳动年龄人口的比例由 1982 年的 56.08% 下降到 2005 年 50.17%，下降了 6 个多百分点，劳动年龄人口的性别比(以女性为 100)由 1982 的 127.69 下降到 2005 年 100.68。

由于全市各级政府加大了对教育的投入，长沙市劳动年龄人口的受教育程度得到进一步提高。2005 年长沙市劳动年龄人口中，具有大学以上(含大专)文化程度的占 12.76%，比 2000 年的 11.24% 提高了 1.52 个百分点；具有高中以上(含中专)文化程度的占 34.03%，比 2000 年的 25.22% 提高了 8.81 个百分点；具有初中以上文化程度的占 79.72%，比 2000 年的 68.44% 提高了 11.28 个百分点；具有小学及以下(包括未上过学)文化程度的占 20.28%，比 2000 年的 31.56% 下降了 11.28 个百分点。(资料来源：摘引自《长沙市劳动力资源状况与就业问题研究》，湖南省统计局。http://www.stats.gov.cn/tjfx/dfxx/t20071107_402443195.htm。)

分析与讨论

1.案例中哪些指标是总量指标？它们是时期指标还是时点指标？为什么？

2.案例中使用了哪些类型的相对指标说明问题？运用这些相对指标，可对所分析的问题起到什么作用？

3.案例中多处出现了"百分点"的概念，试指出其含义及其计算方法。

4. 案例中运用了"增加到""下降到""下降了""提高了"等文字, 试指出它们的区别。

5. 案例用文字叙述方式描述长沙市劳动年龄人口状况, 是否可用其他方式描述? 若可以, 请用适当方式表现出来。

6. 对比分析是社会统计的常用分析方法。请说明运用相对指标进行对比, 要注意哪些问题?

案例[4-2]　我国第五、六次人口普查有关数据

我国第五、六次人口普查人口总量　　　　单位: 万人

普　查　年　份	男	女	合计
2000 年(第五次人口普查)	65 355	61 228	126 583
2010 年(第六次人口普查)	68 685	65 287	133 972

分析与讨论

1. 计算全部可能的结构相对指标。

2. 计算全部可能的比例相对指标。

3. 计算全部可能的动态相对指标。

4. 国土面积 960 万平方千米, 据此计算全部可能的强度相对指标。

第五章　总体（样本）分布
特征的集中趋势描述

　　社会统计研究常需分析社会现象数量方面的一般特征，了解现象总体（或样本，下同）分布的集中趋势。平均指标是描述总体分布的重要特征值。掌握了数列的平均数，就可以了解总体分布集中趋势的一般特征。因此，"平均分析法"是社会统计分析的一种重要方法。

第一节　集中趋势描述指标的意义和作用

一、平均指标的意义

　　平均指标是说明同质总体内某一数量标志在一定历史条件下一般水平的综合指标。社会现象的同质总体中，各个总体单位由于受多种因素交错的影响，都有区别于其他单位的数量特征，具体表现为数值大小不等，水平高低不一。但另一方面，同质总体中的各个单位又都受共同起作用的基本因素的制约，所以就某一数量标志而言，它们在数值上的差异总有一定的限度，客观上存在该数量标志的一般水平。从社会现象数列的次数分布来看，通常是接近平均数的标志值居多，远离平均数的标志值居少，表现为"两头少，中间多"的分配状态，形成与平均数的正离差与负离差大体相等的情况，整个变量数列以平均数为中心而波动。所以，平均数反映了总体分布的集中趋势，它是总体分布的重要特征值。平均指标具有两个显著特点:(1)它把总体单位某一数量标志值之间的数量差异平均化(抽象化)了;(2)它是总体各单位某一数量标志值的代表水平。

二、平均指标的作用

1. 运用平均指标可以对同类现象进行单位间、地区间的比较

因为平均指标反映的是现象的一般水平,是个代表值,它消除了总体单位多少的影响,因而相互间可以进行比较。

2. 运用平均指标可以说明现象的发展变化趋势

把反映某一社会现象在各时间水平上的平均数按时间顺序加以排列,如将某地家庭平均人口按时间顺序排列,便可以分析出现象发展变化的趋势和发展规律。

3. 运用平均指标可以分析现象之间的依存关系

如将某地区居民家庭按人均月收入分组,再分别计算各组对应的人平月生活费支出、户均就业人数等,便可分析出家庭月收入、家庭月生活支出、家庭就业人数三者之间的相互依存关系。

4. 运用平均指标可以对其他有关指标进行估计、推算

在抽样调查中,需要利用样本平均数来估计总体平均数和推算总体总量。

三、平均指标的种类

平均指标按其本身性质的不同分类,有总体单位平均数和序时平均数。总体单位平均数是同质总体内标志总量与总体单位总数之比,表明同类现象在一定时间、地点、条件下所达到的一般水平;序时平均数是指对时间数列中各项指标加以平均而得到的平均数,反映某一社会现象在不同时间上的一般数量水平。本章讲述的是总体单位平均数,序时平均数将在时间数列一章中介绍。总体单位平均数按计算方法的不同有两大类:一类是数值平

均数,即根据所有标志值计算得到的代表值,包括算术平均数、调和平均数和几何平均数;另一类是位置平均数,即根据标志值所处的位置确定的代表值,包括中位数和众数。它们在具体算式、应用场合和所说明的问题等方面都不尽相同。

第二节　数值平均数

一、算术平均数

(一)算术平均数的基本形式

算术平均数是社会统计中应用非常广泛的一种平均数。它是用总体标志总量与总体单位数对比而求得的。基本公式如下:

$$算术平均数 = \frac{总体标志总量}{总体单位总数}$$

上式中的分子,总体标志总量是各总体单位标志值之和。公式中的分子、分母应属于同一总体,且分子、分母应具有可比性。

算术平均数根据掌握的资料不同和计算的复杂程度,可分为简单算术平均数和加权算术平均数。在运用定义计算算术平均数时,要视资料有没有分组加以区别对待。

(二)简单算术平均数

若资料未分组,计算算术平均数可把各单位标志值直接相加,再除以总体单位数,所得的平均数称为简单算术平均数。其计算公式为:

$$\bar{x} = \frac{x_1 + x_2 + x_3 + \cdots + x_n}{n} = \frac{\sum x}{n}$$

式中:$\bar{x}$——算术平均数;x——标志值(变量值);

n——总体单位数;$\sum$——加总符号。

例如,5位老人的月退休金分别为:1783元、2896元、3984

元、3295 元、4137 元，求这五位老人的月平均退休金。

$$\bar{x} = \frac{\sum x}{n} = \frac{1783 + 2896 + 3984 + 3295 + 4137}{5} = \frac{16095}{5}$$

$$= 3219(元／人)$$

（三）加权算术平均数

若资料是经过分组的变量数列，应采用加权算术平均的方法计算其算术平均数。计算公式为：

$$\bar{x} = \frac{x_1 f_1 + x_2 f_2 + x_3 f_3 + \cdots + x_n f_n}{f_1 + f_2 + f_3 + \cdots + f_n} = \frac{\sum xf}{\sum f}$$

式中：$\bar{x}$——算术平均数；x——各组变量值；

f——各组单位数；$\sum$——加总符号。

1. 根据单项数列计算

例：调查某社区 50 户居民，获得其家庭人口资料，且已编制成单项式数列，如表 5－1 所示，求 50 户居民的家庭平均人口。

表5－1　某社区50户居民家庭人口统计表

按家庭人口分组 x(人)	家庭户数 f(户)	家庭人口数 xf(人)
1	3	3
2	6	12
3	24	72
4	15	60
5	2	10
合　计	50	157

$$\bar{x} = \frac{\sum xf}{\sum f} = \frac{157}{50} = 3.14(人／户)$$

从上例可知，影响加权算术平均数的因素有两个：一个是各

组变量值 x,一个是各组次数 f。各组变量值次数 f 的多少对平均数的影响有权衡轻重的作用,所以 f 又称为权数。权数大的变量值对平均数的影响要大些,反之,则小些。若各组权数都相等,权数所决定的各组变量值的作用一样,便失去了权数的意义。这时,加权算术平均数等同于简单算术平均数。就其实质来说,真正起权数作用的并不是各组次数,而是各组次数的比重(频率)。因此,也可用次数的比重作权数计算加权算术平均数。其计算公式为:

$$\bar{x} = \sum x \cdot \frac{f}{\sum f}$$

仍以表 5 - 1 资料为例,用各组单位数比重作权数计算加权算术平均数如下:

$$\bar{x} = \sum x \cdot \frac{f}{\sum f} = 3.14(人 / 户)$$

表 5 - 2　某社区 50 户居民家庭人口统计表

按家庭人口分组 x(人)	家庭户数		家庭人口 × 比重 $x \cdot \dfrac{f}{\sum f}$
	次数(户)	比重(%)	
	f	$f / \sum f$	
1	3	0.06	0.06
2	6	0.12	0.24
3	24	0.48	1.44
4	15	0.30	1.20
5	2	0.04	0.20
合　　计	50	1.00	3.14

计算加权算术平均数,对于权数的选择应当认真考虑,务必使各组的标志值和权数的乘积等于各组的标志总量,具有实际的社会经济意义。上面的计算符合这一基本原则,因而计算是正确的。虽然多数情况下,可以选择次数作权数,但并非任何情况下

都如此。表5－3的例子，如果选择地区个数作权数计算便是错误的，因为计算结果并非残疾人已就业人数，正确的选择应是把有劳动能力的残疾人数作权数。计算如表5－3所示。

表5－3　某地区11个城市残疾人就业抽样调查情况

残疾人就业率 x(%)	城市数 (个)	有劳动能力的残疾人数 f(人)	各组残疾人已就业人数 xf(人)
60	1	355	213
64	2	250	160
72	4	489	352
78	3	372	290
80	1	375	300
合　计	11	1 841	1 315

该地区残疾人就业率为：

$$\bar{x} = \frac{残疾人已就业总数}{有劳动能力的残疾人总数} = \frac{\sum xf}{\sum f} = \frac{1315}{1841} = 71.43\%$$

上例中计算平均指标的公式从形式讲，不完全符合算术平均数计算的基本公式，但从计算过程和平均方法讲是算术平均。这可以看做是算术平均数含义的扩展，主要用于被平均的变量值是相对数和平均数的情况。

2. 根据组距数列计算

组距数列资料计算算术平均数，与单项数列资料计算方法基本相同。不同的是，组距数列资料要计算组中值，然后用组中值作变量，再按单项数列资料计算方法计算。例如，某调查人群月消费支出资料如表5－4所示。

组中值是各组变量范围内的一个中间数值，一般由各组的上限和下限进行简单平均计算，即：组中值 =（上限 + 下限）÷2。若为开口组，其组中值按下列公式计算：

表 5 - 4　某调查人群月消费支出情况表

按月消费支出分组 （元）	组中值 x(元)	人数 f(人)	各组月消费支出额 xf(元)
600 以下	500	120	60 000
600 ~ 800	700	250	175 000
800 ~ 1000	900	360	324 000
1000 ~ 1200	1100	80	88 000
1200 以上	1300	60	78 000
合　　计	—	870	725 000

缺下限的最小组组中值 = 上限 - 邻组组距 ÷ 2；
缺上限的最大组组中值 = 下限 + 邻组组距 ÷ 2。

根据表 5 - 4 资料计算，该调查人群月消费支出额为：

$$\bar{x} = \frac{\sum xf}{\sum f} = \frac{725\ 000}{870} = 833.3(元／人)$$

组距数列计算加权算术平均数，是假定各个标志值在各组内的变动是均匀的，而实际上分布并不均匀，组中值只是一个近似的代表值，因而，根据组中值计算的加权算术平均数也只能是实际平均数的近似值。然而，在大量观察的情况下，一般误差是很小的，所计算的平均数仍能表明研究总体某一变量的集中趋势。因而这种计算方法在社会统计和其他经济工作中被广泛应用。

（四）算术平均数的数学性质与简捷计算法

1. 算术平均数的数学性质

算术平均数具有若干个重要的数学性质，掌握这些性质，对于正确计算和运用平均数，简化其计算过程，有着重要的作用。其主要性质如下：(1) 算术平均数与总体单位数的乘积等于总体各单位标志值的总和；(2) 如果对每个变量加或减一个任意数值 A，则算术平均数也要增加或减少那个 A 值；(3) 如果对每个变量乘以或除以一个任意数值 A，则算术平均数也要乘以或除以那个 A 值；各个变量值与算术平均数的离差之和等于零；(5) 各个变量值与算术平均数离差平方之和等于最小值。

2. 算术平均数简捷计算法

计算算术平均数时，有时由于各个变量值和权数的数值较大，计算过程较为复杂，为方便计算，可采用简捷计算法。

(1) 单项数列简捷法计算算术平均数

根据算术平均数的第二个数学性质，可得单项数列资料计算算术平均数的简捷计算公式：

$$\bar{x} = A + \frac{\sum (x - A)f}{\sum f}$$

上式中任意常数 A 也称为"假定平均数"，可以选用各个变量值的中间数，使得各个变量值减这一假定平均数的差数较小，从而可以简化计算过程。例如，以表 5 - 1 资料采用简捷法计算算术平均数，若选用假定平均数 A 为 3 人，则简捷计算如表 5 - 5 所示。

表 5 - 5　某社区 60 户居民家庭平均人口简捷计算法示例表

按家庭人口分组(x)	家庭户数(f)	$x - A$	$(x - A)f$
1	3	− 2	− 6
2	6	− 1	− 6
3	24	0	0
4	15	1	15
5	2	2	4
合　计	50	—	7

$$\bar{x} = A + \frac{\sum (x - A)f}{\sum f} = 3 + \frac{7}{50} = 3.14(人)$$

(2) 组距数列简捷法计算算术平均数

根据算术平均数的第三个数学性质，结合上面第一种简捷法，可得出第二种加权算术平均数的简捷计算公式如下：

$$\bar{x} = A + \frac{\sum \left(\dfrac{x - A}{d} \right) f}{\sum f} \times d$$

式中：d—— 组距；A—— 假定平均数。

例如，以表5－4资料采用简捷法计算算术平均数，若选用假定平均数 A 为900元，将各组组中值减去900，再除以组距，则简捷计算如表5－6所示。

表5－6   某调查人群月平均消费支出额简捷计算法示例表

按月消费额分组 （元）	组中值 x	人数 f	$\dfrac{x - A}{d}$	$\dfrac{(x - A)f}{d}$
600 以下	500	120	− 2	− 240
600 ~ 800	700	250	− 1	− 250
800 ~ 1 000	900	360	0	0
1 000 ~ 1 200	1 100	80	1	80
1 200 以上	1 300	60	2	120
合 计	—	870	—	− 290

$$\bar{x} = A + \frac{\sum \left(\dfrac{x - A}{d} \right) f}{\sum f} \times d = 900 + \frac{-290}{870} \times 200 = 833.3 (元)$$

二、调和平均数

实际统计工作中，有时由于资料的原因，不能直接计算算术平均数，可用调和平均法间接计算，其计算结果与算术平均法计算的结果相同。调和平均数是各个变量值倒数的算术平均数的倒数，因此，又称为"倒数平均数"。根据所掌握的资料不同，调和平均数的计算可分为简单调和平均和加权调和平均两种形式。

（一）简单调和平均数

简单调和平均数，适用于未分组资料，计算公式为：

$$H = \frac{n}{\sum \dfrac{1}{x}}$$

式中：H——调和平均数；x——各单位标志数值；

　　n——标志值的个数。

（二）加权调和平均数

若资料是经过分组的变量数列，应采用加权调和平均方法计算其调和平均数，计算公式为：

$$H = \frac{\sum m}{\sum \dfrac{m}{x}}$$

式中：x——各组变量值；m——各组标志总量。

调和平均数可作为算术平均数的变形使用。它与算术平均数在权数使用上有所不同：加权算术平均数以各组单位数 f 为权数，加权调和平均数以各组标志数值总量 m 为权数，但实质上它们都符合总体标志总量与总体单位数的对比关系。因而，两者在计算结果、社会经济内容上完全一致，计算公式可相互推算：

$$\because \ m = xf \ f = m/x \ \therefore \ H = \frac{\sum m}{\sum \dfrac{m}{x}} = \frac{\sum xf}{\sum f} = \bar{x}$$

社会统计工作中，究竟是采用算术平均数的方法还是采用调和平均数的方法计算平均数，需根据所掌握的具体资料来确定。如果掌握的权数资料是比值的分母数值，采用加权算术平均数；如果掌握的权数资料是比值的分子数值，应采用加权调和平均数。例如，在表 5－1 资料中，已知的权数是各组家庭户数 f，故计算算术平均数。而假定不知家庭户数，已知的是各组家庭人口数，掌握的是比值的分子资料，故应采用调和平均数。计算如表 5－7 所示。

表5－7　某社区居民家庭平均人口加权调和平均计算示例表

按家庭人口分组 (x)	家庭人口数 $m(xf)$	家庭户数 m/x
1	3	3
2	12	6
3	72	24
4	60	15
5	10	2
合　计	157	50

$$H = \frac{\sum m}{\sum \dfrac{m}{x}} = \frac{157}{50} = 3.14(人)$$

　　调和平均数作为算术平均数的变形，主要用于计算相对指标和平均指标的算术平均数上。例如，在表5－3中，若没有各组有劳动能力的残疾人数资料，只有各组残疾人已就业人数，应采用调和平均数的方法计算该地区残疾人就业率，如表5－8所示。

表5－8　某地区残疾人就业率加权调和平均计算示例表

残疾人就业率 $x(\%)$	城市数 个	各组残疾人已就业人数 $m(xf)$	有劳动能力的残疾人数 m/x
60	1	213	355
64	2	160	250
72	4	352	489
78	3	290	372
80	1	300	375
合　计	11	1 315	1 841

$$H = \frac{\sum m}{\sum \dfrac{m}{x}} = \frac{1315}{1841} = 71.43\%$$

三、几何平均数

几何平均数是 n 个变量值连乘积的几次方根。它可分为简单几何平均数和加权几何平均数。

简单几何平均数适用于未分组的原始数据，计算公式为：

$$G = \sqrt[n]{x_1 \cdot x_2 \cdot \cdots \cdot x_n} = \sqrt[n]{\Pi x}$$

式中：G——几何平均数；x——被平均的变量值；

n——变量值的个数；Π——连乘符号。

加权几何平均数适用于已经分组的变量数列，计算公式为：

$$G = \sqrt[f_1+f_2+\cdots+f_n]{x_1^{f_1} \cdot x_2^{f_2} \cdot \cdots \cdot x_n^{f_n}} = \sqrt[\Sigma f]{\Pi x^f}$$

式中：f——各组变量值的次数。

社会统计中，几何平均数主要用于计算平均发展速度。其方法本书将在时间数列一章中加以说明。

四、算术平均数、调和平均数和几何平均数之间的数量关系

算术平均数、调和平均数和几何平均数都是根据总体全部单位标志值计算的，统称为数值平均数。其共同特点是受极端值的影响。相比较而言，算术平均数受极大值的影响较大，调和平均数受极小值的影响较大，而几何平均数受极端值的影响相对较小。

社会统计研究中，算术平均数、调和平均数和几何平均数三种计算方法的选择，应根据社会现象的客观性质和研究目的加以确定，适宜用算术平均数方法就不能用调和平均数或几何平均数，适宜用调和平均数或几何平均数也同样不宜用算术平均数方法。从数量关系的角度分析，如果使用同一资料计算这三种平均数，其结果是算术平均数最大，调和平均数最小，几何平均数大于调和平均数而小于算术平均数，只有当所有变量值都相同时，三种平均数才相等。它们之间的关系可用下述不等式表示：

$$\bar{x} \geqslant G \geqslant H$$

第三节　位置平均数

一、中位数

中位数是将总体单位的某一数量标志的各个数值,按大小顺序排列,居于中间位置的变量值。常用 m_e 表示。中位数的概念表明,数列中有一半的数值比它大,另一半的数值比它小,它是一组数据的中心值。因而,中位数能够反映社会现象的一般水平和集中趋势。根据所掌握的资料是否分组以及分组的情况,中位数的计算有四种情况。

(一)未分组资料确定中位数

这种情况下,先将各单位的变量值按大小顺序排列,然后根据 $(n+1)/2$ 计算中位数的位置,所求得的位置上的变量值即为中位数。如果总体单位数 n 为偶数,则取中间位置上的两个变量值的简单算术平均数为中位数。

例如,7 户贫困户的家庭人口数按从少到多的顺序排列如下:2、3、4、5、6、7、7。计算中位数的位置为 $(n+1)/2 = (7+1)/2 = 4$,则家庭人口的中位数为 5 人。若调查的是 8 户家庭,第 8 户家庭人口也是 7 人,中位数的位置为 $(8+1)/2 = 4.5$,表明中位数处在排列顺序的第四户和第五户之间,则家庭人口的中位数 $= (5+6)/2 = 5.5$(人)

(二)品质数列确定中位数

根据定序数列确定中位数,第一步需根据 $\sum f/2$ 确定中位数的位置,第二步计算累计次数,第三步根据中位数的位置,结合累计次数,判断中位数所在组,该组标志值即为中位数。

例:某调查人群的文化程度资料如表 5-9 所示,求中位数。

表5-9 某调查人群的文化程度分组资料

文化程度 x	人数 f(人)	累计人数	
		向上累计	向下累计
小学	1	1	30
初中	5	6	29
高中	12	18	24
中专	8	26	12
大专	3	29	4
本科	1	30	1
合 计	30	—	—

根据表中资料求得中位数的位置：$\sum f/2 = 30/2 = 15$。本例，第15人的位置可从累计次数判断。从向上累计次数中观察，第15人是在高中组的18人之中；由向下累计次数看，第15人被包含在高中组的24人之中。因此，可确定该调查人群具有代表性的文化程度是高中。

(三)单项数列确定中位数

单项数列确定中位数与品质数列的确定方法基本一致。

例：根据表5-1资料计算中位数。

表5-10 某社区50户居民家庭人口中位数计算表

按家庭人口分组 x(人)	户数 f(户)	累计户数(户)	
		向上累计	向下累计
1	3	3	50
2	6	9	47
3	24	33	41
4	15	48	17
5	2	50	2
合 计	50	—	—

先求中位数的位置：$\sum f/2 = 50/2 = 25$。从表5-10可知，不论是向上累计还是向下累计，中位数的位次(第25户)都处在第三组，则该组的标志值3人，就是所要求的中位数。

（四）组距数列确定中位数

组距数列求中位数，相对复杂。第一步，先求中位数的位置；第二步，计算累计次数；第三步，确定中位数所在组；第四步，运用公式计算中位数的近似值。前三步与定序数列、单项数列的计算方法完全一致。由于次数累计既可由最低组开始，也可由最高组开始，为使两者所得的结果相同，同时也因为分组资料的 n 一般较大，故组距数列须用 $\sum f/2$ 来计算中位数的位置。中位数的计算公式为：

$$m_e = L + \frac{\dfrac{\sum f}{2} - S_{m-1}}{f_m} \cdot d \quad （下限公式）$$

$$或 \quad m_e = U - \frac{\dfrac{\sum f}{2} - S_{m+1}}{f_m} \cdot d \quad （上限公式）$$

式中：m_e——中位数；$\sum f$——总体单位数；

　　　L——中位数所在组的下限；U——中位数所在组的上限；

　　　S_{m-1}——中位数所在组下限以下各组累计次数；

　　　S_{m+1}——中位数所在组上限以上各组累计次数；

　　　f_m——中位数所在组的次数；d——中位数所在组的组距。

上面两个公式计算的结果完全相同。需要说明的是，利用上述公式计算中位数，是假设中位数组内的变量值是均匀分布的，因此计算结果只能是中位数的近似值。

例：根据表5-11资料求该乡农户家庭年收入的中位数。

表5-11 某乡农户家庭年收入资料

家庭年收入额 x(元)	农户数 f(户)	累计户数	
		向上累计	向下累计
6 000 以下	150	150	1 800
6 000 ~ 7 000	300	450	1 650
7 000 ~ 8 000	600	1 050	1 350
8 000 ~ 9 000	450	1 500	750
9 000 ~ 10 000	200	1 700	300
10 000 以上	100	1 800	100
合　计	1 800	—	—

由上表资料先计算中位数的位置：$\sum f/2 = 1\,800/2 = 900$，再根据累计次数可以确定中位数处在第三组。最后将表中资料分别代入上述公式，便可求得中位数。

按下限公式计算：

$$m_e = L + \frac{\dfrac{\sum f}{2} - S_{m-1}}{f_m} \cdot d = 7\,000 + \frac{900 - 450}{600} \times 1000 = 7\,750$$

按上限公式计算：

$$m_e = U - \frac{\dfrac{\sum f}{2} - S_{m+1}}{f_m} \cdot d = 8\,000 - \frac{900 - 750}{600} \times 1000 = 7\,750$$

二、众数

众数是总体中出现次数最多的标志数值。用 m_0 表示。众数只与变量值出现的次数有关，因而它可用于定距、定比资料，也能用于定序、定类测度的资料。

（一）非组距数列确定众数

非组距数列资料确定众数非常简单。其方法如下：

如果是未分组资料，只需观察某些变量值出现次数的多少即可。例如，6 户居民的家庭人口资料依次为 1 人、2 人、3 人、3 人、3 人、4 人，其中，3 人出现次数最多，故这 6 户居民家庭人口的众数为 3 人。

如果是品质数列或是单项数列，众数确定方法同未分组情况一致，只是更直观、更容易，只要观察次数分布便可以确定。例如，求表 5－9 文化程度的众数，从表中人数栏观察，高中文化程度出现的人数最多，为 12 人，所以该调查人群的文化程度的众数为高中。求表 3－1 中婚姻状况的众数，因为有配偶的人数为119，人数最多，故众数为有配偶。求表 5－10 中的众数，经观察，3 口之家的出现 24 次，因而，该社区 50 户居民家庭人口的众数为 3 人。

（二）组距数列确定众数

组距数列确定众数，在经过观察确定了众数所在组之后，还需运用公式计算众数的近似值。计算公式为：

$$m_0 = L + \frac{\Delta_1}{\Delta_1 + \Delta_2} \cdot d \quad （下限公式）$$

或

$$m_0 = U - \frac{\Delta_2}{\Delta_1 + \Delta_2} \cdot d \quad （上限公式）$$

式中：m_0——众数；d——众数所在组组距；

L——众数所在组的下限；U——众数所在组的上限；

Δ_1——众数组次数与其下限相邻一组次数之差；

Δ_2——众数组次数与其上限相邻一组次数之差。

例：根据表 5－11 资料求农户家庭年收入的众数。

从表中农户数一栏可看出，次数出现最多的是 600，因而，"7 000～8 000"这一组就是众数所在组。该组次数 600 与该组下限相邻一组次数 300 之差为 300，即 $\Delta_1 = 600 - 300 = 300$；该组次数 600 与该组上限相邻一组次数 450 之差为 150，即 $\Delta_2 = 600 - 450 = 150$。众数组组距为 1 000。将数据代入公式，得：

按下限公式计算：

$$m_0 = L + \frac{\Delta_1}{\Delta_1 + \Delta_2} \times d = 7\ 000 + \frac{300}{300 + 150} \times 1\ 000 = 7\ 666.7(元)$$

按上限公式计算：

$$m_0 = U - \frac{\Delta_2}{\Delta_1 + \Delta_2} \times d = 8\ 000 - \frac{150}{300 + 150} \times 1\ 000 = 7\ 666.7(元)$$

众数的计算是假定众数组内的数据是均匀分布的，利用众数组与其前后相邻组次数的差别来分配众数组组距的。因此，利用公式计算的众数只能是一组变量值众数的近似值。

三、算术平均数、中位数、众数三者的基本特点与关系

(一)算术平均数、中位数、众数三者的特点

算术平均数适用于定距、定比计量尺度的资料。其概念容易理解；计算简便，可以严格地用数学公式计算；计算结果的大小受到次数分布数列中每个变量值大小的影响，因而具有高度的数学灵敏性和充分的代表性；计算结果受抽样的影响较小，一般情况下，每一样本的算术平均数都是很接近的，所以在抽样推断中可以用抽样平均数代替总体平均数；前面已述具有一系列优良的数学性质。由于算术平均数优点众多、突出，其值是全部数据的误差相互抵消后的必然结果，是一组数据集中趋势的真实代表值，因而，算术平均数在统计分析和统计推断中具有重要的地位。也正是因为算术平均数是根据全部数据计算的，当数据中存在特别大或特别小的异常数据(极端变量值)时，算术平均数的代表性就会受到影响。为了弥补这一缺陷，可以计算调整平均数，即先剔除数据中的极端值，然后再计算剩余数据的算术平均数。

中位数是处在数列中间位置的标志数值，因此不受数据中极端值的影响，能清晰地表达划分总体各单位标志数目各半的数值界线，在频数分布有明显的偏斜度时，中位数作为集中趋势的代表值比算术平均数更优越；在搜集某些现象的全部数据比较困难，或费用较高等情况下，可以使用中位数作为这种数据的代表值；而且能在算术平均数无法计算的定序计量尺度中应用。但它损失资料较多，数学敏感性差，不便于作进一步的代数运算，因此在高级的统计分析中很少使用。

众数概念简捷明了，通俗易懂；与中位数相似，不受极端变量值的影响，在偏态分布的情况下最能体现现象的总体水平；实际工作中经常用于调查费用较高而又没有必要计算准确平均数的现象；且能在定类计量尺度中运用。众数虽然简捷明了，但稳定性差，容易受分组等条件影响；若频数分布中没有明显的次数最多的变量值，则众数便不存在；在数据分布的偏斜程度较大时，众数的代表性一定程度上还是受偏斜度的影响；另外，在反映数据的集中程度时，没有一个与之相配套的指标同时来反映数据的离散程度，这也是众数不如算术平均数和中位数的地方；与中位数一样，众数无法进行代数运算。诸如此等原因，严重地限制了众数在高级统计分析中的应用。

算术平均数、中位数、众数各有优缺点，实际使用应根据需要选择，没有一定之规。但条件允许，算术平均数应首先考虑。

（二）算术平均数、中位数、众数之间的数量关系

算术平均数、中位数和众数三者之间存在着一定的数量关系，这种关系决定于总体中次数分布的实际状态。在单峰分布条件下，当数据呈正态分布时，总体内次数分布两边呈完全对称的钟形曲线，这时算术平均数处于钟形曲线的对称点上，对称点又是曲线的中心点和最高点，因此，算术平均数、中位数和众数处于同一位置上，三点重合，即：$\bar{x} = m_e = m_0$，如图 5-1(b)所示。

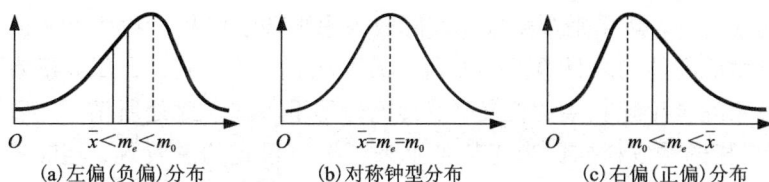

(a)左偏(负偏)分布　　　　(b)对称钟型分布　　　　(c)右偏(正偏)分布

图 5 - 1　众数、中位数与算术平均数的关系示意图

在数据呈偏态分布时，算术平均数、中位数和众数就存在差别，这种差别与非对称的程度大小有关。非对称的程度愈大，它们之间的差距愈大；反之，非对称的程度愈小，其差距愈小。当数据呈现左偏态分布时，说明数据存在极端的小值，必然将算术平均数拉向极小值方向，中位数也相应减小，而众数依然保持不变，于是就有 $\bar{x} < m_e < m_0$，如图 5 - 1(a)所示。次数分布中如果出现极大值，必然将算术平均数拉向极大值方向，中位数也相应增大，众数依然保持不变，由此形成的次数分布曲线就会呈现右偏斜状态。这时，算术平均数、中位数和众数之间的关系就表现为：$\bar{x} > m_e > m_0$，如图 5 - 1(c)所示。

第四节　平均指标在社会统计中的应用

一、物质生活统计中几种常用的平均指标

物质生活统计是社会统计学的重要组成部分，它的主要内容包括居民收入统计、居民物质消费水平统计、居民物质消费结构和质量统计等。常用的平均指标有：

（一）农民人均纯收入

$$农民人均纯收入(元/人年) = \frac{农民家庭全年纯收入}{农民家庭常住人口数}$$

农民人均纯收入反映的是一个国家或地区农村居民收入的平

均水平，一般用来观察农民实际收入水平和农民扩大再生产及改善生活的能力。计算此一指标，需要注意三点：其一，要弄清农民家庭全年纯收入的含义，使其统计不重不漏。此处所谓"纯收入"指的是农村居民当年从各个来源渠道得到的总收入，相应地扣除获得收入所发生的费用后的收入总和。其二，要准确定义农民家庭常住人口，弄清农民家庭常住人口数。其三，要注意农民家庭常住人口数与全年纯收入计算范围的一致性。

我国政府每年都公布"农民人均纯收入"。它是指经国家统计局批准，农业部制定的农村经济收益分配统计报表中的"农民人均所得"。其计算公式是：农民人均纯收入 =（农村经济总收入 − 总费用 − 国家税金 − 上交有关部门的利润 − 企业各项基金 − 村提留 − 乡统筹）÷汇总人口。国家统计局公布数据显示，2010 年我国农民人均纯收入为 5 919 元，比 2009 年增加 766 元，增长 14.9%，扣除价格因素，实际增长 10.9%，在相当长的时期内第一次增长速度超过城市。

（二）城镇居民人均可支配收入

$$城镇居民人均可支配收入 = \frac{城镇居民家庭可支配收入}{城镇居民家庭总人口}$$

城镇居民家庭可支配收入是指被调查的城镇居民家庭在支付个人所得税、财产税及其他经常性转移支出后所余下的实际收入。它是用以衡量城市居民收入水平和生活水平的非常重要和常用的指标。2010 年我国城镇居民人均可支配收入，国家统计局公布数据显示为 19 109 元，比 2009 年增长 11.3%，扣除价格因素，实际增长 7.8%。

（三）农民家庭人均生活费支出

$$农民家庭人均生活费支出（元/人年） = \frac{农民家庭全年生活消费支出总额}{农民家庭常住人口数}$$

式中，生活消费支出指用于衣、食、住、用、烧的消费资料支出。国家统计局湖南调查总队调查资料显示：2010 年湖南农民人均纯收入为 5 622 元，比上年增加 712 元；农民人均生活消费支出为 4 310 元，比上年增长 7.2%。

（四）城镇居民人均生活费支出

$$城镇居民人均生活费支出 = \frac{城镇居民家庭全年生活消费支出总额}{城镇居民家庭总人口}$$

式中，生活消费支出，包括各种商品性消费支出、服务性消费支出、教育费用支出、文化娱乐费用支出等诸多方面。中国产业研究报告网讯：据 65 000 户城镇居民家庭抽样调查资料显示，2010 年全国城镇居民家庭人均消费性支出 13 471 元，比上年增长 9.8%，增速高于上年 0.7 个百分点；扣除价格因素，实际增长 6.4%。

二、人力资源统计中使用的几种平均指标

（1）劳动力资源的平均年龄

$$劳动力资源的平均年龄 = \frac{\sum（各年龄组中值 \times 该年龄组人口数）}{劳动力资源总数}$$

此一指标常用来反映劳动力资源整体素质状况及劳动力资源的年轻化或老化程度。

（2）劳动力资源的平均受教育年限

$$劳动力资源的平均受教育年限 = \frac{\sum（某种学制年限 \times 受该学制教育人数）}{劳动力资源总数}$$

此一指标表明一个国家或地区劳动力资源文化素质的整体状况。

（3）工人的平均技术等级

$$工人的平均技术等级 = \frac{\sum（技术等级各组 \times 该组技术等级人数）}{全部工人人数}$$

此一指标一般用来分析企业职工技术素质。

三、人口年龄中位数

年龄中位数不同于年龄平均数，它意味着一个国家或地区的人口，各有一半人的年龄在这个数值之上或之下。年龄中位数是度量一个国家老龄化的重要指标。一般认为，当人口年龄中位数小于20时，这个人口被认为是年轻型人口；大于20小于30时，被认为是成年型人口；大于30时，被认为是老年型人口。目前，世界各国的年龄中位数最小的是乌干达和加沙地带，仅15岁，超过40岁的是几个欧洲国家和日本。2010年估计年龄中位数最大的为摩纳哥48.9岁，日本44.6岁。我国六次人口普查年龄中位数如表5－12所示。

表5－12　中国六次人口普查时点的有关人口年龄中位数

普查年份	1953年	1964年	1982年	1900年	2000年	2010年
年龄中位数(岁)	21.70	20.20	22.91	25.25	30.85	35.20

资料来源：中国人大网 www.npc.gov.cn 桂世勋，《中国人口老龄化和老年保障60年回顾及探讨》

人口年龄中位数是从经济发展角度度量人口高龄化时最常用的指标，它反映了一个人口由于高龄化而产生的劳动力资源的变化及对劳动生产率、消费趋势等方面的影响。但此一指标难以看出老年人口的数量和比重，因而不适宜运用于某些人口老化问题的研究。

第五节　使用 Excel 软件进行集中趋势分析

一、使用 Excel 软件计算算术平均数

现以表5－11资料为例计算算术平均数。其操作步骤如下：

(1)编制计算工作表,在工作表中输入已知数据。如图 5 - 2 所示。

(2)在单元格 D1 中输入符号"xf"(旨在提示 D 列的数值是各组组中值 x 与权数 f 的乘积)。

(3)在单元格 D2 中输入公式" = C2 * B2",按 Enter 键后将单元格 D2 的公式向下复制到 D7。

(4)在单元格 D8 中输入公式" = SUM(D2∶D7)"(或单击自动求和图标),按 Enter 键后计算算术平均数所需的分子的数值(本例为 14 050 000),显示在 D8 中。

(5)在单元格 A10 中输入"算术平均数",在单元格 B10 中输入公式"= D8/B8",按 Enter 键后单元格 B10 中显示的数值(本例为 7805.56)就是所求的算术平均数。

整个操作过程如图 5 - 2 所示。

	A	B	C	D	E	F
1	家庭年收入额(元)	农户数(f)	组中值(x)	xf	向上累计次数	向下累计次数
2	6000以下	150	5500	825000	150	1800
3	6000-7000	300	6500	1950000	450	1650
4	7000-8000	600	7500	4500000	1050	1350
5	8000-9000	450	8500	3825000	1500	750
6	9000-10000	200	9500	1900000	1700	300
7	10000以上	100	10500	1050000	1800	100
8	合 计	1800	-	14050000	-	
9						
10	算术平均数	7805.56				
11	下限公式计算的中位数	7750.00				
12	下限公式计算的众数	7666.70				

图 5 - 2 使用 Excel 软件计算平均指标示意图

二、使用 Excel 软件计算中位数

现以表 5 - 11 资料为例计算中位数。其操作步骤如下:

(1)编制计算工作表,在工作表中输入已知数据。如图 5 - 2 所示。

(2)由于组距资料计算中位数要求计算累计次数,且本例计

算采用下限公式,因此,应在 E1 中输入"向上累计次数"。同时,在表的下方 A11 单元格中输入"下限公式计算的中位数"。如图 5 - 2 所示。

(3)在单元格 E2 中输入计算的初始数,公式为" = B2",在单元格 E3 中输入公式" = E2 + B3",确认后,向下填充到 E7 单元格,计算得到各组农户向上累计次数。如图 5 - 2 所示。

(4)根据中位数定义,首先求得中位数的位置。中位数的位置为 $\sum f/2 = 1\ 800/2 = 900$,即累计到第 900 户农户时,这个农户的家庭年收入额即为中位数。故中位数落在第三组"7 000 ~ 8 000"这一组内。该组的下限是 $L = 7\ 000$,组距 $d = $ 上限 – 下限 $= 8\ 000 – 7\ 000 = 1\ 000$。根据上面的分析,用中位数下限公式计算中位数的方法为:在单元格 B11 中输入计算中位数的下限公式 " $= 7\ 000 + ((B8/2 – E3)/(E5 – (B8/2))) * 1\ 000$",单击确认,得到计算结果 7 750。整个操作过程如图 5 - 2 所示。

三、使用 Excel 软件计算众数

仍以表 5 – 11 资料为例计算众数。其具体方法如下:

(1)编制计算工作表,在工作表中输入已知数据。如图 5 - 2 所示。

(2)在单元格 A12 中输入"下限公式计算的众数"。

(3)根据众数定义,因为农户数 600 为各组次数最大组,因此,农户年收入额的众数在第三组,即"7 000 ~ 8 000"这一组内。该组的下限 $L = 7\ 000$,组距 $d = $ 上限 – 下限 $= 8\ 000 – 7\ 000 = 1\ 000$。根据如此分析,用众数下限公式计算众数的方法为:在单元格 B12 中输入计算众数的下限公式"$7\ 000 + ((B4 – B3)/(B4 – B3) + (B4 – B5)) * 1\ 000$",单击确认,得到计算结果 7 666.7。

整个操作过程如图 5 - 2 所示。

思考练习

1.平均指标在统计分析中有什么意义？常用的平均指标有哪几种？

2.算术平均数有什么特点和数学性质？选择加权算术平均数中的权数要注意什么问题？

3.什么情况下，应采用算术平均数？什么时候应运用调和平均数？

4.中位数和众数各有什么特点？

5.算术平均数、中位数和众数之间有什么关系？

6.根据下表资料，计算某社区家庭平均人口数。试比较两种不同的计算方法，并说明各自不同的适用情况。

家庭人口(人)	家庭人口总数(人)
1	2
2	24
3	135
4	80
5	30
6	30
合 计	301

家庭人口(人)	家庭户数(户)
1	2
2	12
3	45
4	20
5	6
6	5
合 计	90

7.根据第6题右表资料计算中位数和众数。

8.70名流浪儿童的父亲的文化程度资料如下，试求中位数和众数。

文化程度	人数(人)
识 字	4
小 学	14
初 中	35
高 中	16
大 专	1
合 计	70

9.某社区180名妇女的初婚年龄资料如下：

(1)分别用普通法和简捷法计算平均初婚年龄；

(2)确定初婚年龄的众数和中位数；

(3)说明该资料的偏斜状态。

初婚年龄（岁）	人数（人）
18~19	2
20~21	24
22~23	35
24~25	68
26~27	26
28~29	17
30 以上	8
合　计	180

10.某乡农户家庭年收入资料如下，求中位数、众数与算术平均数。

家庭年收入（元）	户数（户）
10000 以下	6
10000~15000	34
15000~20000	58
20000~25000	82
25000~30000	126
30000~35000	117
35000~40000	76
40000 以上	41
合　计	540

11.1901年至1985年，全世界已有300多位科学家获得过诺贝尔物理奖、化学奖和生物医学奖。下表是这些科学家取得成果的年龄资料：

获奖年龄	获奖类别			合　计	
(岁)	物理学	化　学	生理医学	人数(人)	比重(%)
24 以下	9	3	3	15	4.9
25~29	18	10	6	34	11.1
30~34	33	19	18	70	23.0
35~39	14	20	34	68	22.3
40~44	22	16	15	53	17.4
45~49	11	13	13	37	12.1
50 以上	4	10	14	28	9.2
合　计	111	91	103	305	100.0

要求:计算诺贝尔奖获得者的平均年龄、年龄中位数和众数。

12.某城区76个街道学龄前儿童入园入托率的统计资料如下,求该城区学龄前儿童平均入园入托率。

入园入托率(%)	街道数(个)	入园入托儿童数(人)
60 以下	2	40
60~70	8	195
70~80	36	675
80~90	28	510
90~100	2	76
合　计	76	1496

提示:入园入托率 =(入园入托儿童数 ÷ 学龄前儿童总数)× 100%

案例分析

案例[5-1]　统计部门公布平均工资引起的争议

据悉,2006 年我国在岗职工年平均工资达到 21001 元,而 2002 年仅为 12422 元。扣除价格上涨因素,年均递增 12%,比同期人均国内生产总值年均递增 9.2% 高 2.8 个百分点,是改革开放以来,我国职工实际工资收入水平增长最快的时期(中国新闻网消息7月2日)。

这一消息却引发了激烈争论。从各大门户网站的留言看,几乎所有的网友都对这条新闻有置疑,有人认为这是"真实的谎言",有人认为这是"不涨反降",也有人质疑"是不是又在放卫星"。《人民日报》的人民论坛杂志就职工对当前工资的满意度进行了一项调查,调查结果显示:对当前工资状况不满意的人达96.5%。

同样的事发生在2008年,国家统计局公布了当年全国城镇单位职工平均工资为29229元,比上年增长17.2%。公布后社会同样反映强烈,普遍认为这个水平过高,与实际不符。

分析与讨论

1.为什么多数民众的感觉和统计部门的统计结果会不一致?(提示:可从平均指标的特点、计算方法、平均指标运用的前提及应注意的问题、我国平均工资计算的范围,以及平均指标的代表性等方面评述)

2.应如何正确理解和运用平均数?

第六章　总体(样本)分布特征的离散程度描述

　　测定总体(或样本，下同)分布离散程度的描述指标称为标志变异指标。它一般分为两类：一类是测定总体单位变量值变异程度的指标，包括全距、四分位差、平均差、方差、标准差、离散系数等；另一类是测定总体次数分配形态的指标，包括偏离度和集中度(峰度)。这里介绍第一类指标。

第一节　离散程度描述指标的意义与作用

一、标志变异指标的意义

　　标志变异指标是说明总体各单位标志数值差异和离散程度的综合指标，又叫标志变动度。它是反映总体标志数值分布特征的又一个重要特征。平均指标将总体各单位标志数值的差异抽象化了，从而反映出社会现象在一定条件下的一般水平和集中趋势。但是，同质总体中各单位标志数值之间的差异还是客观存在的，而且这种差异在有些问题的研究中非常重要。因此，社会统计研究在运用平均指标分析某一问题时，还必须进一步对被抽象化的各单位标志值的差异程度进行测定。这样，平均指标和标志变异指标分别反映同一总体在数量上的共性(集中范围和程度)与差异性(波动范围和差异程度)，两者结合运用，有助于人们更全面地认识总体的分布特征。

二、标志变异指标的作用

1. 标志变异指标是衡量平均指标代表性的尺度

平均指标既然是总体各单位某种数量标志的代表值,它就必然存在一个代表性程度大小的问题。平均指标代表性的大小取决于总体各单位变量值变异程度的大小。标志变异指标愈大,说明总体各单位变量值之间的差异程度愈大,次数分布比较分散,从而平均指标的代表性就愈小;反之,标志变异指标愈小,则平均指标的代表性就愈大。

2. 标志变异指标是反映现象稳定性和均衡性的重要指标

在社会经济运行过程中,一些社会经济现象的发展呈现出升降起伏、波动较大的非均衡变化现象,或前松后紧、前紧后松、一松一紧的无节奏状况,等等,这时可利用标志变异指标对它进行测定和分析。如果标志变异指标较小,说明现象的发展比较均衡,反之,标志变异指标较大,表明现象的发展稳定性较差。

3. 标志变异指标是确定必要的抽样单位数、进行抽样推断的因素

在抽样调查中,需要科学地确定必要的抽样单位数,需要使用样本指标推断总体相应的数量特征,有关抽样误差的计算、误差允许范围衡量、抽样估计可靠程度等都要运用反映变量值之间差异程度的标志变异指标。

第二节　标志变异绝对指标

一、全距

全距是总体各单位标志值中最大值与最小值之差。由于它是数列中两个极端数值之差,故全距又称极差,通常用 R 表示。计算公式为：

　　未分组资料：R = 最大标志值 – 最小标志值

　　分组资料：R = 最高组上限 – 最低组下限

　　数据若为开口组，可先求出组中值，再利用组中值求得全距。组距资料求出的全距，只是全距的近似值。全距愈大，说明变量变异的范围愈大，平均数的代表性愈小；反之，全距愈小，说明变量变异的范围愈小，平均数的代表性愈大。例如，甲、乙、丙三个数列资料如下：

　　甲：70、70、70、70、70、70、70　　$\bar{x} = 70$　　$R = 0$

　　乙：67、68、69、70、71、72、73　　$\bar{x} = 70$　　$R = 6$

　　丙：0、45、75、88、90、92、100　　$\bar{x} = 70$　　$R = 100$

　　上述三个数列，平均数相同，均为70，但其全距不一样，故其平均数代表性的大小不相同。从全距看，甲数列为零，故其平均数的代表性完全精确；乙数列全距小于丙数列，因而乙数列平均数的代表性较强，而丙数列的平均数代表性弱。

　　全距的显著特点是计算简便且意义明确，容易理解。但它受极端值的影响较大，没有考虑数列中其他数值的差异情况，数据利用率低，准确性不够，因此，只可作为粗略量度。在社会科学分析结果中，有时在使用中位数描述集中趋势时，同时使用极差描述离中趋势。

二、四分位差

　　四分位差是四分位数间距的半值。四分位数是将一组按大小顺序排列的数据平均分成四个部分的三个分界点上的数值。常以Q_1、Q_2、Q_3分别代表第一、第二、第三个四分位数。四分位数间距指的是第一与第三个四分位数之间的距离。四分位差的计算公式为：

$$Q = \frac{Q_3 - Q_1}{2}$$

四分位差是对全距指标的一种改进。它是把数据中两端(各占1/4)的极端值剔除之后再行计算的。虽然它与极差相似,也是用相对距离描述离中趋势,但因其不受极端值的影响,所以在描述数据特征的时候,常用中位数反映一组数据的集中趋势,用四分位差反映其离散程度,而不用极差。

(一)未分组资料求四分位差

未分组资料计算四分位差,首先要计算出四分位数的位置。四分位数所在位置的计算公式为:Q_1的位置:$(n+1)/4$;Q_2的位置:$2(n+1)/4$;Q_3的位置:$3(n+1)/4$。若四分位数位置的计算结果是整数,则各个位置上的数值就是相应的三个四分位数;若计算结果为小数,则有关的四分位数就用插值的方法来确定。

例:某班10名学生的社会工作概论考试成绩x_1,$x_2 \cdots$,x_{10}依序排列如下:55、60、70、72、75、80、83、88、90、92。试计算四分位差。

解:先计算第一、第三个四分位数的位置。

Q_1的位置:$(n+1) \div 4 = (10+1) \div 4 = 2.75$

Q_3的位置:$3(n+1) \div 4 = 3(10+1) \div 4 = 8.25$

再利用插值法计算Q_1、Q_3值。

$Q_1 = x_2 + 0.75(x_3 - x_2) = 60 + 0.75(70 - 60) = 67.5$

$Q_3 = x_8 + 0.25(x_9 - x_8) = 88 + 0.25(90 - 88) = 88.5$

最后运用四分位差公式,求其值:

$$Q = \frac{Q_3 - Q_1}{2} = \frac{88.5 - 67.5}{2} = 10.5(\text{分})$$

结果表明,10名学生社会工作概论考试成绩的四分位差为10.5分

（二）分组资料求四分位差

1. 单项数列求四分位差

单项数列求四分位数，第一步需根据 $\sum f / 4$ 和 $3\sum f / 4$ 分别确定 Q_1、Q_3 两个四分位数的位置；第二步计算累计次数，四分位数的位置在哪一个累计次数组内，则该组变量值就是四分位数；第三步将 Q_1、Q_3 值代入四分位差的计算公式中求其值。

例，根据表 6-1 资料计算四分位差。

解：Q_1 的位置：$\sum f / 4 = 60 \div 4 = 15$；

Q_3 的位置：$3\sum f / 4 = 3 \times 60 \div 4 = 45$。

根据表 6-1 中向上累计次数，可以判断 Q_1、Q_3 两个四分位数的位置分别在第三组和第四组，则 $Q_1 = 3$（人），$Q_3 = 4$（人）

$$\therefore \quad Q = \frac{Q_3 - Q_1}{2} = \frac{4 - 3}{2} = 0.5（人）$$

表 6-1 某社区 60 户居民家庭人口四分位差计算示例表

按家庭人口分组 x(人)	户 数 f(户)	累计户数 (户)
1	3	3
2	6	9
3	24	33
4	15	48
5	9	57
6	3	60
合 计	60	—

2. 组距数列求四分位差

组距数列求四分位差，前三步与品质（定序）数列、单项数列的计算方法完全一致。即第一步求四分位数的位置；第二步计算累计次数；第三步确定四分位数所在组。只是这时因四分位数所

在组是一个组距,故还需运用插值公式计算四分位数的近似值。下面是四分位数的下限公式:

$$Q_1 = L_{Q_1} + \frac{\dfrac{\sum f}{4} - S_{Q_1-1}}{f_{Q_1}} \cdot d_{Q_1} \qquad Q_3 = L_{Q_3} + \frac{\dfrac{3\sum f}{4} - S_{Q_3-1}}{f_{Q_3}} \cdot d_{Q_3}$$

式中:L_{Q_1}——Q_1所在组下限;L_{Q_3}——Q_3所在组下限;

S_{Q_1-1}——Q_1所在组下限以下各组的累计次数;

S_{Q_3-1}——Q_3所在组下限以下各组的累计次数;

f_{Q_1}——Q_1所在组次数;f_{Q_3}——Q_3所在组次数;

d_{Q_1}——Q_1所在组组距;d_{Q_3}——Q_3所在组组距。

例:根据表6－2资料,求该乡农户家庭年收入的四分位差。

表6－2　某乡农户家庭年收入四分位差计算表

家庭年收入额 x(元)	农户数 f(户)	累计户数	
		向上累计	向下累计
5000 以下	150	150	1800
6000 ~ 7000	300	450	1650
7000 ~ 8000	600	1050	1350
8000 ~ 9000	450	1500	750
9000 ~ 10000	200	1700	300
10000 以上	100	1800	100
合　计	1800	—	—

先求 Q_1、Q_3 两个四分位数的位置。

Q_1 的位置:$\sum f/4 = 1800 \div 4 = 450$;

Q_3 的位置:$3\sum f/4 = 3 \times 1800 \div 4 = 1350$。

根据表6－2中向上累计资料(采用下限公式必须计算向上累计次数)可知,Q_1、Q_3 分别在第二组和第四组。再根据下限公式

可分别计算得到 Q_1、Q_3 值。

$$Q_1 = L_{Q_1} + \frac{\dfrac{\sum f}{4} - S_{Q_1-1}}{f_{Q_1}} \cdot d_{Q_1} = 6000 + \frac{450 - 150}{300} \times 1000$$

$$= 7000(元)$$

$$Q_3 = L_{Q_3} + \frac{\dfrac{3\sum f}{4} - S_{Q_3-1}}{f_{Q_3}} \cdot d_{Q_3} = 8000 + \frac{1350 - 1050}{450} \times 1000$$

$$= 8666.7(元)$$

$$\therefore Q = \frac{Q_3 - Q_1}{2} = \frac{8666.7 - 7000}{2} = 833.35(元)$$

上限公式与下限公式计算基本相同。只是在求出 Q_1、Q_3 所在位置后，必须根据向下累计次数确定 Q_1、Q_3 所在组。两者结果相等，故计算此处从略。

四分位差克服了全距的缺点，不受极端值的影响，但它仅以两数之差为基准，损失资料多，所以也是一个比较粗略的变异指标，不可能十分准确地反映总体单位标志数值的差异程度。

三、平均差

平均差是总体各单位标志值与其算术平均数的平均离差。由于算术平均数具有各个标志值与算术平均数离差之和必等于零的数学性质，即 $\sum (x - \bar{x}) = 0$，因此，计算平均离差时应采用离差绝对值 $|x - \bar{x}|$，以避免这种情况的出现。平均差通常用 $A.D$ 表示。根据所掌握资料的不同，平均差的计算分为简单平均差与加权平均差两种。

（一）简单平均差

未分组资料计算平均差应用简单平均差的计算方法。公式为：

$$A.\ D = \frac{\sum |x - \bar{x}|}{n}$$

（二）加权平均差

若资料已经分组，则要按加权的方法计算平均差。计算公式为：

$$A.\ D = \frac{\sum |x - \bar{x}| f}{\sum f}$$

平均差是利用全部数据计算的变异指标，对整个变量值的变异程度有较充分的代表性，比极差、四分位差精确多了，且意义直观、明确。但由于平均差是采用绝对值来计算的，不适宜作进一步的代数运算，因此，在高级统计分析应用中受到一定的限制。

四、方差与标准差

方差即各标志数值与算术平均数离差平方的算术平均数。常用符号 σ^2 表示。标准差是总体各单位标志值与算术平均数离差平方的算术平均数的平方根，又称均方差。常用符号 σ 表示。前述平均差虽能反映数据中所有变量值的平均差异情况，但运算过程采用绝对值方法消除离差正负，不符合数学法则。为了克服平均差这一缺点，统计学采用平方的方法来消除离差的正负，以便于进行代数运算，由此计算出标志数值的方差。方差是一个很重要的描述数据离散程度的指标，特别是在推论统计中是一个具有较强理论价值的概念，被频繁地使用。缺点是其计量单位亦平方了，与描述同一组数据集中程度的平均指标的计量单位不一致。由此给实际应用和理解造成了很多的不便，为克服这一缺点，再将方差开平方，结果即为标准差。标准差与方差很容易互换，其关系可用公式表示为：$\sigma = \sqrt{\sigma^2}$。

标准差的诸多优点，使得它在社会统计分析中得到广泛应用。根据所掌握的资料不同,标准差的计算有简单标准差和加权标准差。

(一)简单标准差

在资料未分组时,计算简单标准差。计算公式为:

$$\sigma = \sqrt{\frac{\sum (x - \bar{x})^2}{n}}$$

例,现以表6-3资料为例,求简单标准差,计算过程如表6-3所示。

表6-3 流浪儿童年龄标准差计算表

甲保护教育中心			乙保护教育中心		
年龄(岁) x	离差 $x - \bar{x}$	离差平方 $(x - \bar{x})^2$	年龄(岁) x	离差 $x - \bar{x}$	离差平方 $(x - \bar{x})^2$
10	-2	4	8	-4	16
11	-1	1	11	-1	1
12	0	0	12	0	0
13	1	1	13	1	1
14	2	4	16	4	16
合 计	—	10	合 计	—	34

$$\bar{x}_{甲} = (10 + 11 + 12 + 13 + 14) \div 5 = 12(岁)$$

$$\bar{x}_{乙} = (8 + 11 + 12 + 13 + 16) \div 5 = 12(岁)$$

$$\sigma_{甲} = \sqrt{\frac{\sum (x - \bar{x})^2}{n}} = \sqrt{\frac{10}{5}} = 1.4(岁)$$

$$\sigma_{乙} = \sqrt{\frac{\sum (x - \bar{x})^2}{n}} = \sqrt{\frac{34}{5}} = 2.6(岁)$$

(二)加权标准差

若资料已经分组,需运用加权的方法计算标准差。计算公式为:

$$\sigma = \sqrt{\frac{\sum (x - \bar{x})^2 f}{\sum f}}$$

1. 单项数列求 σ

例，某村社会救助款额发放资料如表6-4所示，求加权标准差。

表6-4 某村社会救助款标准差计算表

社会救助款额（元）	人数 f	xf	$(x - \bar{x})$	$(x - \bar{x})^2$	$(x - \bar{x})^2 f$
640	3	1920	−220	48400	145200
750	3	2250	−110	12100	36300
890	5	4450	30	900	4500
940	6	5640	80	6400	38400
980	3	2940	120	14400	43200
合　计	20	17200	—	—	267600

$$\bar{x} = \frac{\sum xf}{\sum f} = \frac{17200}{20} = 860(\text{元})$$

$$\sigma = \sqrt{\frac{\sum (x - \bar{x})^2 f}{\sum f}} = \sqrt{\frac{267600}{20}} = 115.67(\text{元})$$

2. 组距数列求 σ

组距数列求加权标准差，应先求出组中值，然后按单项数列计算方法进行计算。

例：以表6-5资料为例，计算加权标准差。

$$\bar{x} = \frac{\sum xf}{\sum f} = \frac{214000}{100} = 2140(\text{万元})$$

$$\sigma = \sqrt{\frac{\sum (x - \bar{x})^2 f}{\sum f}} = \sqrt{\frac{45790000}{100}} = 676.68(\text{万元})$$

表6-5　保险基金收缴额标准差计算表

保险基金 收缴额(万元)	县市数 f	组中值 x	xf	$(x-\bar{x})$	$(x-\bar{x})^2$	$(x-\bar{x})^2f$
1000 以下	6	750	4500	1390	1932100	11592600
1000~1500	14	1250	17500	890	792100	11089400
1500~2000	17	1750	29750	390	152100	2585700
2000~2500	32	2250	72000	110	12100	387200
2500~3000	21	2750	57750	610	372100	7814100
3000 以上	10	3250	32500	1110	1232100	12321000
合　计	100	—	214000	—	—	45790000

(三)方差的数学性质

标准差和方差不仅在形式上可作进一步代数运算,而且有着很优越的数学性质,使其在统计推断中得到广泛应用。方差的主要数学性质有:

1.变量的方差等于变量平方的平均数减变量平均数的平方。即:

$$\sigma^2 = \frac{\sum(x-\bar{x})^2}{n} = \frac{\sum x^2}{n} - \left(\frac{\sum x}{n}\right)^2$$

或

$$\sigma^2 = \frac{\sum(x-\bar{x})^2f}{\sum f} = \frac{\sum x^2f}{\sum f} - \left(\frac{\sum xf}{\sum f}\right)^2$$

利用方差这一性质,可简化方差和标准差的计算。

2.变量对算术平均数的方差小于变量对于任意常数 A 的方差。即:

$$\sigma_A = \frac{\sum(x-A)^2}{n} > \sigma = \frac{\sum(x-\bar{x})^2}{n}$$

或

$$\sigma_A = \frac{\sum(x-A)^2f}{\sum f} > \sigma = \frac{\sum(x-\bar{x})^2f}{\sum f}$$

方差的这一性质是"最小平方法"的理论基础,在回归分析和长期趋势预测中有广泛的应用。

（四）标准差的简捷计算法

标准差是测定标志变动度的最重要的方法。但是它计算繁杂，若采用假定平均数来计算标准差，可大大简化计算。根据方差和算术平均数的数学性质，可得出计算标准差的简捷法公式。这里不作证明推导。

$$\sigma = \sqrt{\frac{\sum (x-A)^2}{n} - \left[\frac{\sum (x-A)}{n}\right]^2}$$

此一公式用于未分组资料。

$$\sigma = \sqrt{\frac{\sum (x-A)^2 f}{\sum f} - \left[\frac{\sum (x-A)f}{\sum f}\right]^2}$$

此一公式用于单项数列与异距数列。

$$\sigma = \sqrt{\frac{\sum \left(\frac{x-A}{d}\right)^2 f}{\sum f} - \left[\frac{\sum \left(\frac{x-A}{d}\right)f}{\sum f}\right]^2} \cdot d$$

此一公式用于等距数列。

设：

$$m_1 = \frac{\sum (x-A)}{n}, \ \text{或} \ m_1 = \frac{\sum (x-A)f}{\sum f}, \ \text{或} \ m_1 = \frac{\sum \left(\frac{x-A}{d}\right)f}{\sum f}$$

$$m_2 = \frac{\sum (x-A)^2}{n}, \ \text{或} \ m_2 = \frac{\sum (x-A)^2 f}{\sum f}, \ \text{或} \ m_2 = \frac{\sum \left(\frac{x-A}{d}\right)^2 f}{\sum f}$$

则上述标准差的三个简捷计算公式可表述为：

$$\sigma = \sqrt{m_2 - m_1^2} \qquad \sigma = \sqrt{m_2 - m_1^2} \times d$$

根据分组数列计算标准差时，利用上述公式可同时计算出算术平均数和标准差，将两种指标的简捷法结合起来，可大大简化计算过程。

例,以表6-6资料为例,单项数列用简捷法计算标准差,过程如表所示。

表6-6 某村社会救助款标准差简捷法计算表

社会救助款额 (元)	人数 f	$(x-A)$ $A=890$	$(x-A)f$	$(x-A)^2f$
640	3	-250	-750	187500
750	3	-140	-420	58800
890	5	0	0	0
940	6	50	300	15000
980	3	90	270	24300
合 计	20	—	-600	285600

$$m_1 = \frac{-600}{20} = -30 \qquad m_2 = \frac{285600}{20} = 14280$$

$$\sigma = \sqrt{m_2 - m_1^2} = \sqrt{14280 - (-30)^2} = 115.67(元)$$

例,以表6-7资料为例,组距数列用简捷法计算标准差,过程如表所示。

表6-7 保险基金收缴额标准差简捷法计算表

保险基金收缴额 (万元)	县市数 f	$\left(\dfrac{x-A}{d}\right)$	$\left(\dfrac{x-A}{d}\right)f$	$\left(\dfrac{x-A}{d}\right)^2f$
(1)	(2)	(3)	(4)=(2)×(3)	(5)=(3)×(4)
1000 以下	6	-3	-18	54
1000~1500	14	-2	-28	56
1500~2000	17	-1	-17	17
2000~2500	32	0	0	0
2500~3000	21	1	21	21
3000 以上	10	2	20	40
合 计	100	—	-22	188

表 6 - 7 第 3 栏的计算方法是，确定中间组(本例为第四组)组中值 2250 为假定平均数 A，然后每一组的组中值减去 2250，再分别除以组距 500。

$$m_1 = \frac{-22}{100} = -0.22 \qquad m_2 = \frac{188}{100} = 1.88$$

$$\sigma = \sqrt{m_2 - m_1^2} \times d = \sqrt{1.88 - (-0.22)^2} \times 500 = 676.68(元)$$

第三节　标志变异相对指标

标志变异相对指标又称为标志变异系数或离散系数，它是各类标志变异绝对指标与其相应的平均数之比。

一、标志变异系数的意义

标志变异系数又称离散系数。上一节介绍的标志变异指标，如全距、四分位差、平均差、标准差，都有与原有变量相同的计量单位，反映的都是总体标志数值之间变异的绝对水平。它们的大小，不但取决于变量值差异程度，而且也受变量值水平高低和计量单位不同的影响。因此，在对比不同的变量水平或不同性质总体数列的变异程度大小时，不能直接用绝对量比较，而应计算反映变量值差异程度的抽象化指标。这个指标就是标志变异系数。标志变异系数小，说明总体相对变异程度小；标志变异系数大，说明总体相对变异程度大。各种标志变异指标都可计算标志变异系数，但最常用的是标准差系数，其次为四分位差系数。这里只介绍标准差系数。

二、标准差系数

标准差系数是一组数据的标准差与其相应的算术平均数之比。用 V 表示。具体计算公式为：

$$V = \frac{\sigma}{\bar{x}} \times 100\%$$

例：根据表 6 – 8 资料，计算并比较标准差系数。

表 6 – 8　甲、乙两乡青年农民操办婚事消费情况分析表

地区	青年操办婚事平均消费 $\bar{x}$(元)	婚事支出的标准差 σ(元/人)	标准差系数 V(％)
甲乡	3200	850	26. 56
乙乡	4100	950	23. 17

由表中数字可知，乙乡青年农民操办婚事支出的标准差高于甲乡，但不能由此断言，乙乡青年农民婚事平均消费这一指标的代表性要比甲乡同一指标的代表性要小，因为甲、乙两乡青年农民操办婚事平均消费水平相差较悬殊。此种情况下，需用标准差系数比较。比较结果表明，乙乡婚事消费标准差系数小于甲乡，所以说，乙乡青年农民婚事消费平均支出指标的代表性大于甲乡。

社会统计实践中，像上面要对比分析不同水平数列之间的标志变异程度，就要计算反映标志变异程度的标准差系数或其他变异系数。而对于比较分析计量单位不同数列的标志变异程度，更需要计算标志变异系数。

三、异众比率

异众比率是总体中非众数次数与总体全部次数之比。它虽也是一个反映变异程度的相对指标，但与标准差系数不同，它不是由以绝对数形式表现的离散程度指标与其对应的平均指标众数所作的对比，事实上也没有与众数相配套的绝对数形式表现的标志变异指标。异众比率的计算公式为：

$$V_R = \frac{n - f_{m_0}}{n}$$

式中：V_R——异众比率；f_{m_0}——众数次数。

异众比率愈小，说明众数的次数愈接近总体次数，标志变异的程度愈小，众数的代表性愈大；异众比率愈大，说明众数的次数愈小，标志变异的程度愈大，众数的代表性愈小。

例：某儿童福利院共收养 54 名儿童，其中残疾儿童 36 人，健全儿童 18 人，试求残疾儿童的异众比率。

$$\because \; n = 54, f_{m_0} = 36$$

$$\therefore \; V_R = \frac{n - f_{m_0}}{n} = \frac{54 - 36}{54} = 0.33$$

异众比率计算简单，只涉及到众数次数和总体单位数，因而能用于其他标志变异指标均无法测定的定类尺度的测量。

第四节　使用 Excel 软件进行离散程度分析

分组数据资料计算有关离散程度指标，可用 Excel 的公式与复制功能来实现。下面以表 6 - 7 资料具体说明有关标志变异指标计算的操作过程。

一、使用 Excel 软件计算平均差

（1）输入数据，如图 6 - 1 的 A、B、C 三列所示。

（2）计算算术平均数：在单元格 D1 中输入符号"xf"（旨在提示 D 列的数值是各组组中值 x 与权数 f 的乘积），在单元格 D2 中输入公式" = C2 * B2"，按 Enter 键后，将单元格 D2 的公式向下复制到 D7，在单元格 D8 中输入公式" = SUM(D2 : D7)"（或单击自动求和图标），按 Enter 键后，计算算术平均数所需的分子的数值（本例为 214000），显示在 D8 中。在单元格 A10 中输入"算术平均数"，在单元格 B10 中输入公式" = D8/B8"，按 Enter 键后，单元格 B10 中显示的数值（本例为 2140）就是所求的算术平均数。

(3)计算平均差:在单元格 E1 中输入"加权的离差绝对值"(旨在提示 E 列所计算的是 $|x-\bar{x}|f$),在单元格 E2 中输入公式"=ABS(C2-\$B\$10)*B2",按 Enter 键后将单元格 E2 的公式向下复制到 E7,在单元格 E8 中输入公式"=SUM(E2:E7)",按 Enter 键后,计算平均差所需的分子的数值(本例为 54860),就显示在单元格 E8 中。在单元格 A11 中输入"平均差",在单元格 B11 中输入公式"=E8/B8",按 Enter 键后单元格 B11 中显示数值(本例为 548.6)就是所求的平均差。

操作过程完成。如图 6-1 所示。

二、使用 Excel 软件计算方差

(1)输入数据,如图 6-1 的 A、B、C 三列所示。

(2)计算算术平均数。其方法与步骤同上。

(3)计算方差:在单元格 F1 中输入"加权的离差平方"(旨在提示 F 列所计算的是 $(x-\bar{x})^2 f$),在单元格 F2 中输入公式"=(C2-\$B\$10)^2*B2",按 Enter 键后将单元格 F2 的公式向下复制到 F7,在单元格 F8 中输入公式"=SUM(F2:F7)",按 Enter 键计算方差所需的分子的数值(本例为 45790000)显示在单元格 F8 中。在单元格 A12 中输入"方差",在单元格 B12 中输入公式"=F8/B8",按 Enter 键即可在单元格 B12 中得到所求方差数值(本例为 457900)。

操作过程完成。如图 6-1 所示。

三、使用 Excel 软件计算标准差

(1)输入数据,如图 6-1 的 A、B、C 三列所示。

(2)计算算术平均数。其方法与步骤同上。

(3)计算方差。其方法与步骤同上。

(4)计算标准差:由于标准差等于方差的平方根,所以在单元

格 A13 中输入"标准差",在单元格 B13 中输入公式"=B12^0.5"或"=SQRT(B12)",按 Enter 键即可在单元格 B13 中得到所求标准差的数值(本例为676.68)。

操作过程完成。如图6-1所示。

	A	B	C	D	E	F
1	保险基金收缴额(万元)	县市数 f	组中值 x	xf	加权的离差绝对值	加权的离差平方
2	1000以下	6	750	4500	8340	11592600
3	1000-1500	14	1250	17500	12460	11089400
4	1500-2000	17	1750	29750	6630	2585700
5	2000-2500	32	2250	72000	3520	387200
6	2500-3000	21	2750	57750	12810	7814100
7	3000以上	10	3250	32500	11100	12321000
8	合计	100	-	214000	54860	45790000
9						
10	算术平均数	2140				
11	平均差	548.6				
12	方差	457900				
13	标准差	676.68				
14	平均差系数(%)	25.64				
15	标准差系数(%)	31.62				

图6-1　依据分组资料计算的标志变异指标

四、使用 Excel 软件计算标志变异系数

(1)计算平均差系数。以上述资料为例。计算算术平均数和平均差之后,在单元格 A14 中输入"平均差系数(%)",在单元格 B14 中输入公式"B11/B10*100",按 Enter 键即可在单元格 B14 中得到所求平均差系数。

(2)计算标准差差系数。仍以上述资料为例。计算算术平均数和标准差之后,在单元格 A15 中输入"标准差系数(%)",在单元格 B15 中输入公式"B13/B10*100",按 Enter 键即可在单元格 B15 中得到所求标准差系数。

思考练习

1. 什么是标志变异指标? 它与平均指标在描述变量分布状况时有什么不同?

2. 标志变异指标有什么作用?

3. 全距和四分位差各有什么优缺点?

4. 平均差与标准差有什么异同?

5. 标准差系数与标准差在表示标志变异程度时有什么区别与联系?

6. 流浪儿童的父亲的文化程度资料如下, 求异众比率与四分位差。

文化程度	人数(人)
识　字	4
小　学	14
初　中	35
高　中	16
大　专	1
合　计	70

7. 某乡农户家庭年收入资料如下, 试求四分位差和标准差。

家庭年收入(元)	户数(户)
10000 以下	6
10000 ~ 15000	34
15000 ~ 20000	58
20000 ~ 25000	82
25000 ~ 30000	126
30000 ~ 35000	117
35000 ~ 40000	76
40000 以上	41
合　计	540

8. 某社区 180 名妇女的初婚年龄资料如下：

初婚年龄(岁)	人数(人)
18～19	2
20～21	24
22～23	35
24～25	68
26～27	26
28～29	17
30 以上	8
合 计	180

(1)计算全距与四分位差；(2)计算标准差与标准差系数。

9. 某地区 22 个乡镇贫困户脱贫资料如下：

脱贫率(%)	乡镇数(个)	扶贫户数(人)
60	2	40
68	5	100
72	6	175
75	5	212
85	4	80
合 计	22	1496

(1)求四分位差与标准差；(2)计算标准差系数

提示：脱贫率 =(脱贫户数÷扶贫户数)×100%

案例分析

案例[6-1] 决策水稻品种的推广价值

某地拟推广一水稻品种，将三种生产条件相同的水稻分别在五块田地上试种，其播种面积和产量资料如下表所示。

田地编号	甲品种		乙品种		丙品种	
	田地面积（亩）	产量（斤）	田地面积（亩）	产量（斤）	田地面积（亩）	产量（斤）
1	1.2	1188	1.5	1600	1.4	1582
2	1.1	1100	1.3	1280	1.3	1350
3	1.0	1085	1.3	970	1.2	1060
4	0.9	810	1.0	1180	1.1	1140
5	0.8	817	0.9	640	1.0	880
合　计	5.0	5000	6.0	5670	6.0	6012

分析与讨论

1. 试分别计算这三个品种的平均亩产。

2. 试分别计算这三个品种的标准差和标准差系数。

3. 综合分析，判断哪一个品种具有相对的稳定性和推广价值。

第七章　抽样与抽样估计

　　社会统计研究的是社会现象总体的情况，然而，很多情况下人们没有必要或根本不可能对总体中的全部单位进行观察，这时，便需要在对抽取的一部分单位情况了解的基础上，对总体进行统计推断，以达到认识总体的目的。统计推断包括参数估计和假设检验，其所依据的基本理论是相同的。本章重点讨论抽样推断的有关理论以及抽样估计问题。

第一节　抽样推断的一般问题

一、抽样推断的意义

　　抽样推断是按照随机原则，从调查对象的总体中抽取一部分单位进行调查，然后根据调查所取得的数据来推断总体数量特征的一种调查研究方法。显然，抽样的目的不在于了解样本本身的数量特征，而是要借助于样本的数量特征来估计和检验总体的数量特征。社会经济现象，有许多根本不可能或没有必要进行全面调查，而人们又要了解全面情况，这时，抽样推断为进行社会经济分析提供了一个利用样本的有限信息，了解和掌握总体中未知数量特征的科学方法。

　　抽样推断的过程包括相互联系的三个内容：随机抽样、参数估计和假设检验。参数估计是在未知总体数量特征的情况下，根据样本数据对总体数量特征做出科学的估计；假设检验是根据样本数据对事先为总体数量特征做出的某种假设进行验证，以判断这种假定的真伪。随机抽样则是参数估计和假设检验的基础。为了保证样本对总体具有一定的代表性，以便准确地推断总体，抽样必须遵循随机原则，即在抽取调查单位时，要使整体中的每一个单位都有同等的机会被抽中，抽中或未被抽中完全不受调查者的主观意识的影响。然而，抽样推断以局部性资料分析结果推断研究总体的数量特征，不可避免地会产生误差，但这种误差可以事先通过一定的资料进行计算，并且能够采取一定的措施来控制这个范围，以保证抽样推断的结果达到一定的可靠程度。

二、抽样推断的基本概念

(一)总体与样本

总体是根据一定的研究目的和要求所确定的被研究对象的全体。它是由许多具有某种相同性质的个体单位组成的，总体中所包含的单位数用 N 表示。总体各个单位的标志值用 X_1，X_2，X_3，$\cdots$，X_N 表示。在社会统计推断中，总体又分为研究总体和调查总体。研究总体是在理论上明确界定的个体的集合体，调查总体是研究者进一步界定后实际抽取样本的个体的集合体。实际工作中，研究总体仅从理论上加以界定，很难操作，而调查总体是根据操作性定义界定，因而，样本是从调查总体而不是从研究总体中抽取的，一般来说，样本只能推论调查总体而非研究总体。

样本是从总体中按随机原则抽取的那一部分单位所构成的集合体。样本所包含的单位数，称为样本容量，通常用 n 表示。对这 n 个单位某个标志进行观察所得的数据，称为样本观察值，用 x_1，x_2，x_3，$\cdots$，x_n 表示。

在一次特定的抽样推断中，总体是确定的，唯一的；样本则是不确定的，随机的。

（二）总体指标和样本指标

总体指标也叫总体参数，参数值。因为总体是确定的、唯一的，因而总体指标也是唯一的、确定的，而且在抽样推断前是未知的，需要用抽样的方法来推算。不同性质的总体需要计算不同的总体指标。最常用的总体指标有总体平均数 $\bar{X}$、总体比率 P、总体方差 σ^2 和总体标准差 σ。样本指标也称样本统计量或抽样指标，它是用来反映样本性质及状况的指标。由于可以从一个总体中抽取许多个不同的样本，不同的样本分布结构会有所差异，样本指标的数值也就不同，所以样本指标的数值不是唯一确定的。实际上，样本指标是样本变量的函数，它本身也是随机变量。与总体指标相对应，常用的样本指标有样本平均数 $\bar{x}$、样本比率 p、样本方差 s^2 和样本标准差 s。

（三）抽样框与抽样组织方式

从总体中抽取样本，要确定抽样框，并采取一定的抽样组织方式和抽样方法。所谓抽样框是根据调查总体的界定去抽取样本的所有抽样单位的名单。在一次特定的抽样中，抽样框的数目与抽样单位的层次是相对应的。为遵循抽样的随机原则，必须保证抽样框的充分性，即总体中的个体不能被重复列入抽样框，也不能漏掉未登。抽样的组织方式主要有简单随机抽样、等距抽样、分层抽样和整群抽样等。其中，简单随机抽样是最基本的，这种方式的使用往往是建立在其他几种方式的基础之上。

（四）重复抽样和不重复抽样

在确定了抽样组织方式的基础上，还有一个抽样方法即重复抽样和不重复抽样的问题。重复抽样是从总体中抽取样本单位时，每次将抽中的样本单位进行登记之后，再放回总体之中，接着进行下一个单位的抽取。这样，在抽样过程中，总体的单位数始终一样，而各单位抽中的机会也先后等同。由于重复抽样下每次抽取都是在总体 N 个单位中进行的，因而同一单位有重复被抽取的可能。重复抽样是为了确保总体单位的概率不变所采取的方法，这种方法在总体单位较少时尤须采用。不重复抽样是指从总体中抽取单位时，已经抽出来的单位不再放回。如此，从总体而言，每抽一次，单位就少了一个，从各个单位来说，被抽取的机会在不断的变动，同一个单位没有重复中选的可能。这种方法一般在总体单位很多时采用。在社会学经验研究中，更多的是应用不重复抽样方法，因为调查总体一般都较大。

三、抽样的组织方式

抽样推断是以有效取得各项实际资料为基础的，要保证抽样推断的准确性和可靠性，事先必须结合一定的抽样组织方式搞好样本的抽取工作。因此，社会统计必须根据研究目的，以及被研究对象的性质、特点，采用不同的抽样组织方式进行随机抽样。抽样的组织方式主要有以下几种：

（一）简单随机抽样

简单随机抽样又称纯随机抽样。它是对总体单位不作任何人为的分类、组合，而是按随机原则直接抽取样本。简单随机抽样又有三种不同的抽法。

一是直接抽选法。也叫现场抽取法，就是不做任何准备，直接到现场从调查对象中随机抽选调查单位。这种方法的特点是抽样时不经过任何中间环节。

二是抽签法。即把总体中的每一个单位统一编号，分别写在纸条上，经充分搅拌均匀后再从中抽取。也可用机械摇出编号中的任意号码，确定随机中选的抽查单位。

三是随机数表法。这是一种按随机数字表所列数字代号随机抽取样本的方法。抽样的步骤为：第一步，把调查总体中所有单位统一编号；第二步，根据编号的最大数的位数使用随机数字表中若干列数字；第三步，可从表中任何一行，或任何一列的一个数字开始,向任何一个方向数过去,查出号码。凡遇到编号范围内的号码,即为样本单位。如果要求不重复抽样时,遇到重复出现的数字就弃之,再查下一个号码,直到抽足要求的样本单位数为止。表7-1是部分随机数字表。

表7-1　随机数字表(部分)

03 47 43 73 86	36 96 47 36 61	46 98 63 71 62	33 26 16 80 45	60 11 14 10 95
97 74 24 67 62	42 81 14 57 20	42 53 32 37 32	27 07 36 07 51	24 51 79 89 73
16 76 62 27 66	56 50 26 71 07	32 90 79 78 53	13 55 38 58 59	88 97 54 14 10
12 56 85 99 26	96 96 68 27 31	05 03 72 93 15	57 12 10 14 21	88 26 49 81 76
55 59 56 35 64	38 54 82 46 22	31 62 43 09 90	06 18 44 32 53	23 83 01 30 30

简单随机抽样从理论上讲最符合随机原则。它适用于总体单位数比较少的均匀总体,而由大量复杂现象构成的总体,一般都不适合于直接采用这种方法。但它是其他抽样方法运用的基础。

(二)等距抽样

等距抽样又叫机械抽样或系统抽样。这是先将总体中所有单位统一编号排序,然后依照固定的顺序和相等的间距来抽取样本的方法。抽样步骤为:

第一步,编号排列顺序。排序的标志可采用与调查目的无关的标志,如按时间、姓氏笔划、某种地理位置等排列顺序;也可采用与调查目的有关的标志,如对城市居民进行生活状况调查,可按收入高低排队。

第二步,确定抽样间距。计算公式为:$R = N/n$。式中,R 代表抽样间距,N 为总体单位数,n 代表样本单位数。抽样间距表示,在总体中每隔 R 个号码抽取一个样本单位。

第三步,决定抽样起点。用随机的方法在第一个抽样间距内抽取一个号码,作为抽样起点。

第四步,依照间距抽样。设第一个抽样号码为 6,则以后每隔 R 个距离依次抽取的样本单位的编号是 $R+6$,$2R+6$,…,(n

$-1)R+6$。

等距抽样适用于总体各单位之间差异程度较大，且统计分组又比较困难的情况；或是事先具备了总体各单位的排序资料。

（三）分类抽样

分类抽样又叫分层抽样或类型抽样。它是把总体单位按某一标志分成若干类型，然后从各类中随机抽取一定的单位组成样本。分类抽样又有两种情况：

一是等比例抽样。它是根据统一的比例来确定各层要抽取的单位数。即通常用各类型组的单位数占总体单位数的比例，来确定各类抽取的样本单位数。这种方法可理解为哪类的总体单位数多就多抽，哪类的总体单位数少就少抽。计算各类要抽取的单位数的公式是：

$$n_i = \frac{N_i}{N} \cdot n \quad 或： n_i = \frac{n}{N} \cdot N_i$$

采用等比例抽样的目的是为了使样本的结构接近总体的结构，避免样本平均数由于各组比重差异而引起的误差。等比例抽样简单易行，计算方便，对样本单位的分配也比较合理，它适合于各类差异程度不大的情况。

二是最优分配比例抽样。当划分的各类型的差异较大时，应采用最优分配比例的方法，来决定从各类型中抽取的样本单位数。这种样本分配方法的含义是，哪一类单位数多且差异大，哪一类就多抽；否则，就少抽。采用这种方法从各类中抽取的样本单位数为：$n_i = N_i \sigma_i / \sum N_i \sigma_i$。

分类抽样的主要特点是提高了样本的代表性。它适用于总体单位数多且内部差异较大的调查对象。但使用这种方法有个条件，即调查者必须对总体各单位的情况有较多的了解，否则无法作出科学的分类。

（四）整群抽样

整群抽样是将总体按一定标准划分成若干群，然后以群为单位随机抽取部分群，对中选群的全部单位进行全面调查的抽样组织方式。社会调查中，整群抽样往往以地理区域作为划分标准。这是一种高效率的抽样方式，而且由于样本单位较集中，组织工作方便，还可以节省人力物力和时间。但这种抽样方法，因样本过分集中，势必影响样本分布的均匀性和样本的代表性，在样本容量相同的情况下，比其他几种抽样方法的抽样误差要大。由于整群抽样的抽样误差存在于群间，而不存在于群内。当总体方差一定时，若增大群内方差，相对减少群间均值的方差，就可减少整群样本的误差，因此，整群抽样中要尽可能使群间的差异减小，使群内的差异增大。另外，为了减少抽样误差，实际工作中，确定整群抽样的样本容量时，一般要比其他抽样方式确定的要大一些。整群抽样主要适用于总体单位地域上的分布很广，又没有其具体资料的条件下进行。

（五）多阶段抽样

多阶段抽样是将抽取样本的工作分为几个阶段来进行，到最后才具体抽取样本单位的一种抽样方法。第一阶段抽取初级单位，第二阶段是在被抽中的初级单位中抽取二级单位，如有必要还可进行第三、第四阶段的抽取，直至抽出最基本的单位组成样本来推断总体。多阶段抽样对总体情况的了解要求较低，并且能够综合各种抽样方法的优点使之融为一体，从而达到最小的人财物力消耗和最佳的抽样效果。它特别适用于总体规模大，分布面广，而且单位之间差异性大的调查对象。但多阶段抽样由于分成了几个阶段抽样，误差较大，用样本推算总体麻烦，为提高样本的代表性，各阶段在安排抽取群数和抽样方式时，都应注意样本单位的均匀分布。

四、社会统计中抽样调查与推断的实施流程

（一）设计方案

抽样调查方案设计，就是对包括调查总体、抽样方法、样本规模等在内的有关问题进行具体的可操作的方案设计。只有从社会统计研究的客观需要、调查对象和调研者的实际可能出发，设计出科学、合理的抽样调查方案，才能保证抽样调查顺利进行。

（二）确定总体

确定总体就是根据社会统计研究的要求，把所要调查的对象的范围确定下来，从而取得抽取样本的对象和依据样本作出推断的范围。

（三）抽取样本

这一步是要根据确定的样本规模，选择的抽样方法，依据抽样框，按照抽样程序，将样本单位抽出来，组合成调查样本。

（四）评估样本

抽取样本之后，调查者还要对样本进行评估，即对样本和总体进行比较，找出样本对于总体的代表性、准确性程度，以免产生太大的误差。对于偏差太大的样本，需加以剔除，然后重新抽样。样本评估分为两个阶段：一是调查前的评估，二是调查后的评估。正式调查前的评估，可以采用实地调查与比较相结合的方法，如收集若干容易得到的资料将样本与总体进行比较，以评估样本的代表性。一般而言，比较的变量越多，评估的结论越可靠。调查结束后的评估主要是计算抽样误差，并由样本统计值推论总体参数值。

（五）搜集资料

这一步的任务是按照事先设计好的问卷、调查提纲，运用自填式问卷、结构式访谈等社会统计资料搜集方法对各个样本单位进行实际调查，调查过程中要尽量减少和避免登记性误差。

（六）样本统计

即对搜集来的样本资料进行汇总整理后，计算样本统计值。

（七）推断总体

抽样调查与推断的目的不是说明样本本身的情况，而是要通过样本推断和说明总体。故这一步的任务，要用样本指标值推论总体。推论方法主要有参数估计和假设检验。

抽样调查与推断的上述步骤的顺序是不能颠倒的，只有依次做好这几方面工作，才能达到抽样调查与推断的目的。

第二节　抽样推断的理论基础

抽样推断的理论基础，主要是建立在概率论基础上的大数定律和中心极限定理。

一、大数定律

大数定律的一般意义是：在随机实验过程中，虽然每次的观察结果不同，但是在大量重复观察结果的平均值却几乎总是接近某个确定值。大数定律的实质是：一般的规律性表现在大量的事实中。在大量的现象观察中，个别的、偶然的差异性将相互抵消，从而显示出现象总体的、必然的规律性。例如，观察个别地区和少数家庭，男女性别的比例差异也许是很大的，或男多女少，或女多男少，没有一定的规律，然而通过足够大量的地区和家庭进行综合就会发现，男女性别比例趋向某种规律性的均衡比例，即几乎各占50%。我国历次人口普查都显示了这一点。2010年第六次人口普查结果表明，我国男性人口占51.27%，女性人口占48.73%。这就是说，观察的单位数量愈多，其结果与规律性的离差愈小；观察次数愈多，现象的规律性愈会明显地显现出来。由此，大数定律证明了抽样推断的这样一种趋势：随着样本

容量 n 的增加，样本平均数 $\bar{x}$ 有接近总体平均数 $\bar{X}$ 的趋势。

二、中心极限定理

大数定律只论述了抽样平均数趋近于总体平均数的趋势，这为抽样推断提供了重要的依据。但是样本平均数与总体平均数的离差有多少？离差不超过一定范围的概率有多大？这个离差的分布如何？这些问题则要由另一重要定理，即中心极限定理来解决。

中心极限定理是研究变量的分布序列的极限原理，它证明：如果总体变量存在有限的平均数和方差，那么不论这个总体变量的分布如何，随着样本单位数 n 的增加，样本平均数的分布愈趋近于正态分布，其均值为 μ，方差为 σ^2/n。这个论证对抽样推断的重要性显而易见。因为现实生活中，任意一个随机变量服从于正态分布未必很多，但多个随机变量和服从于正态分布则是普遍存在的。这个定理为抽样误差的估计提供了理论依据，使抽样估计有了科学基础。下节要阐述的抽样误差范围估计的可靠程度，就是根据这个原理出发的。中心极限定理的使用，要求样本容量 n 足够大。一般来说，总体分布愈接近正态分布，所需的样本容量就可以小一些；反之，所需要的样本容量就要大一些。

三、抽样分布

在抽样推断中，样本是随机抽取的，属于随机变量，统计量作为样本的函数自然也就是随机变量，而且是一个不依赖于任何未知参数的随机变量。从同一总体中随机抽取的样本不同，所计算出来的某一统计量的数值也就不同，所有这些数值便构成了它的抽样分布。

（一）样本平均数的分布

当总体为正态总体，从中随机抽取 n 个单位构成样本，其样

本平均数 的抽样分布有三个基本性质：（1）样本平均数的分布仍然是正态分布；（2）抽样分布的平均数等于总体平均数；（3）抽样分布的方差比总体方差要小，而且不重复抽样的方差比重复抽样的更小，在重复抽样条件下，抽样分布的方差等于总体方差除以样本容量，即：$\sigma_x^2 = \sigma^2/n$。

如果从非正态分布总体中抽取样本，那么样本平均数的抽样分布性质如何呢？中心极限定理证明：假如从一个均值为 $\overline{X}$，方差为 σ 的总体中抽取随机样本，当样本容量足够大时，由样本计算得到的平均数 $\bar{x}$ 的抽样分布近似服从平均数为 $\overline{X}$，方差为 σ^2/n 的正态分布。据经验，样本容量 $n \geqslant 30$ 时，这一定理即可成立。以下讨论的很多统计推断，均基于这一定理。

（二）抽样成数的分布

社会研究中，经常会遇到一些两分变量的问题，如男与女、是与非、生与死、同意与不同意、赞成与不赞成，等等。成数就是假定总体单位的某种标志的表现只有两种，其中具有一种表现的单位数占全部单位数的比率。例如，社会保险参保情况有参保企业与非参保企业两种表现，参保率与非参保率就是两个成数；居民对某种社会改革有赞成与不赞成两种表现，赞成率与不赞成率也是两个成数。在二项分布总体中，具有某一种表现的单位数与总体全部单位数之比，称为总体成数，或叫总体比率，用 P 或 $(1-P)$ 表示。从二项分布总体中抽取样本，样本中具有某一种表现的单位数与样本全部单位数之比，称为样本成数，或谓样本比率，用 p 或 $(1-p)$ 表示。样本成数是一个随机变量，根据中心极限定理，样本成数的 p 的抽样分布，当 n 足够大 [一般 $np > 5$，$n(1-p) > 5$] 时，近似服从正态分布，其分布的数学期望等于总体成数 P，方差为 $P(1-P)/n$。

（三）小样本分布

多数场合下，总体方差是未知的，而中心极限定理又涉及到此，于是人们采用的一种方法，就是用样本方差 s^2 来代替总体方差 σ^2。而正是由于这一替代，样本统计量 t 不再服从标准正态分布而服从 t 分布。t 分布的形状类似于标准正态分布，都是对称分布，均值都是 0。但标准正态分布的标准差是 1，而 t 分布的标准差只有当 n 趋近于 ∞ 时才等于 1，样本容量愈小，标准差就愈大于 1。因此，t 分布的形状要比标准正态分布扁平，当样本容量 n 增大，t 分布将越来越接近正态分布，实际上，当 $n > 30$ 时，二者就很接近了。因此，当不知道总体方差 σ^2，而样本容量又较小时，应该采用 t 分布（t 分布表见附表）而不是正态分布。当 n 较大时，t 分布逼近正态分布，此时应用 t 分布还是正态分布也就无所谓了。

第三节　抽样误差

一、抽样误差的概念及其影响因素

（一）抽样误差的概念

抽样误差是指严格遵循随机原则抽样时，样本指标与未知的总体指标之间的差数。抽样误差是抽样理论中的重要概念。凡是统计调查研究都存在统计误差，即存在调查结果与客观实际数量之间的差异。统计误差可分为登记性误差和代表性误差两种。登记性误差，也叫调查误差，它是指在调查登记、汇总计算过程中，由于观察、测量、记录、计算、登记等方面的差错而产生的误差。无论全面调查还是非全面调查，包括抽样调查都有可能产生这种登记性误差。这些要力求避免也可以避免。代表性误差是指用样本统计值去代表总体参数值时，由于样本各单位的结构情况不足以代表总体特征所产生的误差。只有非全面调查才会产生代表性误差。代表性误差又可分为两种情况：一是系统性误差。它是由

于主观因素破坏了随机原则而产生的。如调查人员有意无意挑较好的或较差的单位组成样本导致样本指标与总体指标的误差。这种误差应该避免而且也是完全可以避免的。二是随机误差。它是指即使遵循了随机原则，也会由于被抽取的样本各种各样，导致样本内部各单位的分布比例结构与总体实际分布状况有偶然性的差异，从而使不同的随机样本得出不同的估计量，造成样本指标数值与总体指标数值之间产生差距。例如，样本平均数与总体平均数的离差，样本成数与总体成数的离差等。用数学符号表示为：$|\bar{x} - \bar{X}|$，$|p - P|$。由于样本抽取是随机的，所以样本指标与总体指标的离差是一个随机变量，故称其为随机误差。抽样误差指的就是这种随机误差。它是抽样法本身所固有的误差，不可避免，也无法消除，但对它却可以进行计算，加以控制。

（二）抽样误差的影响因素

正确地计算、使用和控制抽样误差是抽样推断的重要内容。为了把抽样误差控制在所研究问题要求的允许范围内，必须了解和分析抽样误差的影响因素。抽样误差大小受以下因素影响：

1. 受总体单位之间标志变异程度（总体方差 σ^2）的影响

在其他条件不变的情况下，所研究总体的标志变异程度愈大，抽样误差愈大；反之，总体的标志变异程度愈小，抽样误差愈小。两者成正比关系的变化。

2. 受样本单位数（样本容量 n）多少的影响

在其他条件不变的情况下，抽样单位数越多，抽样误差就越小；反之，抽样单位数越少，则抽样误差就越大。两者成相反关系的变化。若当抽样单位数接近总体单位数时，此时的抽样调查已接近于全面调查，抽样误差接近于零。

3. 受抽样组织方式的影响

在同一个总体中，根据不同的抽样组织方式抽取相同容量的样本，其抽样误差是不相同的。一般来说，等距抽样和分类抽样比简单随机抽样、整群抽样和多阶段抽样的误差要小。

4. 受抽样方法的影响

在其他条件相同时，不重复抽样的抽样误差一般小于重复抽样的误差，因为不重复抽样避免了总体单位的重复抽选，因而其样本代表性高于重复抽样，所以抽样误差会较小些。

二、抽样实际误差

抽样实际误差是指某一次具体的抽样调查中，由随机因素引起的样本指标与总体指标之间的离差，即前面所述的抽样误差。如样本平均数与总体平均数之间的绝对离差，样本成数与总体成数之间的绝对离差。但是，由于总体指标是未知的，故抽样实际误差也是无法知道的误差。同时，由于样本指标是一个随机变量，因而抽样误差也是一个随机变量，即有多少个可能的样本就有多少个可能的抽样实际误差，换言之，在某一次具体的抽样调查中引起的抽样实际误差仅仅是所有可能出现的抽样实际误差中的一个。这表明，抽样实际误差没有概括所有可能产生的抽样误差，事先也是无法知道的。因此，抽样推断需引进一个新的概念，即抽样平均误差。

三、抽样平均误差

(一)抽样平均误差的概念

抽样平均误差是指所有可能出现的样本指标与总体指标的平均离差。前述抽样误差，具有双重含义，即抽样实际误差与抽样平均误差。由于总体指标未知，故抽样实际误差是事先无法知道的误差。而抽样平均误差是可以测定的。就同一总体而言，采取同一种抽样组织方式和抽样方法，可以抽取一系列可能出现的样本，每一个样本计算的样本指标各不相同，各种样本指标与总体指标之间都存在着抽样误差，把这一系列抽样误差加以平均，就是抽样平均误差。换言之,抽样平均误差反映了所有可能出现的样本的样本平均数(成数)与总体平均数(成数)的平均误差程度,是反映抽样误差一般水平的指标,不论抽取哪个样本,平均说来会有这么大的误差。

(二)抽样平均误差的定义公式

若以符号 $\mu_{\bar{x}}$ 表示平均数的抽样平均误差,以 μ_p 表示成数的抽样平均误差,以 k 代表可能出现的样本总数,则根据抽样平均误差的概念可得计算抽样平均误差的一般定义公式:

$$\mu_{\bar{x}} = \sqrt{\frac{\sum (\bar{x} - \bar{X})^2}{k}} \qquad \mu_p = \sqrt{\frac{\sum (p - P)^2}{k}}$$

上面公式表明,抽样平均误差就是所有可能的样本统计量的标准差。它表明了抽样平均误差的含义,对于深入理解其计算原理是十分必要的,但无法用它来进行计算。其原因是实际工作中不可能也没有必要从同一总体中抽取所有可能的样本,而总是抽取其中一个样本,总体分布的特征值也不可能根据所有的样本统计量计算,而是依据所抽取的一个样本及其抽样分布的统计规律进行推算。

(三)抽样平均误差的应用公式

数理统计证明,在简单随机抽样方式下,抽样平均误差可以采用下面的应用公式计算。它与定义公式所计算的结果完全相同。限于篇幅,这里不作验证。

1.平均数的抽样平均误差

$$\mu_{\bar{x}} = \sqrt{\frac{\sigma^2}{n}} = \frac{\sigma}{\sqrt{n}} \qquad (\text{重复抽样条件下})$$

$$\mu_{\bar{x}} = \sqrt{\frac{\sigma^2}{n}\left(\frac{N-n}{N-1}\right)} \qquad (\text{不重复抽样条件下})$$

当 N 很大时,不重复抽样条件下公式中的 $(N-1)$ 可以用 N

来代替,因此,不重复抽样的抽样平均误差可以近似用以下公式表示。

$$\mu_{\bar{x}} = \sqrt{\frac{\sigma^2}{n}(1 - \frac{n}{N})}$$

应用上面公式计算抽样平均误差时应注意两点:

第一,上述公式中的标准差 σ 和方差 σ^2 是总体标准差和方差,而总体指标通常是不知道的,因而,一般用样本标准差和方差代替,得到其近似值。

第二,在不重复抽样条件下,计算抽样平均误差时,如果总体单位数 N 很大,而抽样单位数较少,则 $1 - n/N$ 这个系数接近于1,因此,为简化计算,实际工作中,当 $n/N \leqslant 0.1$ 时,即使采用不重复抽样方式进行抽样调查,也往往使用重复抽样公式计算抽样平均误差。

例:设从某乡10000户农户中按简单随机抽样方式抽取400户农户进行家庭收入调查,得到样本标准差为120元,试分别求重复抽样和不重复抽样条件下农户平均收入的抽样平均误差。

已知: $N = 10000$, $n = 400$, $s = 120$

求: $\mu_{\bar{x}}$

解:重复抽样条件下的抽样平均误差为:

$$\mu_{\bar{x}} = \frac{\sigma}{\sqrt{n}} = \frac{120}{\sqrt{400}} = 6(元)$$

不重复抽样条件下的抽样平均误差为:

$$\mu_{\bar{x}} = \sqrt{\frac{\sigma^2}{n}(1 - \frac{n}{N})} = \sqrt{\frac{120^2}{400}(1 - \frac{400}{10000})} = 5.9(元)$$

2. 成数的抽样平均误差

成数的抽样平均误差与平均数的抽样平均误差的计算原理一致,所不同的是,需用成数方差 $P(1 - P)$ 代替平均数方差 σ^2。

$$\mu_p = \sqrt{\frac{P(1-P)}{n}} \qquad \text{（重复抽样条件下）}$$

$$\mu_p = \sqrt{\frac{P(1-P)}{n}\left(\frac{N-n}{N-1}\right)} \qquad \text{（不重复抽样条件下）}$$

当 N 很大时，不重复抽样条件下公式中的 $(N-1)$ 可以用 N 来代替，因此，不重复抽样的抽样平均误差可以近似用以下公式表示：

$$\mu_p = \sqrt{\frac{P(1-P)}{n}\left(1-\frac{n}{N}\right)}$$

例：从某学院 6000 学生中，采用简单随机抽样方式抽取 10%，调查其每月生活费用支出情况。抽样结果显示，生活费用支出在 1500 元以上的学生占全部学生的 18%。试求重复抽样和不重复抽样条件下成数的抽样平均误差。

已知：$N = 6000$，$n = 6000 \times 10\% = 600$，$p = 18\%$

求：μ_p

解：重复抽样条件下：

$$\mu_p = \sqrt{\frac{P(1-P)}{n}} = \sqrt{\frac{18\% \times (1-18\%)}{600}} = 1.57\%$$

不重复抽样条件下：

$$\mu_p = \sqrt{\frac{P(1-P)}{n}\left(1-\frac{n}{N}\right)}$$

$$= \sqrt{\frac{18\% \times (1-18\%)}{600}\left(1-\frac{600}{6000}\right)} = 1.49\%$$

（四）各种抽样组织方式的抽样平均误差

上面介绍的是简单随机抽样方式下的抽样平均误差的计算，其他抽样组织方式抽样平均误差的计算如下：

1. 分类抽样平均误差的计算

分类抽样是将总体按某个主要标志进行分组（类），再按随机原则从各组中抽取样本单位,因此,对于各组(类)来说,就等于全面调查了,故抽样平均误差不受组间方差的影响,只与抽样数目和各类型组方差有关。

(1)平均数的抽样平均误差

$$\mu_{\bar{x}} = \sqrt{\frac{\overline{\sigma^2}}{n}} \qquad （重复抽样条件下）$$

$$\mu_{\bar{x}} = \sqrt{\frac{\overline{\sigma^2}}{n}（1 - \frac{n}{N}）} \qquad （不重复抽样条件下）$$

式中: $\overline{\sigma^2} = \dfrac{\sum \sigma_i^2 N_i}{N}$

(2)成数的抽样平均误差

$$\mu_p = \sqrt{\frac{\overline{P(1-P)}}{n}} \qquad （重复抽样条件下）$$

$$\mu_p = \sqrt{\frac{\overline{P(1-P)}}{n}（1 - \frac{n}{N}）} \qquad （不重复抽样条件下）$$

式中: $\overline{P(1-P)} = \dfrac{\sum P_i(1-P_i)N_i}{N}$

通常情况下,总体各组的组内方差或成数是未知的,一般可用相应的样本指标替代。

例:某县根据农户以往的家庭经济状况对全县农户家庭人均收入进行了一次分类抽样调查。调查资料整理结果见表7-2,试求抽样平均误差。

$$\bar{x} = \frac{\sum \bar{x}_i n_i}{n} = \frac{1260 \times 26 + 3450 \times 50 + 6890 \times 24}{100}$$

$$= 3706.2（元）$$

$$\overline{s^2} = \frac{\sum s_i^2 n_i}{n} = \frac{82^2 \times 26 + 226^2 \times 50 + 379^2 \times 24}{100}$$

$$= 61760.08$$

$$\mu_{\bar{x}} = \sqrt{\frac{\sigma^2}{n}} = \sqrt{\frac{61760.08}{100}} = 24.85(元)$$

表 7 – 2　　分类抽样的抽样平均误差计算表

按经济状况 分　　组	抽取户数 n_i(户)	家庭人均收入 $\bar{x}_i$(元)	标准差 s_i(元)
温 饱 户	26	1260	82
小 康 户	50	3450	226
富 裕 户	24	6890	379
合　　计	100	—	—

2. 等距抽样平均误差的计算

等距抽样可分为有关标志排序等距抽样和无关标志排序等距抽样。由于直接计算等距抽样的平均误差,在实践中是一个不易解决的问题,而无关标志排序等距抽样实际上近似于简单随机抽样,所以其抽样平均误差的计算,可采用简单随机抽样平均误差公式;有关标志排序等距抽样,实际上是一种特殊的分类抽样,因而其抽样平均误差可采用分类抽样平均误差的公式计算。

3. 整群抽样平均误差的计算

整群抽样的抽样平均误差的计算,与简单随机抽样相比,关键在于以群间方差作为总体方差。由于对被抽中群内的所有单位都进行调查,所以总体的群内方差不再影响抽样平均误差,而受群间方差和抽样数目的影响,这与分类抽样误差的计算正好相反。社会统计研究中,进行整群抽样,通常遇到的是规模不等的情况,为简便起见,这里介绍的是群规模相等的情况。至于规模不等的整群抽样,读者需在应用时结合具体条件作进一步思考。整群抽样采用不重复抽样方法抽取样本。

(1) 平均数的抽样平均误差

$$\mu_{\bar{x}} = \sqrt{\frac{\delta_{\bar{x}}^2}{r}\left(1 - \frac{r}{N}\right)}$$

式中：$\delta_{\bar{x}}^2$——平均数的群间方差，$\delta_{\bar{x}}^2 = \dfrac{\sum(\bar{X}_i - \bar{X})^2}{R}$；

R——总体群数；r——样本群数。

（2）成数的抽样平均误差

$$\mu_p = \sqrt{\frac{\delta_p^2}{r}\left(1 - \frac{r}{N}\right)}$$

式中：δ_p^2——成数的群间方差，$\delta_p^2 = \dfrac{\sum(P_i - P)^2}{R}$；

R——总体群数；r——样本群数。

上面公式中的总体指标常常未知，一般用相应的指标来代替。

例：设某地区有30个老年公寓，每个公寓入住有80位老人，现从30个公寓中随机抽取3个，并对这3个公寓的老年人的年龄进行了调查，结果如表7－3所示，试求抽样平均误差。

表7－3　整群抽样平均误差计算表

公寓名称	平均年龄 $\bar{x}_i$(岁)	80 岁以上老人比重 p_i(%)	$(\bar{x}_i - \bar{x})^2$ $\bar{x} = 67$	$(p_i - p)^2$ $p = 15(\%)$
A	67	14	0	1
G	70	18	9	9
W	64	13	9	4
合计	—	—	18	14

先分别求样本平均数和样本成数：

$$\bar{x} = \frac{\sum \bar{x}_i}{r} = \frac{67 + 70 + 64}{3} = 67(岁)$$

$$p = \frac{\sum p_i}{r} = \frac{14\% + 18\% + 13\%}{3} = 15\%$$

然后分别计算样本平均数群间方差和成数群间方差:

$$\delta_{\bar{x}}^2 = \frac{\sum (\bar{x}_i - \bar{x})^2}{r} = \frac{18}{3} = 6$$

$$\delta_p^2 = \frac{\sum (p_i - p)^2}{r} = \frac{14}{3} = 4.67$$

最后将有关数据代入抽样平均误差公式:

$$\mu_{\bar{x}} = \sqrt{\frac{\delta_{\bar{x}}^2}{r}\left(1 - \frac{r}{N}\right)} = \sqrt{\frac{6}{3}\left(1 - \frac{3}{30}\right)} = 1.34(岁)$$

$$\mu_p = \sqrt{\frac{\delta_p^2}{r}\left(1 - \frac{r}{N}\right)} = \sqrt{\frac{4.67}{3}\left(1 - \frac{3}{30}\right)} = 1.18(\%)$$

四、抽样极限误差

抽样极限误差是根据概率论原理,用一定的概率保证抽样误差不超过某一给定的范围。由于抽样平均误差反映的是所有可能出现的样本指标与总体指标的平均误差程度,是抽样误差的一般水平,因此,抽样平均误差有可能小于也有可能大于抽样实际误差,且具体小于或大于多少也无法知道,由此也就不能依据抽样平均误差结合样本指标去进行抽样推断,而需规定一个抽样推断时可以允许的误差范围,即抽样极限误差。而抽样极限误差与抽样平均误差之间,存在着如下的关系:

$$\Delta = t \cdot \mu$$

式中: Δ——表示抽样极限误差; μ——表示抽样平均误差;

　　　t——表示概率度,它是以抽样平均误差为尺度来衡量的相对误差范围($t = \Delta/\mu$)。

实际上,抽样极限误差是一个可能而非完全肯定的范围。因为样本与抽样误差都是随机的，因而不能保证每一次的抽样误差一定不会超出这个范围，只能说有多大的可能。在抽样推断中，表示这个可能性大小的概念称为概率保证程度（概率），或称置信度、可信度等，与其有联系的一个数值叫作概率度 t，两者之间保持一定的函数关系，即概率是概率度的函数。一般事先规定概率保证程度，然后通过查表可求出概率度 t。当抽样平均误差一定时，大样本条件下，概率度、极限误差和置信度（概率）之间的关系如表 7 -4 所示。

表 7 -4 概率度、极限误差和可信度（概率）之间关系

概率度 t	抽样极限误差 Δ	置信度（概率）$F(t)$
1.00	1.00 μ	0.6827
1.65	1.65 μ	0.9011
1.96	1.96 μ	0.9500
2.58	2.58 μ	0.9901

抽样推断中，研究者希望提高推断的置信度，同时降低抽样极限误差。可从表 7 -4 可知，缩小抽样极限误差，可置信度随之降低；提高置信度，抽样极限误差又随之增大，说明两者是一对矛盾。要同时提高置信度，降低抽样极限误差，最好的办法是增大样本容量 n。

第四节 抽样估计

抽样估计就是利用样本指标推断或估计总体指标。抽样估计分"点估计"和"区间估计"。点估计又叫定值估计，它是在不考虑抽样平均误差的条件下，直接用样本指标作为总体指标的估计值。其推断形式用符号表示为：$\overline{x} \to \overline{X}$；$p \to P$。点估计的优点是简便易行，原理直观，但这种估计只用一个数值来推断总体指标，未能表明估计的误差大小，以及抽样推断的准确程度和把握程

度。要解决这些问题,必须采用总体参数的区间估计方法。

一、区间估计的一般原理

区间估计是在一定的概率保证条件下,用样本指标和抽样极限误差(通常以抽样平均误差为标准单位来衡量)来推断总体指标可能落入的区间范围。

抽样分布中的中心极限定理和平均数抽样分布的性质都说明,只要样本容量 n 足够大 $(n > 30)$,样本平均数的抽样分布就是正态分布或趋近于正态分布。如图 7 - 1 所示。

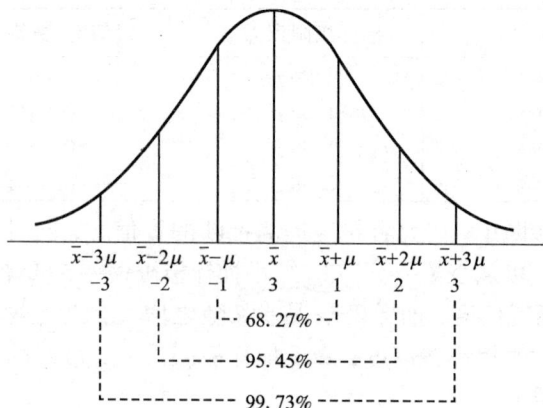

图 7 - 1   样本平均数的抽样分布

根据正态分布的特点,所有样本平均数当中,有 68.27% 的样本平均数与总体平均数的误差在 $\pm 1\mu_{\bar{x}}$ 范围之内;有 95.45% 的样本平均数与总体平均数的误差在 $\pm 2\mu_{\bar{x}}$ 范围之内;有 99.73% 的样本平均数与总体平均数的误差在 $\pm 3\mu_{\bar{x}}$ 范围之内。换言之,若全部可能的样本是 10000 个,在"$\bar{x} \pm 1\mu_{\bar{x}}$"区间内有 6827 个样本,在"$\bar{x} \pm 2\mu_{\bar{x}}$"区间内有 9545 个样本,在"$\bar{x} \pm 3\mu_{\bar{x}}$"区间内有 9973 个样本。若随机抽取一个样本,在"$\bar{x} \pm 1\mu_{\bar{x}}$""$\bar{x} \pm 2\mu_{\bar{x}}$""$\bar{x} \pm 3\mu_{\bar{x}}$"区间内出现的可能性或者说概率就是 68.27%、95.45% 或

99.73％。在这里，概率也叫样本指标在该区间内的可靠程度、保证程度或置信程度。抽样估计的置信度就是表明样本指标与总体指标的误差不超过一定范围的概率有多大。

可见，当平均指标 $\bar{x}$ 加减 t 个 $\mu_{\bar{x}}$ 时，就形成一个区间。这个 $\mu_{\bar{x}}$ 叫做误差范围，即上面所述的抽样极限误差，或抽样允许误差。常用 $\Delta_{\bar{x}}$ 表示。习惯上，在计算抽样平均误差时，$\mu_{\bar{x}}$ 表示平均数的抽样平均误差，当它用于区间估计时，它是作为误差范围的尺度，在它的前面要乘上一个系数(t)。系数 t 的大小可以等于 1，也可以大于 1 或小于 1。系数愈大，误差范围愈大，样本出现的概率或保证程度也就愈大；反之，愈小。统计学将这个系数 t 称之为概率度，抽样估计的概率保证程度与概率度是函数关系，可以表示为 $F(t)$。实际工作中编有《正态分布概率表》可查。只要给出了概率，便可以据此查出对应的概率度，反之，亦可根据概率度查得其相应的概率。从上面分析可看出，误差范围(Δ)与概率度(t)和抽样平均误差(μ)三者之间存在如下关系：

$$\Delta = t \cdot \mu$$

由此可得出平均数与成数的误差范围公式：

$$\Delta_{\bar{x}} = t\mu_{\bar{x}} \qquad \Delta_p = t\mu_p$$

将样本指标与上面的误差范围相结合，便得到总体指标的区间估计公式：

$$\bar{x} - \Delta_{\bar{x}} \leqslant \bar{X} \leqslant \bar{x} + \Delta_{\bar{x}} \qquad p - \Delta_p \leqslant P \leqslant p + \Delta_p$$

上述不等式的左边称为估计总体指标的下限，右边称为估计总体指标的上限。总体指标的区间估计就是由一个估计下限和一个估计上限两个数值构成的区间形式来表示的。"$\bar{x} - \Delta_{\bar{x}}$，$\bar{x} + \Delta_{\bar{x}}$"称为被估计总体平均指标的置信区间，"$p - \Delta_p$，$p + \Delta_p$"则叫做被估计总体成数的置信区间。

从上面公式可知，进行区间估计的关键是计算抽样极限误差 Δ。而抽样极限误差等于 $t \cdot \mu$，当抽样平均误差 μ 一定时，概率

度 t 愈大,概率保证程度愈大,抽样极限误差愈大,抽样推断的精确性愈低;反之,概率度 t 愈小,概率保证程度愈小,抽样极限误差愈小,抽样推断的精确性愈高。由此说明,在样本容量一定的条件下,抽样推断的精确性与可靠性是一对矛盾。也就是说,提高区间估计的精确性,估计的概率保证程度就会随之降低;而要提高区间估计的概率保证程度,估计的精确性又必然会随之降低。因此,在进行统计推断时,要将估计的可靠性与精确性结合起来,权衡得失,全面考虑。一般来说,社会统计实际工作中,常取 90%、95% 或 99% 的概率保证程度,若调查经费和调查力量许可,可适当增加样本容量,以减少抽样平均误差,从而缩小置信区间范围,提高估计的精确程度。

二、总体均值的区间估计

(一)单均值的区间估计

1. 大样本

社会学研究中,常视 $n \geq 30$ 为大样本,$n < 30$ 为小样本。大样本分布近似正态分布。这种情况下的样本抽样平均误差计算采用"抽样误差"一节中介绍的公式加以计算。

例:对某乡农户的家庭年人均收入进行抽样调查,随机抽取 256 户,测得其年人均收入为 4820 元,标准差为 440 元,现以 95% 的概率保证程度估计该乡农户年人均收入的区间范围。

根据题中资料已知:$n = 256$,$\bar{x} = 4820$,$s = 440$,$F(t) = 95\%$,查表得 $t = 1.96$,则

$$\mu_{\bar{x}} = \frac{\sigma}{\sqrt{n}} = \frac{440}{\sqrt{256}} = 27.5$$

$$\therefore \overline{X} = \bar{x} \pm t \cdot \mu_{\bar{x}} = 4820 \pm 1.96 \times 27.5 = 4820 \pm 53.9$$

即:$4766.1 \leq \overline{X} \leq 4873.9$

不重复抽样条件下,其推断过程同上。

计算结果表明，该乡农户家庭年人均收入在 4766.1 元至 4873.9 元之间，作出这个估计的可信程度为 95%。

2. 小样本

上面的推断属于大样本情形。若为小样本，总体标准差 σ 未知，此时便不能认为样本均值服从正态分布，需要应用 t 分布原理，依不同的自由度(df)查出 t 值。且此时平均数的抽样平均误差的计算应采用下列经过修正的公式计算：

$$\mu_{\bar{x}} = \frac{\sigma}{\sqrt{n-1}}$$

式中，"$n-1$" 为自由度 df。自由度是当变量的平均数确定之后，变量可以自由变动的数值。

例：随机抽取 27 名残疾职工，测得其月均工资为 2468 元，标准差为 104 元，试以 90% 的置信度估计总体中平均工资的可信区间。

解：已知，$n=27$，$\bar{x}=2\,468$，$s=104$。根据题意，总体方差未知，且为小样本，应用 t 分布统计量。当 $F(t)=90\%$，$\alpha=10\%$，$df=n-1=27-1=26$，查 t 值表得 $t=1.706$，则

$$\mu_{\bar{x}} = \frac{\sigma}{\sqrt{n-1}} = \frac{104}{\sqrt{27-1}} = 20.39$$

$$\therefore \bar{X} = \bar{x} \pm t \cdot \mu_{\bar{x}} = 2468 \pm 1.706 \times 20.39 = 2468 \pm 34.8$$

即：$2433.2 \leqslant \bar{X} \leqslant 2502.8$

计算结果表明，在 90% 的把握程度下，总体中全体残疾职工的月平均工资在 2433.2 元至 2502.8 元之间。

(二)两均值之差的区间估计

总体两均值之差的估计值，可由两样本均值之差进行计算推断。为此，需要计算两样本的均值，再按区间估计方法推断它们的总体均值差异情况。

1. 大样本

当两样本均为大样本时，两样本平均数之差的抽样平均误差为：

$$\mu_{\bar{x}}(\bar{x}_1 - \bar{x}_2) = \sqrt{\frac{\sigma_1^2}{n_1} + \frac{\sigma_2^2}{n_2}}$$

例：抽样调查比较甲乙两地居民受教育年限的差异情况。在甲地成年居民中随机抽取120人，算得平均受教育年限13年，标准差2.8年，在乙地随机抽取100人，算得平均受教育年限12年，标准差3.2年，现以95%的概率保证程度推断甲乙两地全部成年居民平均受教育年限差异的置信区间。

解：根据题中资料已知：$n_1 = 120$，$n_2 = 100$，$\bar{x}_1 = 13$，$\bar{x}_2 = 12$，$s_1 = 2.8$，$s_2 = 3.2$，$F(t) = 95\%$，$t = 1.96$，则

$$\mu_{\bar{x}}(\bar{x}_1 - \bar{x}_2) = \sqrt{\frac{\sigma_1^2}{n_1} + \frac{\sigma_2^2}{n_2}} = \sqrt{\frac{2.8^2}{120} + \frac{3.2^2}{100}} = 0.41$$

$$\therefore (\bar{x}_1 - \bar{x}_2) \pm t \cdot \mu_{\bar{x}}(\bar{x}_1 - \bar{x}_2) = (13 - 12) \pm 1.96 \times 0.41$$
$$= 1 \pm 0.8$$

即：$0.2 \leqslant \bar{X}_1 - \bar{X}_2 \leqslant 1.8$

计算结果表明，甲乙两地区全部成年居民平均受教育年限差异可能在0.2年至1.8年之间，其可信程度为95%。

2. 小样本

当样本均为小样本，且两总体的标准差均不知道，两样本均值的抽样平均误差应按下列公式计算。

$$\mu_{\bar{x}}(\bar{x}_1 - \bar{x}_2) = \sqrt{\frac{\sigma_1^2}{n_1 - 1} + \frac{\sigma_2^2}{n_2 - 1}}$$

例：调查戒毒所戒毒患者的平均年龄，从甲强制戒毒所抽取11人，算得平均年龄26岁，年龄标准差4.7岁，从乙强制戒毒所抽取11人，测得平均年龄22岁，年龄标准差2.9岁。试以95%

的概率估计甲乙强制戒毒所戒毒病员平均年龄的差异情况。

解：已知：$n_1 = 11$，$n_2 = 11$，$\bar{x}_1 = 26$，$\bar{x}_2 = 22$，$s_1 = 4.7$，$s_2 = 2.9$。

本例为小样本，服从 t 分布原理。当 $F(t) = 95\%$，$\alpha = 5\%$，$df = n_1 + n_2 - 2 = 11 + 11 - 2 = 20$，查 t 值表得 $t = 2.086$，则

$$\mu_{\bar{x}}(\bar{x}_1 - \bar{x}_2) = \sqrt{\frac{\sigma_1^2}{n_1 - 1} + \frac{\sigma_2^2}{n_2 - 1}} = \sqrt{\frac{4.7^2}{11 - 1} + \frac{2.9^2}{11 - 1}} = 1.746$$

$$\therefore (\bar{x}_1 - \bar{x}_2) \pm t \cdot \mu_{\bar{x}}(\bar{x}_1 - \bar{x}_2) = (26 - 22) \pm 2.086 \times 1.746$$
$$= 4 \pm 3.64$$

即：$0.36 \leqslant \bar{X}_1 - \bar{X}_2 \leqslant 7.64$

计算结果表明，甲乙两强制戒毒所戒毒患者平均年龄的差异在 0.36 岁至 7.64 岁之间，其推断的概率为 95%。

三、总体成数的区间估计

（一）单值成数的区间估计

例：为研究某市下岗职工再就业情况，随机抽取上一年下岗职工 160 人为样本，发现有 40 人当年再就业，以 95% 的概率估计该地再就业的比例。

解：$n = 160$，$p = 40/160 = 0.25$，$F(t) = 95\%$，$t = 1.96$，则

$$\mu_p = \sqrt{\frac{p(1-p)}{n}} = \sqrt{\frac{0.25(1 - 0.25)}{160}} = 0.034$$

$$\therefore P = p \pm t\mu_p = 0.25 \pm 1.96 \times 0.034 = 0.25 \pm 0.067$$

即：$0.183 \leqslant P \leqslant 0.317$

计算结果表明，该地再就业比例在 18.3% 至 31.7% 之间，作出这种推断的把握程度为 95%。

（二）两比例之差的区间估计

根据抽样分布的有关定理，当 $n_1 p_1$，$n_2 p_2$，$n_1(1 - p_1)$，$n_2(1 - p_2)$ 均大于 5 时，两个样本比例之差 $p_1 - p_2$ 近似地服从期望值为 $P_1 - P_2$、方差为 $P_1(1 - P_1)/n_1 + P_2(1 - P_2)/n_2$ 的正态分布。

但由于两个总体比例均未知,故方差计算公式中的总体比例需用样本比例代替。此时,两比例之差的抽样平均误差应用下面的公式计算:

$$\mu_p(p_1-p_2)=\sqrt{\frac{p_1(1-p_1)}{n_1}+\frac{p_2(1-p_2)}{n_2}}$$

例:某省人力资源与社会保障厅对甲、乙两个地区的失业率的差异进行研究,随机从两个地区劳动力人口中各抽取了 500 人,其中甲地区的 500 人中有 25 人失业;乙地区的 500 人有 10 人失业。现要求对这两个地区失业率的差异进行区间估计,确定置信水平为95%。

解:根据题意已知:$n_1=500$,$n_2=500$,$p_1=25/500=0.05$,$p_2=10/500=0.02$,$F(t)=95\%$,$t=1.96$,则

$$\mu_p(p_1-p_2)=\sqrt{\frac{p_1(1-p_1)}{n_1}+\frac{p_2(1-p_2)}{n_2}}$$

$$=\sqrt{\frac{0.05(1-0.05)}{500}+\frac{0.02(1-0.02)}{500}}=0.0116$$

$$\therefore (p_1-p_2)\pm t\mu_p(p_1-p_2)=(0.05-0.02)\pm1.96\times0.0116$$
$$=0.03\pm0.023$$

即:$0.007\leqslant P_1-P_2\leqslant0.053$

结果表明,甲乙两地失业率之差在0.7%至5.3%之间,概率保证程度为95%。

上面介绍的是简单随机抽样总体指标的区间估计,其他抽样组织方式下的区间估计不在此阐述了,因为不同抽样方式下的区间估计的基本原理相同,只是样本统计量和样本统计量分布的标准差的计算有所不同而已。

第五节 样本容量的确定

样本容量是样本中所包含的单位数。抽样调查，样本容量太大，有可能无力承担或造成人财物的浪费；样本容量太小，又会使调查结果与实际情况相差太大，影响调查质量。因此，应科学、合理地确定样本容量。

一、影响样本容量的基本因素

（一）总体各单位之间的差异程度

总体各单位之间的差异程度，具体可看方差 σ^2 或 $P(1-P)$ 数值的大小，若方差大，样本容量应大些；反之可少些。若方差为 0，则表示不存在差异，只需抽一个单位即可。

（二）允许误差的大小

允许误差，即抽样极限误差 Δ，是由抽样推断的精确度要求所决定的。对抽样推断的精确度要求越高，允许误差就要越小，样本容量要求就越大；对抽样推断的精确度要求越低，允许误差就可以大一些，样本容量便可以缩小。

（三）推断结果所要求的把握程度

抽样推断的把握程度，也就是概率，概率与 t 值有关。推断要求的把握程度越大，t 值越大，样本容量也就越大；反之，推断要求的把握程度较低，t 值也小，样本容量也可以小一些。

（四）抽样组织方式方法

在同样条件下，采用不重复抽样比采用重复抽样的样本容量要小一些；采用分类抽样、等距抽样比采用简单随机抽样的样本容量可以小一些；单个抽样比整群抽样的样本容量可以小一些。

二、样本容量的计算

确定样本容量的计算公式，是从抽样极限误差公式变换而来的，只要给出了误差范围 Δ 的具体形式，都可以用反推法建立起求算样本容量的计算公式。本章只介绍简单随机抽样的样本容量的计算公式。

（一）测定总体平均数 $\overline{X}$ 时样本容量 n 的计算

$$n_{\overline{x}} = \frac{t^2 \sigma^2}{\Delta_{\overline{x}}^2} \qquad （重复抽样条件下）$$

$$n_{\overline{x}} = \frac{t^2 \sigma^2 N}{N\Delta_{\overline{x}}^2 + t^2 \sigma^2} \qquad （不重复抽样条件下）$$

式中，概率度 t 和允许误差 $\Delta_{\overline{x}}$ 是调查者根据研究要求而确定的。而总体标准差通常是未知的，也无样本数据可替代，解决办法有二：（1）用过去同类调查数据代替；（2）大型调查之前，组织一次试调查以取得所需数据。

例：设某镇有农户10000 户，现用简单随机重复抽样方法抽取样本，要求人均收入的极限误差不超过 30 元，把握程度为95%，以往同类资料表明，标准差为256 元，问该抽多少农户？

已知：$N = 10000$，$\Delta_{\overline{x}} = 30$，$s = 256$，$F(t) = 95\%$，$t = 1.96$

求：$n_{\overline{x}}$

解：采用重复抽样公式计算：

$$n_{\overline{x}} = \frac{t^2 \sigma^2}{\Delta_{\overline{x}}^2} = \frac{1.96^2 \times 256^2}{30^2} = 279.7 \rightarrow 280（户）$$

计算结果表明，在重复抽样条件下，应抽取 280 户农户进行调查，才能满足题给要求。

仍以上题为例，如果其他条件不变，采用不重复抽样，问该抽多少农户？

$$n_{\bar{x}} = \frac{t^2 \sigma^2 N}{N\Delta_{\bar{x}}^2 + t^2 \sigma^2} = \frac{1.96^2 \times 256^2 \times 10000}{10000 \times 30^2 + 1.96^2 \times 256^2}$$

$$= 272.1 \rightarrow 273 (户)$$

从上面可知，两个公式计算结果相差无几。实际工作中，当 N 很大时，即使采用不重复抽样，一般也用重复抽样的公式计算样本容量，这是因为用重复抽样公式计算的样本容量只略微大一点，样本容量计算偏大，从社会统计研究的效果来说，比较保险。

（二）测定总体比例 P 时样本容量 n 的计算

$$n_p = \frac{t^2 P(1-P)}{\Delta_p^2} \qquad （重复抽样条件下）$$

$$n_p = \frac{t^2 P(1-P)N}{N\Delta_p^2 + t^2 P(1-P)} \qquad （不重复抽样条件下）$$

式中，P 为总体比例，若未知，可参考前面有关 σ 的处理方法解决。

例：调查某地老人参加文体活动的人数比例，以往资料表明，38% 的老人参加过各种形式的活动，现要求推断的可信度达 90%，极限误差为 5%，求重复和不重复抽样条件下必要的抽样单位数？（设该地有老年人20000）

根据题意，已知：$p = 38\%$，$\Delta_p = 5\%$，$N = 20000$，$F(t) = 90\%$，$t = 1.65$

求：n_p

解：重复抽样条件下：

$$n_p = \frac{t^2 P(1-P)}{\Delta_p^2} = \frac{1.65^2 \times 0.38(1-0.38)}{0.05^2} = 256.6 \rightarrow 257 (人)$$

不重复抽样条件下：

$$n_p = \frac{t^2 P(1-P)N}{N\Delta_p^2 + t^2 P(1-P)}$$

$$= \frac{1.65^2 \times 0.38(1-0.38) \times 20000}{20000 \times 0.05^2 + 1.65^2 \times 0.38(1-0.38)}$$

$= 253.3 \rightarrow 254 (人)$

显然，当 N 很大时，两个公式计算结果相差不大。因而，实际工作中，即使采用不重复抽样方式，一般也可用重复抽样公式计算必要的样本单位数。理由同前。

需要指出的是，根据平均数的公式和成数的公式计算的样本容量往往不相等，如果调查目的要求既要推断总体平均数，也要推断总体比例，则要选定其中较大的样本容量，因为取其中较大的结果可同时满足题给要求。

三、样本容量的确定在社会统计中的应用问题

社会统计中，样本容量的确定较复杂，不仅要有前述定量的考虑，而且要从定性方面考虑。需考虑的主要因素有：

1. 决策的重要程度

一般性决策，样本容量可以小一些，而重要决策，由于需要的信息量更多，信息的准确性要求更高，也就需要较大的样本。

2. 研究的类型

探索性研究，样本容量一般较小，而描述性研究与解释性研究，需要较大的样本。

3. 变量的个数

收集资料所涉及的变量较少，样本容量可以小一些，而收集资料所涉及的变量较多，样本容量就要大一些，以减少抽样误差的累积效应。

4. 数据分析的性质

只需使用单元分析方法进行简单的统计分析，样本容量可以小一些，而需要采用多元统计方法对数据进行复杂的高级分析，样本容量就应当大一些；需要特别详细的分析，如做许多分类等，也需要大样本，针对子样本分析比只限于对总样本分析，所需样本容量要大得多。

5.财力的多少

抽样多少受财力限制，财力许可，样本容量可以大一些；反之，要小一些。实际抽样中，调查者有时受财力限制，或者为了少用一些费用，宁可冒一定的风险，降低精确度的要求。但精确度降低多少，应依调查本身的研究目的、重要性程度和实际支付能力而定，不能一味地只考虑如何节省费用和时间的一面。

6.估计回答率

按公式计算的样本容量仅是一个参考数，实际工作中，应结合具体情况对样本数目作适当调整。这是因为还有上述诸多定性方面的考虑，此外，在社会统计资料搜集阶段，常会遇到访问不到人，或拒访等情况，因而需要结合定量与定性的考虑，再根据估计回答率、有效率调整样本量，以确保足够的有效样本。调整方法如下：

调整后的样本量＝设计样本量÷（估计回答率×有效率）

第六节　抽样与抽样估计在社会研究中的应用

一、抽样调查的普遍应用

抽样调查的特点与优势，使得其在高度异质性、高速流动性的现代社会得到了普遍的应用。抽样——问卷——定量分析三者结合，构成了现代统计调查的基本特征。在我国，应用抽样调查的部门和机构主要有：

1.国家和地方统计部门

为及时获取社会经济信息，促进社会经济的发展，国家和地方统计部门建立了一系列抽样调查制度，如1%人口抽样调查制度、人口变动抽样调查制度、城市和农村住户抽样调查制度，全国城镇住户基本情况抽样调查制度、服务业抽样调查制度等。常设的抽样调查机构有：农村抽样调查队、城市抽样调查队和企业抽样调查队。三支调查队以抽样调查方式为主，收集社会经济信息。

2. 其他政府机构和社会团体

诸如民政部和残联进行的残疾人抽样调查、民政部和老龄委组织的中国城乡老年人口状况抽样调查、国家计划生育委员会组织的妇女生育率抽样调查、全国科协组织的科学素养调查、教育部与国家语委组织的语言与文字使用情况抽样调查、全国妇联开展的全国未成年人家庭教育状况抽样调查、卫生部组织的国家卫生服务调查、民政部组织的全国村民自治状况抽样调查、新闻出版总署批准的国民阅读与购买倾向抽样调查、中央电视台联合国家统计局、中国邮政集团公司进行的 CCTV 经济生活大调查等。

3. 专业调查咨询机构

专业调查咨询机构包括非独立性调查机构和独立性的调查机构。这里指的是后者，即政府部门、企事业单位之外接受各方委托，独立从事社会调查的专业性、营业性组织。据统计，截至2000 年，光专业市场调查机构，全国就有约 400～500 家，世界调查行业前 20 名的企业中，有一半以上的进入了中国。这些专业调查咨询机构每年要受托承担大量的调研任务，其中相当一部分采用的是抽样调查方法。

4. 高等院校与科研院所

高等院校与科研院所是我国应用抽样调查的又一主体。其成果众多，在此不再赘述。

二、抽样与抽样估计应用实例

2010 年全国城镇住户基本情况抽样调查(摘要)[①]

---

①　摘自《2010 年全国城镇住户基本情况抽样调查制度》第一部分"说明"。Docim. com 豆丁网。关于样本量的分配、抽样框的编制及具体的抽样方法，可阅读该文第三部分。

（一）调查目的和作用

了解我国城镇居民家庭的收入、消费等基本情况，为党和政府制定政策进行宏观调控提供科学准确的信息支持，为"十二五"规划的制订提供基础资料……

（二）调查对象与范围

2010年城镇住户基本情况抽样调查对象为居住在城镇区域范围内的常住户，不包括军营、学生公寓等非传统住宅中的人群……

调查抽样框使用国家统计局设计管理司颁布的"统计用区划代码和城乡划分代码库"（以下简称为"村级目录一览表"），从中抽选居委会、村委会、类似居委会、类似村委会（以下统称为"社区/居委会"）进行调查。最终抽样单元为住宅。填报单元为住户。

（三）调查实施单位及规模

各调查市、县设计样本量应为参加全国汇总的常规调查样本量的6－10倍。常规调查样本量小于等于100户的，建议样本量为常规样本量的10倍以上；大于100户小于等于300户的，建议样本量为8倍以上；大于300户的，建议样本量为6倍以上。

考虑调查中存在拒绝访问、空户等现象，各地要根据估计回答率调整样本量，确保足够的有效样本。调整方法如下：

调整后的样本量＝设计样本量÷本区域估计回答率

（四）抽样方法及样本分配

调查市、县采用分层、二阶段、与大小成比例（PPS方法）的随机等距法选取调查样本。

对于设区的调查市，以区为单位进行分层。在每一层内按《统计上划分城乡的规定》中的城乡分类代码再分为三个子层。样本抽选工作在每一子层内独立进行。第一阶段，在每个子层内按照PPS方法抽选调查社区/居委会；第二阶段，对抽中的调查社区/居委会画住宅分布图,统计住宅总数,用随机等距方法抽选调查住宅。样本量在各区(层)之间按照人口比例进行分配,在各子层之间按照固定比例进行分配……

(五)调查内容

(1)住户基本情况,包括城镇居民家庭的人口、住房、收支情况;(2)住户成员基本情况,包括城镇居民家庭成员的基本情况,如性别、年龄、职业、行业等。

(六)数据采集与上报

1. 数据采集

本次调查采用访问员入户访问形式搜集资料。入户访问时间是 2010 年 7~8 月……

调查中如遇到一宅多户的情况时,可从中随机抽选一户进行访问。遇到一户多宅的情况时,如果抽中的本住宅是常住地,则继续进行调查;如果本住宅是偶然居住,则放弃调查,作为空户处理。

2. 数据处理及上报

数据处理软件由国家统计局组织编写,数据录入工作由承担调查任务的单位完成……

(七)估计方法

1. 调查市、县总体估计

对于设区的市:总体估计值 $Y = \sum \sum \sum Wijk \times Xijk$,其中:

i、j、k:分别为层、子层和调查户编码。

$Wijk$:为第 i 层第 j 子层第 k 个调查户的权数(即入样概率的倒数)。

$Xijk$:为第 i 层第 j 子层第 k 个调查户调查值。

对不设区的调查市、县:总体估计值 $Y = \sum \sum Wjk \times Xjk$,其中:

j：为市、县城关镇中心区，非城关镇中心区，市、县城关镇外围区域、非城关镇外围区域四个区域编码。*k*：为调查户编码。

Wjk：为第 *j* 区域第 *k* 个调查户的权数（即入样概率的倒数）。

Xjk：为第 *j* 区域第 *k* 个调查户调查值。

2. 省（区、市）总体估计

总体估计值 $Z = \sum Ws \times \sum Ys$，其中：$Ws$、$Ys$ 分别为第 *s* 调查市、县在本省的权数及其总体估计值。

3. 全国总体估计

总体估计值 $T = \sum Zs$，其中：Zs 为第 *s* 省（区、市）总体估计值。

（八）调查工作细则

访问员入户访问时，应严格遵守访户规定。

入户调查必须根据国家统计局制定的《2010 年全国城镇住户基本情况抽样调查方案》的要求执行。各指标的含义、口径、计算方法和计量单位必须同问卷规定一致。

访问员入户前要做好充足准备，入户访问时要讲究方法和技巧。访问员应按抽样时所确定的地址进行调查，对每户的访问情况应详细记录在调查问卷封面上。

（九）工作职责与进度安排（略）

（十）质量检查与控制（略）

第七节　使用 Excel 软件进行总体参数估计

一、Excel 在总体均值区间估计中的运用

（一）由给定的样本指标求总体平均数的置信区间

这里以前述大样本的总体均值的区间估计例题（见第 180 页）来说明其具体操作步骤。

第一步：打开 Excel 工作簿，在工作表中输入已知数据和将要计算的指标名称。本例，分别在单元格 A1 和 A2 中输入样本平均数和4820，分别在单元格 B1 和 B2 中输入标准差和440，分别在 C1、D1、E1、F1、G1 中输入抽样平均误差、可信度对应的 $Z_{\alpha/2}$ 值、抽样极限误差、总体平均数下限和总体平均数上限。如图 7 - 2所示。

第二步：单击单元格 C2，输入" = B2/SQRT(256)"，按 Enter 键，即可得到抽样平均误差的计算结果27.5。如图 7 - 2 中的 C2 所示。

第三步：本例给定区间估计的可信度为95%，则在 D2 中输入函数名及其参数" = NORMSINV(0.975)"，即可得到对应的 $Z_{\alpha/2}$ 值 1.96(即概率度 t)。该函数的参数 0.975 是如此确定的：可信度 + (1 - 可信度)/2。本例，可信度为95%，应为 0.95 + (1 - 0.95)/2，即为 0.975。

第四步：单击单元格 E2，输入公式" = 1.96 * 27.5"，或使用单元格引用，输入公式" = D2 * C2"，即可得到抽样极限误差计算结果53.9。如图 7 - 2 所示。

第五步：在单元格 F2 和 G2 中分别输入公式" = 4 820 - 53.9"和" 4 820 + 53.9"，计算结果分别为 4 766.1 和 4 873.9。本例中样本平均数 4 820 和极限误差 53.9 也可以使用单元格位置 A2 和 E2 代替。

整个操作过程至此完成。如图 7 - 2 所示。

	A	B	C	D	E	F	G
1	样本平均数	标准差	抽样平均误差	可信度对应的$Z_{\alpha/2}$值	抽样极限误差	总体平均数下限	总体平均数上限
2	4820	440	27.5	1.96	53.9	4766.1	4873.9

图 7 - 2　使用 Excel 进行总体平均数区间估计示意图

（二）由已分组样本数据求总体平均数的置信区间

对于由已分组样本数据估计总体平均数，需利用加权的方法先计算出样本的平均数和样本标准差，其 Excel 操作如第六章第五节的介绍，然后再依据上述操作步骤实施。

二、Excel 在总体成数区间估计中的运用

使用 Excel 进行总体成数的区间估计，需先计算样本成数，之后再计算成数的抽样平均误差和抽样极限误差，最后再计算出估计的总体成数区间的下限和上限。Excel 操作过程，可以按它们各自计算公式在 Excel 中实现相应的计算。

思考练习

1. 简述抽样推断的含义及其特点。

2. 什么是随机原则？抽样推断中为什么要坚持随机原则？

3. 抽样推断中有哪几个基本概念？其涵义如何？

4. 重复抽样与不重复抽样有什么不同？

5. 什么是简单随机抽样？它有什么特点？

6. 什么是分类抽样？样本单位在各类的分配方法有几种情况？

7. 等距抽样的排序方式有几种？如何进行等距抽样？

8. 整群抽样的特点和适用条件是什么？

9. 什么是抽样平均误差？它与一般误差有什么不同？它的大小受哪些因素的影响？

10. 抽样平均误差与抽样极限误差有什么区别与联系？

11. 什么是大数定律和中心极限定理？它们的意义是什么？

12. t 分布与正态分布有什么区别与联系？

13. 何谓点估计与区间估计？各有什么特点？区间估计的一般原理是什么？

14. 影响样本容量的主要因素有哪些？如何确定必要的样本容量？

15. 确定必要的样本容量要注意什么问题？

16. 从某县 20 万农户中按简单随机重复抽样方式抽取 400 户进行家庭收入调查，得到样本标准差为 1800 元，样本比率为 70% 的农户户均收入在 4200 元以上，试求平均数的抽样误差和比例的抽样误差。

17. 对城市家庭月消费支出进行抽样调查，随机抽取 400 户，测得户均月支出为 2800 元，标准差为 820 元，现要求以 90% 的可信度估计该市居民月均支出的可信区间。

18. 调查某地脱贫情况，抽取前一年仍为贫困户的家庭 100 户为样本，发现有 30 户当年经扶持已脱贫，现以 95% 的可信度估计该地贫困户脱贫比例。

19. 从某系随机抽取男生 25 人，测得平均身高 168cm，标准差 8cm，试求学生平均身高 90% 的置信区间。

20. 分析某地精神病患者的男女比例，在所调查的 500 名男性随机样本中有 5 名是患者，在所调查的 450 名女性样本中有 3 名是患者，试求两总体男女精神病患者比例之差的 99% 的可信区间。

21. 从某县随机抽取 100 户农户，调查其家庭年人均收入，资料如下表所示：

按人均收入分组(元)	农户数(户)
1000 以下	10
1000 ~ 1500	28
1500 ~ 2000	32
2000 ~ 2500	17
2500 ~ 3000	10
3000 以上	3
合　计	100

要求以 95% 的概率保证程度对全县农户家庭年人均收入和人均收入在 1500 元以上户数所占比重作出区间估计。

22. 从某市 30000 名初中生中，随机抽取 1%，调查每周收看电视的时数，所得样本资料如下：

看电视时数(小时)	0~2	2~4	4~6	6~8	8~10	10~12
学　生　数 （占所抽学生比重）	10	15	20	30	20	5

计算：(1)求每周平均收看电视时间的区间估计；

(2)求每周收看电视时间在6小时以上的比重的区间估计，其允许误差是否超过3%。(概率为95%)

23.某制鞋厂生产一批旅游鞋，按1%的比例进行抽样调查，总共抽查600双，结果如表，试在概率为90%的条件下，求：

(1)这批旅游鞋的平均耐穿时间（天）的可能范围；

(2)如果耐穿时间在400天时间以上才算合格品，求这批旅游鞋合格率的可能范围。

耐穿时间（天）	数量（双）
250~300	40
300~350	80
350~400	310
400~500	100
500 以上	70
合　计	600

24.在某市中学生中进行智力测验，简单随机抽样抽取男生48人，女生36人，测得平均智商，男生108，女生103，智商标准差，男生17，女生16，要求以90%的可信度估计该市全部男女生之间平均智商的差异情况。

25.研究某项技术改革对工作效率的影响，特在某福利企业抽取运用新技术进行生产的工人11人，测得一天中生产的人平产品件数为165件，标准差12件；另在沿用老方法进行生产的工人中抽取11人为样本，测得日人均产品件数为97件，标准差9件。现以95%的置信度，推断总体两均值之差的可能范围。

26.某地调查老年人问题，获得如下资料：女性老年人120人，平均年龄73岁，标准差6岁；男性老年人100人，平均年龄69岁，标准差7岁。现以95%的概率保证程度推断该地区全部男女性老年人平均年龄之差的置信区间。

27. 某福利企业一批日光灯管300箱(每箱30支),现从中抽取1%检查其质量,检验后的资料整理如表所示:

	各箱灯管平均耐用时间(小时)	各箱灯管合格率(%)
第一箱	2400	93
第二箱	2860	98
第三箱	2180	91
合　计	7440	282

试以95%的概率保证程度对这一批灯管的平均耐用时间及合格率作出区间估计。

28. 某大学有学生12000人,近年资料表明,学生的人均生活费用的标准差为160元,如果采用简单随机不重复抽样方法调查学生人均月生活费,试问应抽取多少学生才能以95%的置信度保证最大的估计误差不超过60元?如果误差范围控制在30元,应抽多少学生?误差范围控制在20元应抽的学生又是多少个?

29. 对某区15000户居民平均年收入进行调查,以99%的可靠性,使不重复抽样条件下的平均年收入的允许误差不超过100元,已知各户年收入的标准差为180元,求必要的样本容量。

30. 以往同类调查资料表明,总体成数为30%,要求本次抽样推断的样本成数的极限误差不超过5%,在99%的概率保证下,试问重复抽样必要单位数目为多少?如果抽样极限误差减少到3%,抽样单位数目是多少?如果概率保证程度降低到95%,样本容量分别又是多大?

31. 调查某地区职工的月收入,以往同类资料为,总体标准差为420元,月收入在6000元以上的职工的比例为8%,现规定本次抽样推断的人均收入误差不得超过50元,6000元以上收入比重极限误差不得超过4%,概率保证程度95%,问本次抽样调查共应抽取多少位职工?

案例分析

案例[7-1]　两次全国残疾人抽样调查的有关情况

　　为了掌握全国残疾人的数量、地区分布、致残原因、生活状况，以及康复、教育、就业等方面的丰富数据和资料，从而为国家制定残疾人工作的相关法规、政策，提供客观、可靠的依据，有力地推动残疾人事业的发展，我国先后共进行了两次全国残疾人抽样调查。调查范围为全国大陆31个省、自治区、直辖市，未包括香港、澳门特别行政区和台湾地区。第一次是在1987年，全国的样本规模为150万人，抽样推断的残疾人总数为5164万人。第二次是在2006年，设计总样本量为260万人。抽样推断结果显示，截至2006年4月1日，我国各类残疾人总数达8296万人，残疾人占全国总人口的比例为6.34%。比1987年第一次全国残疾人抽样调查时增加了3132万，占全国总人口比例也提高了1.44个百分点。

　　分析与讨论

　　1. 残疾人调查能否采用普查、典型调查、重点调查等方式？为什么？采用抽样调查方式最适合的原因是什么？

　　2. 你认为残疾人抽样调查样本的选取应当采用哪一种或哪几种抽样组织方式？

　　3. 为什么第二次残疾人抽样调查显示的残疾人数量比第一次调查的结果不减反增？占总人口的比例不降反升？

　　4. 第二次抽样的设计总样本量为260万人，比第一次的样本规模150万人，多了110万，试问：样本容量的大小是否取决于总体规模的大小？为什么？

　　5. 社会统计推断中，影响样本容量的因素有哪些？

案例[7-2]　某地外来务工人员租用住房月租金的抽样调查资料

　　某地进行一项外地务工人员抽样调查，采用简单随机抽样方法，随机抽取40人进行调查，获得其住房月租金调查资料，如下表所示。

某地外来务工人员住房月租金的抽样调查数据

序号	月租金 （元）	序号	月租金 （元）	序号	月租金 （元）	序号	月租金 （元）
1	280	11	560	21	480	31	320
2	500	12	440	22	460	32	440
3	190	13	440	23	550	33	440
4	340	14	460	24	410	34	470
5	340	15	480	25	430	35	420
6	420	16	330	26	440	36	360
7	460	17	320	27	480	37	360
8	520	18	390	28	370	38	380
9	300	19	370	29	410	39	440
10	380	20	370	30	380	40	420

分析与讨论

1. 将样本数据进行统计分组，并编制变量数列（建议以 300、350、400、450、500 为组限）。

2. 绘制统计图，观察样本数据的分布特征。

3. 对样本数据进行描述统计，计算算术平均数和标准差等。

4. 对当地全体外来务工人员平均月租金进行区间估计，规定置信度为 95%。

5. 若规定置信度分别为 90% 和 99%，则此次抽样调查的抽样平均误差、抽样极限误差、置信区间各是多少？它们发生了什么变化？

6. 样本中月租金在 400 元以上的比重是多少？试以 95% 的置信度估计相应的抽样平均误差、抽样极限误差和置信区间。

案例[7-3]　未成年人成长环境调查的样本抽取

根据武汉市未成年人的基本情况（总数及分布情况等），本次研究的总体为武汉市所有未成年人。根据以往经验和统计分析要求，设定本研究的样本量为武汉市所有年龄在 7～18 周岁之间未成年人的 5‰。第一阶段，在武汉市 7 个城区中采取简单随机抽样方法分别随机抽取 3 个社区，共 21 个社区。第二阶段，在每个抽中的社区中，以 21 个社区为抽样框，以未成年人为抽样单位，首先按配额抽样方法，确定每个社区抽取 100 名未成年人，其中小学生 20 名、初中生 40 名、高中生 40 名，然后，每个社区按照配额，从各年龄段未成年人中按随机方法抽取调查对象。在抽样过程中，考虑到不同社区和不同年龄段未成年人的数量不同，因而采取概率比例抽样来修正和分配样本。这样，在 21 个社区共抽取了 2100 名未成年人构成本次调查的样本。为了应对各种特殊情况，抽取一定数量的备选样本。另外，在武汉市少管所随机抽取 300 个年龄在 14～18 岁之间的未成年人作为比较调查对象。

（资料来源：水延凯主编《社会调查教程》，中国人民大学出版社，2008 年，第 171、184 页）。

分析与讨论

1. 该案例样本抽取采取的是多阶段抽样还是简单随机抽样？这种抽样方式是否适合？为什么？

2. 该案例调查的研究总体与调查总体各自是什么？300 个"比较调查对象"是否包括在研究总体与调查总体之内？

3. 第一阶段抽样，在武汉市 7 个城区中每个城区均抽 3 个社区，每个抽中的社区都抽 100 人，这种方法是否适宜？为什么？你认为应当采取什么方法抽取？

4. 第二阶段抽样，"确定每个社区抽取 100 未成年人，其中小学生 20 名、初中生 40 名、高中生 40 名"，这种配额是否合理？为什么？你认为应当采取什么方法抽取？

5. 案例"设定本研究的样本量为武汉市所有年龄在 7～18 周岁之间未成年人的 5‰"，在 21 个社区总共抽取 2100 名未成年人？据此计算，武汉市 7～18 周岁未成年人是多少？此一数据是否可信？

6. 案例确定了备选样本，是否必要？为什么？

7. 案例在"武汉市少管所随机抽取 300 个年龄在 14～18 岁之间的未成年人作为比较调查对象"，你认为"比较调查对象"是否也应是武汉市未成年人？为什么？

8. 案例采取两阶段抽样，总的来看，你认为是随机抽样还是非随机抽样？其调查结果是否可以推论总体？

第八章　假设检验

假设检验与参数估计是统计推断的两个组成部分,其所依据的理论相同,都是抽样分布理论。假设检验作为统计推断中的一类重要问题,在社会研究中经常应用。本章主要介绍假设检验的基本概念、步骤与方法。

第一节　假设检验的基本概念与一般步骤

一、假设检验的基本概念

(一)假设检验的含义

假设检验,是对未知的总体分布函数形式或分布中未知的总体参数作出某种假设,然后根据随机样本提供的信息来验证这一假设的可信性的一种数理统计分析方法。

在社会研究中,人们常常需要了解社会现象总体的某个特征,例如某市 2011 年失业人口中再就业人数占全部失业人口的比重是多少(称为总体未知参数),对此事先一无所知,虽然如此,人们却可以凭往年资料假设 2011 年再就业率为 25%,然后随机抽取 100 名下岗职工,计算出再就业率为 26%,凭此样本提供的信息进行验证。显然,假设检验与参数估计的基本思想不同:参数估计是从样本出发,随机抽取一个样本,然后计算样本统计量,从而估计总体参数值;假设检验是根据决策要求,对总体参数作出一个假设,然后从总体中抽出一定容量的随机样本,计算和分析样本统计量,对总体假设作出检验,进而作出是否接受该假设的决策。

假设检验有参数检验与非参数检验之分。参数检验是只对总体未知参数进行的检验,如总体均值检验和总体比例检验;非参数检验是在总体分布形式未知或知之甚少的条件下所进行的检验。不同的抽样组织方式,所采用的检验方法有所不同,考虑到篇幅,本书只讨论在简单随机抽样组织方式下采用重复抽样的假设检验问题。

(二)原假设与备择假设

原假设是被检验的那个假设,一般指检验者需要着重考察但没有充分根据不能轻易推翻的假设,用 H_0 表示;备择假设是与原假设相对立,在原假设被推翻时所接受的假设,也是研究者的兴趣所在,因此又称之为研究假设或对立假设,用 H_1 表示。原假设与备择假设相互对立,二者必居其一。如果否定原假设 H_0,意味着接受备择假设 H_1;反之,如果接受原假设 H_0,必定否定备择假设 H_1。因此原假设与备择假设总有一个,也只能有一个成立。

假设检验的依据是样本,它通过计算和分析样本统计量与参数假设值的差距,来判断假设的可信性。差距越小,假设值真实性的可能性就越大;反之,差距越大,假设值真实性的可能性就越小。因此,只要分析结果显示它们之间的差距是显著的,就可以否定原假设,故假设检验又称显著性检验。值得注意的是,如果不能否定原假设,仅仅意味着没有足够的证据否定它,才接受了原假设,并不意味着它完全正确。

(三)小概率原理与显著性水平

小概率原理是指发生概率很小的随机事件在一次实验中几乎不可能发生。根据大数定律,在大量重复试验中事件出现的频率(以接近于 1 的概率)接近于它们的概率。倘若某事件 A 出现的概率很小,则它在大量重复试验中出现的频率应该很小。若概率为 0.1%，则大体上在 1000 次试验中才会出现 1 次。因此，概率很小的事件在一次试验中几乎不可能发生，在概率论的应用中，称这样的事件为小概率事件。

显著性水平是指根据小概率原理所规定的小概率事件的概率界限值。前已述，假设检验的目的是判断样本统计量与假设总体参数的差距是否显著。若显著，则说明原假设真实性的可能性很小，应拒绝原假设；若不显著，则应接受原假设。而判断两者差距是否显著，其标准由显著水平 α 决定。α 为判断发生错误的小概率。显著性检验是建立在原假设为真的基础上，而规定的 α 概率很小，在一次试验或观察中几乎不可能发生，但是经过抽样观察，概率 α 很小的事件居然发生了，这就要怀疑原假设的真实性，由此否定原假设。当然，根据小概率原理所作出的判断也可能是错误的，然而这时对原假设作出判断发生错误的概率不会大于 α，而 α 是个很小的正数。

显著性水平 α 的选择取决于小概率事件(如判断发生错误)后所产生后果的严重性，若后果严重 α 应选得小一些；反之，可选大一些。社会统计研究中，α 常取 0.05、0.01 和 0.001。

显著性假设检验的基本思想是小概率原理，而后者的理论依据是大数定律。

(四)否定域与检验临界值

否定域是指在抽样分布中分属两端的能够否定原假设 H_0 的小区域，否定域的大小由显著水平 α 决定。图 8-1 中两个末端区域就叫做 H_0 的否定域，简称否定域。否定域的边界点称为临界点，两端的阴影部分面积就是否定域的概率，称为显著性水平。

检验临界值是对原假设作出判断的临界值，简称临界值。将根据样本资料而计算出来的检验统计量的数值与临界值加以比较，对原假设作出肯定与否定的判断。

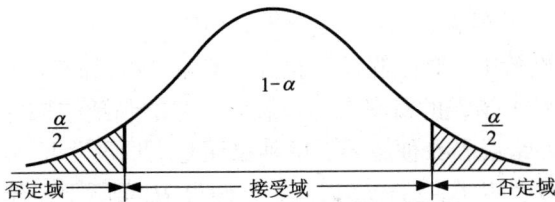

图 8 - 1　否定域概率分布示意图

（五）双侧检验和单侧检验

假设检验中，原假设总是一个等式，即假设总体参数等于一个确定的数值，而备择假设总是一个不等式。例如，关于某总体均值 μ[①] 的假设有三种情况：

（1）$H_0 : \mu = \mu_0$　　　　$H_1 : \mu \neq \mu_0$

（2）$H_0 : \mu \geqslant \mu_0$　　　　$H_1 : \mu < \mu_0$

（3）$H_0 : \mu \leqslant \mu_0$　　　　$H_1 : \mu > \mu_0$

上面第一种类型的假设检验称为双侧检验，第二、三种类型的假设检验叫做单侧检验。双侧检验的显著性水平平均分布在左右两侧，否定域分别在分布曲线的两个尾端。单侧检验又有左侧检验和右侧检验之分。上面第二种类型就是左侧检验，此时否定域在分布曲线的左端。第三种类型是右侧检验，此时显著性水平 α 分布在右侧。如图 8 - 2 所示。由于单侧检验的否定域分布在一侧，较之双侧检验来说，显著性水平增加了 1 倍，因而更能拒绝原假设，但使用时应谨慎为之。

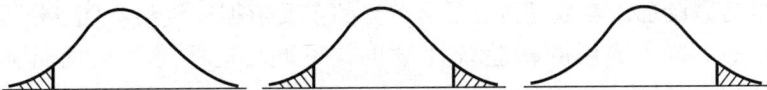

图 8 - 2　双侧检验和单侧检验示意图

---

① 本章中的总体平均数 μ 就是"抽样与抽样估计"一章的 $\overline{X}$。

（六）两种错误

假设检验中，对原假设不论作出何种判断都有可能犯错误，区别在于发生错误的概率大小。假设检验的判断结果可能有两种错误：甲种错误和乙种错误。甲种错误是，原假设 H_0 实际上是正确的，却被否定了；乙种错误是，原假设 H_0 实际上是错的，却没有否定。发生甲种错误的概率就是显著性水平 α，而乙种错误的概率为 β。两种错误不可能同时发生，其发生概率也不可能同时为 0。在一定的样本容量下，若减小一类错误的概率将会引起另一类错误的概率增大。这是一对矛盾，只要以样本为依据进行统计推断，就存在发生两类错误的风险。问题是如何使甲、乙两种错误得到某种程度的协调，使两类错误的概率同时减小？一般可行的办法是适当增加样本容量。

二、假设检验的一般步骤

根据对假设检验几个基本概念的讨论，我们在这里将假设检验的一般步骤归纳如下：

1. 建立研究假设

根据研究问题的性质、检验者所要达到的目的或题意来建立假设。

2. 确定检验统计量

用于检验的统计量称为假设检验统计量，它是判断样本统计量与假设总体参数是否有显著差异的主要依据。资料不同，分析目的不同，选用的检验统计量也就不同。这些将在后面具体介绍。

3. 规定显著性水平

显著性水平的大小，视研究目的而定。社会研究中，常取 $\alpha = 0.05$、$\alpha = 0.01$ 和 $\alpha = 0.001$。显著性水平确定之后，依据双侧检验或单侧检验，否定域或临界值也就随之确定。否定域在一端,显著性水平也在一端;否定域在两端,就将显著性水平一分为二,每端各占 1/2。

4.计算各项所需数值。

5.作出统计决策[①]

将实际计算的统计量与临界值比较,作出统计决策,或拒绝原假设,或接受原假设。如果样本结果落在否定域内,否定原假设,此时有可能犯甲种错误,其概率为显著性水平 α;如果样本结果落在否定域外,则不能否定原假设,此时则有可能犯乙种错误风险,其概率为 β。

第二节　Z 检验法

Z 检验法是统计学中假设检验的方式之一,主要用于总体平均数与总体比例的假设检验,一般适用于大样本的情况。其检验程序如前所述。

应用 Z 检验法时常用的显著性水平及其否定域如下:

表 8-1　Z 检验常用显著性水平及其否定域

显著性水平 α	否定域 $\mid Z \mid \geqslant$	
	单侧检验	双侧检验
0.05	1.65	1.96
0.01	2.33	2.58
0.001	3.09	3.30

---

①　假设检验结论可采用两种规则:依据临界值或依据 P 值判断。P 值的计算较复杂,一般需要借助计算机,统计软件涉及假设检验时都给出了 P 值。本书依据临界值判断。

一、一个总体均值的检验

在总体为正态总体，总体方差已知，或总体为非正态总体，但总体方差已知且 $n > 30$ 的大样本条件下，一个总体均值的检验可选择 Z 作为检验统计量。计算公式为：

$$Z = \frac{\bar{x} - \mu_0}{\sigma / \sqrt{n}}$$

式中：$\bar{x}$——样本均值；μ_0——假设的总体均值；

σ——总体标准差；n——样本容量。

例：某社区想了解退休老人一周参加公共事务的时间与以往相比是否发生了显著变化。往年情况是，平均每位退休老人参加公共事务的时间为 8 小时，方差为 4 小时，现随机抽取 100 名退休老人调查，经计算平均参加公共事务时间为 8.5 小时。试以 0.01 的显著性水平加以检验。

解：根据题意建立假设为：

$H_0: \mu = 8$ $H_1: \mu \neq 8$

本例中，总体分布未知，但方差已知，且 $n = 100$ 为大样本，故选择 Z 作为检验统计量。

已知：$\bar{x} = 8.5$，$\mu_0 = 8$，$\sigma = 2$，$n = 100$，则：

$$Z = \frac{\bar{x} - \mu_0}{\sigma / \sqrt{n}} = \frac{8.5 - 8}{2 / \sqrt{100}} = 2.5$$

$\alpha = 0.01$，查表可知 Z 的临界值 $Z_{\alpha/2} = 2.58$

$\therefore |Z| = 2.5 < Z_{\alpha/2} = 2.58$

$\therefore$ 接受原假设 H_0，即该社区退休老人参加公共事务时间较往年没有显著变化。

二、两个总体均值之差的检验

从两个被研究的总体中，各随机抽取一个样本，如果这两个样本平均数之间存在差异，是否能说明它们的总体平均数之间也存在着差异。这需要用假设检验的方法进行研究。如果两个样本容量均超过 30，可采用 Z 检验统计量。计算公式为：

$$Z = \frac{(\bar{x}_1 - \bar{x}_2) - (\mu_1 - \mu_2)}{\sqrt{\dfrac{\sigma_1^2}{n_1} + \dfrac{\sigma_2^2}{n_2}}}$$

式中：$\bar{x}_1$、$\bar{x}_2$——分别为从两个总体抽取的样本的均值；

　　μ_1、μ_2——分别为假设的两个总体的均值；

　　σ_1^2、σ_2^2——分别为两个总体的方差；

　　n_1、n_2——分别为从两个总体中抽取的样本容量。

如果 σ_1^2、σ_2^2 未知，可用 s_1^2、s_2^2 代替。

例：研究城乡家庭平均人口的差异。随机抽取农村家庭 110 户，城市家庭 100 户。经计算，农村家庭平均人口 3.9 人，标准差 0.8 人；城市家庭平均人口 3.4 人，标准差 0.5 人。现以 0.01 的显著性水平检验，试问城乡家庭平均人口是否有显著差异？

解：根据题意建立假设为：

H_0：$\mu_1 = \mu_2$　（或 $\mu_1 - \mu_2 = 0$）

H_1：$\mu_1 \neq \mu_2$　（或 $\mu_1 - \mu_2 \neq 0$）

已知：$n_1 = 110$、$n_2 = 100$，$\bar{x}_1 = 3.9$、$\bar{x}_2 = 3.4$，$s_1 = 0.8$、$s_2 = 0.5$。将其代入计算公式，得：

$$Z = \frac{(\bar{x}_1 - \bar{x}_2) - (\mu_1 - \mu_2)}{\sqrt{\dfrac{\sigma_1^2}{n_1} + \dfrac{\sigma_2^2}{n_2}}} = \frac{(3.9 - 3.4) - 0}{\sqrt{\dfrac{0.8^2}{110} + \dfrac{0.5^2}{100}}} = 5.56$$

$\alpha = 0.01$，查表得 Z 的临界值 $Z_{\alpha/2} = 2.58$

$\because$ $|Z| = 5.56 > Z_{\alpha/2} = 2.58$

$\therefore$ 否定原假设 H_0，接受备择假设 H_1，即在 0.01 的显著性水平上，城乡家庭平均人口存在显著差异。

三、一个总体比例的检验

在大样本条件下，一般 $np > 5$，$n(1-P) > 5$，根据中心极限定理所选择的检验统计量为：

$$Z = \frac{p - P_0}{\sqrt{\dfrac{P_0(1-P_0)}{n}}}$$

式中：p——样本比例；P_0——假设的总体比例；n——样本容量。

例：某地区 2011 年进行晚婚调查，随机抽取初婚女子 100人，测得其中 58 人为晚婚。以往情况表明，晚婚妇女初婚率为 35%，试以 0.05 的显著水平检验 2011 年晚婚率与往年相比是否有所提高。

解：根据题意建立假设为：

$H_0 : P \leqslant 35\%$　　　$H_1 : P > 35\%$

已知：$P_0 = 35\%$，$p = 58/100 = 58\%$，则：

$$Z = \frac{p - P_0}{\sqrt{\dfrac{P_0(1-P_0)}{n}}} = \frac{0.58 - 0.35}{\sqrt{\dfrac{0.35(1-0.35)}{100}}} = 4.82$$

$\alpha = 0.05$，查表得 Z 的临界值 $Z_\alpha = 1.65$

$\because \ |Z| = 4.82 > Z_\alpha = 1.65$

$\therefore$ 否定原假设 H_0，接受备择假设 H_1，即在 0.05 的显著性水平上，该地区妇女 2011 年晚婚率与往年相比有所提高。

四、两个总体比例之差的检验

由于计算比例的样本都应是大样本，因此，两个总体比例之差的检验可选择 Z 检验统计量。

$$Z = \frac{(p_1 - p_2) - (P_1 - P_2)}{\sqrt{\dfrac{p_1(1 - p_1)}{n_1} + \dfrac{p_2(1 - p_2)}{n_2}}}$$

例：新的婚姻登记办法取消了婚前婚检这一必备条件，为了解城乡青年结婚是否会要求婚检。于是在城市青年中随机抽取200人，在农村青年中随机抽取160人，了解到城市青年明确表示结婚会进行婚检的占78%，农村青年明确表示结婚要进行婚检的为66%，现以0.001的显著性水平检验该地区城乡青年对待婚检的态度是否存在显著差异。

解：根据题意建立假设为：

$H_0 : P_1 \leqslant P_2$　　（或 $P_1 - P_2 \leqslant 0$）

$H_1 : P_1 > P_2$　　（或 $P_1 - P_2 > 0$）

已知：$n_1 = 200$、$n_2 = 160$，$p_1 = 78\%$、$p_2 = 66\%$，则：

$$Z = \frac{(p_1 - p_2) - (P_1 - P_2)}{\sqrt{\dfrac{p_1(1 - p_1)}{n_1} + \dfrac{p_2(1 - p_2)}{n_2}}}$$

$$= \frac{(0.78 - 0.66) - 0}{\sqrt{\dfrac{0.78(1 - 0.78)}{200} + \dfrac{0.66(1 - 0.66)}{160}}} = 2.53$$

$\alpha = 0.001$，查表得 Z 的临界值 $Z_\alpha = 3.09$

$\because |Z| = 2.53 < Z_\alpha = 3.09$

$\therefore$ 不能否定原假设 H_0，即在0.001的显著性水平上，该地区城乡青年对待婚检的态度不存在显著差异。

第三节　t 检验法

t 检验用于服从 t 分布的统计值检验正态总体平均值的方法，它是统计学中假设检验的另一方式。在社会统计中，t 检验一般适用于小样本情况,而且主要用于总体平均数的检验。

一、一个总体均值的检验

在总体平均数分布为正态分布时,若 $n < 30$,则一个总体均值的检验,应选择 t 检验法。检验统计量的计算公式为:

$$t = \frac{\bar{x} - \mu_0}{\sigma / \sqrt{n-1}}$$

标准差 σ 未知,用 s 替代。

例:某康复医院往年前来就诊的康复患者平均候诊时间为30分钟,为了解现在患者候诊时间与往年相比是否发生了显著变化,康复医院随机抽取了26人进行调查,经计算,平均候诊时间为33分钟,样本标准差10分钟,试以 0.05 的显著性水平检验该康复医院当年与往年相比患者就诊时间是否发生了显著变化。

解:根据题意建立假设为:

$H_0: \mu = 30$ $H_1: \mu \neq 30$

已知:$\bar{x} = 33$,$\mu_0 = 30$,$s = 10$,$n = 26$,则:

$$t = \frac{\bar{x} - \mu_0}{\sigma / \sqrt{n-1}} = \frac{33 - 30}{10 / \sqrt{26-1}} = 1.5$$

$\alpha = 0.05$,$df = 26 - 1 = 25$,查 t 分布表可知 t 的临界值 $t_{\alpha/2(n-1)} = 2.06$

$\because \ |t| = 1.5 < t_{\alpha/2(n-1)} = 2.06$

$\therefore$ 接受原假设 H_0,即在 0.05 显著性水平上,该康复医院患者平均就诊时间与往年相比没有显著变化。

二、两个总体均值之差的检验

与对一个总体小样本检验一样,本节对两个总体小样本检验,也只讨论总体满足正态分布的情况。检验用的计算公式为:

$$t = \frac{(\bar{x}_1 - \bar{x}_2) - (\mu_1 - \mu_2)}{\sqrt{\dfrac{\sigma_1^2}{n_1 - 1} + \dfrac{\sigma_2^2}{n_2 - 1}}}$$

例：调查了解妇女婚龄的长短对其婚后生活态度是否产生显著差异。现从某地对婚后生活感到满意的妇女中随机抽取 17 人，计算出平均婚龄 5 年，标准差 2 年；从对婚后生活感到不满意的妇女中随机抽取 13 人，测得平均婚龄 8 年，标准差 3 年。试问在 0.05 的显著性水平上，对婚后生活感到满意与不满意的妇女是否存在显著差异。

解：根据题意建立假设为：

$H_0: \mu_1 = \mu_2$　（或 $\mu_1 - \mu_2 = 0$）

$H_1: \mu_1 \neq \mu_2$　（或 $\mu_1 - \mu_2 \neq 0$）

已知：$n_1 = 17$、$n_2 = 13$、$\bar{x}_1 = 5$、$\bar{x}_2 = 8$、$s_1 = 2$、$s_2 = 3$，则：

$$t = \frac{(\bar{x}_1 - \bar{x}_2) - (\mu_1 - \mu_2)}{\sqrt{\dfrac{\sigma_1^2}{n_1 - 1} + \dfrac{\sigma_2^2}{n_2 - 1}}} = \frac{(5 - 8) - 0}{\sqrt{\dfrac{2^2}{17 - 1} + \dfrac{3^2}{13 - 1}}} = -3$$

当 $\alpha = 0.05$，$df = n_1 + n_2 - 2 = 17 + 13 - 2 = 28$，查 t 分布表可知，t 的临界值 $t_{\alpha/2(n_1 + n_2 - 2)} = 2.048$

$\because |t| = 3 > t_{\alpha/2(n_1 + n_2 - 2)} = 2.048$

$\therefore$ 否定原假设 H_0，接受备择假设 H_1，即在 0.05 显著性水平上，婚龄的长短对妇女婚后生活的态度是有影响的。

第四节　使用 Excel 软件进行统计假设检验

一、利用 Excel 进行 Z 检验

根据本章第二节"一个总体比例的检验"的例题（第 210 页），利用 Excel 进行 Z 检验。操作步骤如下：

（1）建立研究假设：$H_0: P \leqslant 35\%$ $H_1: P > 35\%$

（2）在空白工作簿中编制一张用于假设检验的工作表。在其中填写有关数据：在表格的"待检验总体晚婚比例（P_0）"栏填写0.35，在"样本晚婚比例"填写0.58，在"样本数（n）"填写样本数量100，在"α"栏填写显著性水平0.05。

（3）在表格的"Z值统计量"栏填上计算公式"＝（B2－B1）/SQRT((B1＊(1－B1))/B3)"，计算出Z值统计量。

（4）使用函数 NORMSINV 计算 Z 值。方法为：使用函数向导打开 NORMSINV 函数，在"Probability"栏输入"B4"，即α，按"确定"按钮，得到 Z 值。操作完成，计算结果如图8－3所示。

	A	B	C	D
1	待检验晚婚比例（P_0）	0.35		
2	样本晚婚比例（P）	0.58		
3	样本数（n）	100		
4	α	0.05		
5	Z统计量	4.82		
6	Zα	1.65		

图8－3　利用 Excel 进行 Z 检验结果示意图

（5）作出检验判断：因为$| Z | = 4.82 > Z_\alpha = 1.65$，所以否定原假设$H_0$，接受备择假设$H_1$，即在0.05的显著性水平上，该地区妇女2011年晚婚率与往年相比有所提高。

二、利用 Excel 进行 t 检验

比较教师和医生每月用于休闲时间情况，在两群体各随机抽取9人，获得相关数据（小时）。假设水平休闲时间服从正态分布，试在显著性水平$\alpha = 0.05$下，判断教师与医生休闲时间有无显著差异。

操作步骤如下：

（1）根据题意建立研究假设。

$H_0: \mu_1 = \mu_2$（或$\mu_1 - \mu_2 = 0$）

$H_1: \mu_1 \neq \mu_2$ (或 $\mu_1 - \mu_2 \neq 0$)

（2）打开工作表，将抽样资料填入其中。如图 8 − 5 中的 A、B、C 三列的第 1 ~ 10 所示（此时 E、F、G 三列的第 1 ~ 14 行还是空白）。

（3）选择菜单栏中的"工具"→"数据分析"→"t − 检验：双样本等方差假设"，按"确定"后弹出"t − 检验：双样本等方差假设"界面。

（4）在打开的界面中输入有关参数。在"变量 1 的区域（1）"栏中输入"$ \$ B \$ 1 : \$ B \$ 10$"，在"变量 2 的区域（2）"栏中输入"$ \$ C \$ 1 : \$ C \$ 10$"，在"假设平均差（E）"栏中输入"0"（因 $\mu_1 - \mu_2 = 0$），勾选"标志"框，在"α（A）："栏中输入"0.05"，在"输出选项"的"输出区域"栏中输入"$ \$ E \$ 1$"，用以存放计算结果。填写好的界面如图 8 −4 所示。

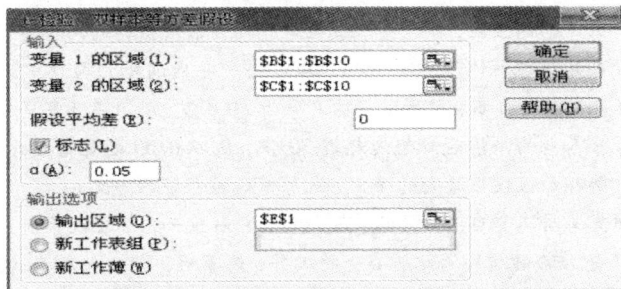

图 8 − 4　t − 检验：双样本等方差假设界面

（5）按"确定"按钮，完成操作。计算结果如图 8 − 5 中左边 E、F、G 三列所示。

（6）根据计算结果作出检验判断。因为 $t = 1.723689 <$ 双尾临界值 $= 2.119905$，所以，接受 H_0，否定 H_1。

	A	B	C	D	E	F	G
1	个案	教师休闲时间	医生休闲时间		t-检验:双样本等方差假设		
2	1	82	71				
3	2	80	70			教师休闲时间	医生休闲时间
4	3	84	64		平均	77.66667	71.44444
5	4	92	81		方差	72	45.27778
6	5	67	63		观测值	9	9
7	6	80	75		合并方差	58.63889	
8	7	68	68		假设平均差	0	
9	8	78	82		df	16	
10	9	68	69		t Stat	1.723689	
11					P(T<=t)单尾	0.052014	
12					t 单尾临界	1.745884	
13					P(T<=t)双尾	0.104029	
14					t 双尾临界	2.119905	

图 8-5   使用 Excel 进行 t 检验计算结果示意图

思考练习

1. 什么是假设检验? 假设检验与区间估计有什么区别?

2. 什么是原假设? 什么是备择假设? 什么是显著性水平? 什么是否定域?

3. 什么是单侧检验,什么是双侧检验? 简述假设检验的两种错误。

4. 设某地区根据人口统计资料,在过去一年内的死亡人口中,随机抽取 100 名死亡者为样本,经测定平均寿命为 71.8 岁,标准差为 8.9 岁,这是否说明现在人口的平均寿命仍能超过 70 岁,试以 0.05 的显著性水平加以检验。并解释原假设被接受的含义,或原假设被拒绝的含义。

5. 研究某居委会自治改革后,居民的满意程度如何。在改革前,该居委会居民只有 51% 的居民满意居委会的工作,改革后,经抽取 80 人调查,其中有 63 人表示满意,现要求以 0.01 的显著性水平检验,问改革后是否有更多的居民满意居委会的工作?

6. 研究甲乙两福利企业职工平均工资的差别情况。在甲乙两企业分别抽取 32 人和 18 人,它们的平均工资分别为 2400 元和 2280 元,标准差分别为 120 元和 100 元,若选择 0.05 的显著性水平检验,试问两企业职工平均工资是否存在显著差别?

7. 有资料表明,美国 1995 年人平年收入为 19780 美元。在日本随机抽取 120 人,其平均收入为 20980 美元,标准差为 5800 美元,现规定显著性水平为 0.01,试检验日本 1995 年人均收入是否超过了美国的平均收入。

8. 设某市在研究育龄妇女对计划生育的态度时，分别在城区和郊区各抽取 100 人为样本，经测定，城区妇女赞成生育一胎的占 87%，郊区妇女赞成生育一胎的占 51%，现以 0.001 的显著性水平检验，试问该市全体育龄妇女对生育一胎的态度是否存在显著差异？

9. 研究某单位实行浮动工资制以后，使原先稳定的平均工资(3700 元)发生变化的情况。现随机抽取 17 名职工，经测定，其平均工资为 4400 元，标准差 180 元，若规定显著性水平为 0.01，试问采取浮动工资制前后该单位职工的平均工资是否存在显著差异？

10. 设某地政府部门对其所属公务员家务劳动所占用的时间进行了一次抽样调查。经测定，在被抽查的 10 名女性公务员中，每周家务劳动平均占用时间为 23 小时，标准差 4 小时，在 16 名男性公务员中，每周平均家务劳动时间为 12 小时，标准差 2 小时，现以 0.05 的显著性水平检验该地公务员家务劳动平均占用时间的差异情况。

案例分析

案例[8－1]　外来务工人员住房月租金有关数据

某地外来务工人员住房月租金抽样调查数据如"案例[7－2]"列表所示，其上一年度总体人均月租金为 405 元，另一地区外来务工人员抽样估计人均住房月租金为 388 元，标准差 62 元，样本单位数 36 人。

分析与讨论

1. 该地外来务工人员当年人均住房月租金是否高于上一年度人均月租金？规定显著性水平为 0.05。

2. 该地外来务工人员人均月租金与另一地区外来务工人员人均月租金是否有显著差异？

3. 有人认为"该地当年全部外来务工人员人均月租金 400 元以上者所占比重超过 35%"若根据案例中抽样调查数据检验，在显著性水平为 0.05 下，是否支持此一观点。

4. 案例[7－2]的抽样估计结果与案例[8－1]的假设检验结果存在什么样的联系？

案例[8-2]　农民工就业状况抽样调查的统计分析

2012年某地人力资源与社会保障部门拟进行一次农民工就业状况的抽样调查,调查内容包括性别、年龄、学历、是否在业、在何种类型的单位就业、月工资收入、社会保障情况等。在待推断的多项总体指标中,最关注的是收入情况。2011年该地农民工就业情况抽样调查资料表明,该地农民工月收入的总体标准差为560元,月收入在3000元以上的比例为15%。现规定此次抽样调查,采用简单随机抽样,在95%的置信度下,推断农民工的月人均工资收入允许误差不超过100元,月工资收入在3000元以上的比例的允许误差不超过4%。在这一要求下,进行了资料收集,作出了有关统计分析。

分析与讨论

1.本次抽样调查,根据研究要求,应抽取多少个农民工进行调查?

2.如果可以获得该地农民工的整体名册,运用什么抽样方法如何将样本抽取出来?

3.样本抽取出来之后,适合采用什么调查方法收集样本个案的资料?

4.进行抽样推断之前,是否应先进行描述统计?需作哪些统计分组?计算哪些指标?

5.检验农民工月人均收入是否超过1800元,应采用何种检验法?检验统计量是什么?

6.检验新生代农民工(80后农民工)与老一代农民工的月人均收入是否存在显著差异,应采用何种检验法?检验统计量是什么?检验男女农民工收入差异呢?

7.检验农民工月收入在3000元以上的比例是否超过15%,应采用何种检验法?检验统计量什么?

8.根据案例提供的资料,可作哪些抽样估计?

9.根据案例提供的资料,还可进行哪些统计检验?

第九章　时间数列

社会统计不仅要运用前述综合指标从静态上分析社会现象的规模、一般水平、结构和比例关系，而且要从动态上分析研究社会现象的发展变化及其规律性，诸如经济波动、贫困人口变动、人均收入变化、人口增长与迁移等。社会统计进行动态分析的依据就是时间数列。

第一节　时间数列的基本问题

一、时间数列的构成要素

时间数列是将某种现象在时间上发展变化的一系列同类统计指标，按时间先后顺序排列所形成的数列。时间数列又称动态数列。表9－1就是一个有关中国收养性服务机构的时间数列。

从表9－1可知，时间数列一般由两个基本要素构成：一个是资料所属的时间；另一个是各时间上的统计指标数值。时间数列在社会统计分析中具有重要的作用。它可以描述社会现象发展变化的过程、方向和结果；分析社会现象的发展速度、发展趋势；探索社会现象发展变化的规律，并据以进行统计预测；利用不同数列进行对比分析或相关分析，以揭示现象之间的联系程度，分析其相互间发展变化的协调性。

表 9 - 1   中国 1978—2010 年收养性服务机构床位统计

年份	床位数(万张)	每千人口床位数(张)
1978	16.3	0.17
1995	97.6	0.81
2000	113.0	0.89
2005	172.1	1.32
2006	193.3	1.47
2007	257.3	1.95
2008	286.1	2.15
2009	326.5	2.45
2010	349.6	2.61

资料来源:民政部网站:《民政部发布 2010 年社会服务发展统计报告》。

二、时间数列的基本类型

时间数列按其排列的统计指标种类不同,可分为绝对指标时间数列、相对指标时间数列和平均指标时间数列。其中,绝对指标时间数列是基本数列,相对指标时间数列和平均指标时间数列是派生数列。

(一)绝对指标时间数列

绝对指标时间数列是按时间顺序将一系列绝对指标排列起来所形成的数列。表 9 - 1 中我国 1978~2010 年各年床位数时间数列就是绝对指标时间数列。绝对指标时间数列可以反映社会现象的绝对水平或规律的发展变化状况。按照绝对指标所反映的社会现象所属的时间不同,绝对指标时间数列又可分为时期数列和时点数列。

1. 时期数列

时期数列是由反映某种现象在一段时期内发展过程的总量的一系列统计指标所形成的时间数列。表 9 - 2 是一个时期数列。

表9-2 某社会福利企业2012年上半年工业产值

时 间	1月	2月	3月	4月	5月	6月
工业产值(万元)	131	126	144	152	149	167

时期数列的主要特点有:(1)时期数列中的各个指标可以相加。各个指标相加具有一定的社会经济意义,反映现象在更长一段时期发展过程的总量。(2)时期数列中各个指标数值大小与时间长短有直接关系。一般来说,指标所属时间越长,指标值越大;反之,越小。(3)时期数列中的各个指标通常是连续登记取得的。

2.时点数列

时点数列是由反映某种现象在某一时点上的总量的一系列统计指标所形成的时间数列。表9-1各年床位数时间数列是时点数列。时点数列具有以下特点:(1)时点数列中的各个指标不能相加。相加不具有实际的社会经济意义。(2)时点数列中各个指标数值大小与时间间隔长短没有直接关系。(3)时点数列中的各个指标通常是通过一定时期登记一次而取得的。

(二)相对指标时间数列

相对指标时间数列是把不同时期的相对指标按时间顺序排列起来所形成的数列。它反映被研究现象数量对比关系的发展变化过程。表9-1中每千人口床位数是相对指标时间数列。它的各个指标数值不具有可加性,相加结果没有实际意义。

(三)平均指标时间数列

平均指标时间数列是把不同时期的平均指标按时间顺序排列起来所形成的数列。它反映社会现象一般水平的发展变化过程和发展趋势。表9-3便是平均指标时间数列。它的各个指标数值同样不具有可加性,相加结果无实际意义。

表 9 - 3　某地 2006—2011 年离退休金资料

年　份	2006	2007	2008	2009	2010	2011
人均离退休金	1653	1906	2112	2489	2947	3235

三、时间数列的编制原则

编制时间数列的目的，是为了研究社会现象发展变化过程及其发展趋势或规律性，因此，保证时间数列中各项指标的可比性，是编制时间数列应遵守的基本原则。可比性原则具体体现在以下几方面：

1. 各个指标所属时间长短应前后一致

在时期数列中，由于各个指标数值的大小与时期长短有直接关系，时期越长，数值越大，因此，各个指标所属时期的长短应保持前后一致，以利对比。但有时为了某种特定的研究目的，研究某些特殊问题时，也可将时期数值不等的指标数值编制成时间数列。如表 9 - 4 资料所示。

表 9 - 4　我国各时期钢产量统计

时期/年	1900—1949	1953—1957	1981—1985	1991—1995	1996—2000
钢产量/万吨	776	1 667	20 304	42 708	57 853

从表 9 - 4 中可看出，旧中国半个世纪钢产量仅 776 万吨，而新中国第一个五年计划时期钢产量就达 1667 万吨，是旧中国 50 年总和的 2.15 倍，1996—2000 年"九五"时期钢产量是新中国成立之初"一五"时期的 34.7 倍，是旧中国 50 年钢产量的 74.55 倍，是改革开放之初"六五"时期的 2.85 倍。时间长短虽不一，但更能说明新中国成立后，特别是改革开放后，随着社会主义市场经济的发展，我国钢铁工业取得的巨大成就。

时点数列中，各指标数值大小与时间间隔长短一般没有直接关系，所以各指标数值之间的时间间隔可以相等，也可以不等。

但为了更有利对比，时间间隔最好能保持一致，因为时点指标并非与时间长短毫无关系，若时间间隔相等，则能更明显地反映现象发展变化的状态，更便于观察现象发展变化的规律性。

2. 各个指标所反映现象的总体范围应一致

时间数列中各指标数值的总体范围，是指统计指标包括的空间范围、隶属范围、分组范围。随着时间的变迁，所研究的总体可能在总体范围上有所变动，如此，则变动前后指标的计算范围不同，指标值便不具有可比性。例如研究某县人口发展变化情况，若在所确定的研究期内该县的行政区划发生变动，人口数也会随之发生变化，这样的资料前后期就不可比，这时，应进行必要的调整，使得前后总体范围一致。

3. 各个指标的社会经济内容应一致

时间数列中，各个指标的内容应前后一致。若把性质、内容不同的指标混在一起编制时间数列，并据此对比分析，就会得出错误结论。社会统计实践中，随着社会经济条件的变化，即使是同一名称的指标，社会经济内容也会发生变化，这时，在编制时间数列时，要进行调整，以保证其可比性。

4. 各个指标的计算方法应一致

指标的计算方法，通常也叫指标的计算口径，有的指标名称是一个，但其计算口径因研究目的不同却有多个。如劳动生产率，有按全部职工计算的，也有按生产工人计算的，还有按劳动者的生产成果与相应的劳动消耗量对比计算的。显然，指标的计算方法要统一，各个指标之间才具有可比性。

5. 各个指标的价格和计量单位应一致

社会统计分析，对于价值量指标，可以采用不同的价格计量，如按不变价格和现行价格两种价格来计算；实物量指标也有不同的计量单位。因此，同一时间数列中，各个指标的价格和计量单位应一致。

第二节　时间数列分析的水平指标

一、发展水平

发展水平指的是时间数列中的每一个具体指标数值。它反映社会现象在某一时期或某一时点上的规模或水平，是计算其他动态分析指标的基础。发展水平既可以是总量指标，也可以是相对指标或平均指标。发展水平通常用符号 a 表示。一个时间数列则用 a_0，a_1，a_2，$\cdots$，a_n 表示。不同的发展水平在时间数列中所处的位置各不相同，常将 a_0 称为最初水平，a_n 称为最末水平，a_1，a_2，$\cdots$，称为中间水平。如将两个时期指标数值进行对比，分子指标称为报告期水平，分母指标称为基期水平。随着研究目的的改变，分子、分母也会随之改变，也就是说，现在的报告期水平可以是将来的基期水平，这个时间数列的最末水平可以是另一个时间数列的最初水平。

二、平均发展水平

平均发展水平是各个时期发展水平的平均值。又称序时平均数或动态平均数。它表明社会现象在一段时期内发展的一般水平。序时平均数与一般平均数(静态平均数)有共同之处，都是将现象的数量差异抽象化，用来概括地说明社会现象的一般状况。但两者也有所区别，主要表现在以下几方面：第一，序时平均数所平均的是研究现象在不同时期或不同时点上的数量差异；而一般平均数平均的是社会现象在同一时间上的数量差异。第二，序时平均数是将不同时期的指标数值总和与时间项数进行对比；一般平均数则是同一时期内标志总量与总体总量对比的结果。第三，序时平均数是从动态上说明现象的一般水平，计算依据是时间数列；一般平均数是从静态上说明现象的一般水平，计算依据是变量数列。时间数列由于有着不同的种类，因而，序时平均数的计算方法也就有所不同。

（一）绝对指标时间数列计算序时平均数

由于绝对指标时间数列又可分为时期数列和时点数列，它们的性质各不相同，因而计算序时平均数的方法也有所不同。

1. 时期数列计算序时平均数

由于时期数列中的各指标值具有可加性，因而序时平均数的计算可采用简单算术平均法。计算公式为：

$$\bar{a} = \frac{a_1 + a_2 + a_3 + \cdots + a_n}{n} = \frac{\sum a}{n}$$

式中：$\bar{a}$——序时平均数；a_1，a_2，$a_3 \cdots$，a_n——各期发展水平；

n——时期数列项数。

例：某地区职工退休金资料如表 9 - 5 所示，求序时平均数。

表 9 - 5　某地区职工 2007—2011 年退休金统计

年　　份	2007 年	2008 年	2009 年	2010 年	2011 年
退休金（万元）	7543	8592	9826	11094	13678

该地区平均每年发放的职工退休金为：

$$\bar{a} = \frac{\sum a}{n} = \frac{7543 + 8592 + 9826 + 11094 + 13678}{5}$$

$$= 10146.6（万元）$$

2. 时点数列计算序时平均数

时点数列有连续时点数列和间断时点数列之分。因此，时点数列的资料不同，计算序时平均数的方法也会不同。

（1）连续时点数列

统计分析中，一般是将一天看做是一个时点，以"天"作为最小的时间单位，如果资料是逐日登记排列而形成的数列，视为连续时点数列。连续时点数列计算序时平均数，根据所掌握的资料不同，又分为如下两种情况。

①资料逐日登记且逐日排列

这种情况采用简单算术平均数计算。计算公式为：

$$\bar{a} = \frac{\sum a}{n}$$

式中：a——各时点指标值；n——时点项数，即天数。

例：某强制戒毒所某星期登记的强制戒毒人数资料如表9－6所示，求日均强制戒毒人数。

表9－6　某强制戒毒所强制戒毒人数统计　　　单位：人

星　　期	星期一	星期二	星期三	星期四	星期五
强制戒毒人数	113	118	116	120	123

该戒毒所本周星期一至星期五平均每天强制戒毒人数为：

$$\bar{a} = \frac{\sum a}{n} = \frac{113 + 118 + 116 + 120 + 123}{5} = 118（人／日）$$

②资料不是逐日登记，只在数值发生变动时才登记

这种情况采用加权算术平均数计算。计算公式为：

$$\bar{a} = \frac{\sum af}{\sum f}$$

式中：a——各时点指标值；f——各时点指标值的持续天数。

例：某老年公寓1月份对入住老人人数记录资料如表9－7所示，求1月份平均每天入住老人人数。

表9－7　某老年公寓入住老年人人数统计　　　单位：人

日　　期	1日	10日	15日	20日
入住公寓老人数	250	280	300	320

该老年公寓1月份入住老人人数平均每天为：

$$\bar{a} = \frac{\sum af}{\sum f} = \frac{250 \times 9 + 280 \times 5 + 300 \times 5 + 320 \times 12}{9 + 5 + 5 + 12}$$

$$= 290(人／天)$$

（2）间断时点数列

实际工作中，时点现象大都是间隔一段时间登记一次，只是间隔有相等和不等之分，因此，计算序时平均数便也分为两种情况。

① 间隔相等的期末或期初资料

间隔相等的时点数列计算序时平均数，可将首末两项指标值的二分之一，加中间各项指标值，再除以项数减1。计算公式为：

$$\bar{a} = \frac{\frac{1}{2}a_1 + a_2 + a_3 + \cdots + \frac{1}{2}a_n}{n - 1}$$

例：某市 2011 年四个季度末的社会福利机构数如表 9 - 8 所示，求该市 2011 年平均每个季度的社会福利机构数。

表 9 - 8　某市 2011 年社会福利机构数统计　　单位：个

时　　间	1 月 1 日	3 月 31 日	6 月 30 日	9 月 30 日	12 月 31 日
社会福利机构数	168	172	179	182	190

解：该市 2011 年平均每季度社会福利机构数为：

$$\bar{a} = \frac{\frac{1}{2}a_1 + a_2 + a_3 + \cdots + \frac{1}{2}a_n}{n - 1}$$

$$= \frac{\frac{168}{2} + 172 + 179 + 182 + \frac{190}{2}}{5 - 1} = 178(个)$$

间隔相等的间断时点数列计算序时平均数的解题思路是，假定相邻的两个时点间的数值变动是均匀的，然后求出各时间间隔内的平均数，再对这些平均数进行简单算术平均。

② 间隔不等的期末或期初资料

间隔不等的间断时点数列计算序时平均数的解题思路，也是假定相邻的两个时点间的数值是均匀变动的，然后求出各时间间隔内的平均数，这时要以时间间隔长度作为权数对其加权。用 f 表示时间间隔，其计算公式为：

$$\bar{a} = \frac{\cdot\dfrac{a_1 + a_2}{2}f_1 + \dfrac{a_2 + a_3}{2}f_2 + \cdots + \dfrac{a_{n-1} + a_n}{2}f_{n-1}}{\sum f}$$

例：某县 2011 年人口资料如表 9 – 9 所示，求该县当年年平均人口数。

表 9 – 9　某县 2011 年人口统计　　　　　单位：万人

时　　间	1 月 1 日	3 月 1 日	6 月 1 日	10 月 1 日	12 月 31 日
人口数	88	90	93	98	100

解：该县 2011 年年平均人口数为：

$$\bar{a} = \frac{\dfrac{a_1 + a_2}{2}f_1 + \dfrac{a_2 + a_3}{2}f_2 + \cdots + \dfrac{a_{n-1} + a_n}{2}f_{n-1}}{\sum f}$$

$$= \frac{\dfrac{88 + 90}{2} \times 2 + \dfrac{90 + 93}{2} \times 3 + \dfrac{93 + 98}{2} \times 4 + \dfrac{98 + 100}{2} \times 3}{12}$$

$= 94.29(万人)$

（二）相对指标时间数列计算序时平均数

相对指标共有六种，其中五种属静态相对数，一种属动态相对数。由动态相对指标构成的相对指标时间数列求其序时平均数时，应采用几何平均法或高次方程法，有关内容将在后面介绍。这里介绍其他五种静态相对指标组成的相对指标时间数列序时平均数的计算原则与方法。

相对指标时间数列是绝对指标时间数列的派生数列，数列中各指标值不具备可加性，因此，不能由相对指标时间数列直接计算序时平均数。由于相对指标是两个绝对指标经过对比计算出来的，因此，相对指标时间数列计算序时平均数的基本原则是：先计算组成相对指标时间数列的两个绝对指标时间数列的序时平均数，而后进行对比。计算公式为：

$$\bar{c} = \frac{\bar{a}}{\bar{b}}$$

式中：$\bar{c}$——相对指标时间数列序时平均数；

　　　$\bar{a}$——分子数列序时平均数；$\bar{b}$——分母数列序时平均数。

具体计算时又有以下几种情况：

1. 两个时期数列对比而成的相对指标时间数列

例：某市 2011 年各季度社会保险基金征收情况如表 9 – 10 所示，试计算该市 2011 年社会保险基金收缴额平均计划完成程度。

表 9 – 10　某市 2011 年各季度社会保险基金收缴计划完成程度

时　　间	第一季度	第二季度	第三季度	第四季度
计划收缴额（万元）	1260	1390	1680	1912
实际收缴额（万元）	1323	1529	2016	2390
计划完成程度（%）	105	110	120	125

该市 2011 年社会保险基金收缴平均计划完成程度为：

$$\bar{c} = \frac{\bar{a}}{\bar{b}} = \frac{\sum a}{n} \div \frac{\sum b}{n} = \frac{\sum a}{\sum b}$$

$$= \frac{1323 + 1529 + 2016 + 2390}{1260 + 1390 + 1680 + 1912} = \frac{7258}{6242} = 116.28\%$$

2. 两个时点数列对比而成的相对指标时间数列

例：某县 2011 年农村贫困人口占全部农村人口比重资料如表 9 – 11 所示，计算该县 2011 年农村贫困人口的平均比重。

表 9 – 11　某县 2011 年农村贫困人口占全部农村人口的比重

时　　间	3 月末	6 月末	9 月末	12 月末
农村贫困人口(万人)	6.19	6.20	6.21	6.22
农村全部人口(万人)	86.00	86.39	86.52	86.98
农村贫困人口比重(%)	7.20	7.18	7.18	7.15

该县 2011 年农村贫困人口占全部农村人口的平均比重为:

$$\bar{c} = \frac{\bar{a}}{\bar{b}} = \frac{\dfrac{\dfrac{a_1}{2} + a_2 + a_3 + \cdots + \dfrac{a_n}{2}}{n - 1}}{\dfrac{\dfrac{b_1}{2} + b_2 + b_3 + \cdots + \dfrac{b_n}{2}}{n - 1}} = \frac{\dfrac{a_1}{2} + a_2 + a_3 + \cdots + \dfrac{a_n}{2}}{\dfrac{b_1}{2} + b_2 + b_3 + \cdots + \dfrac{b_n}{2}}$$

$$= \frac{\dfrac{6.19}{2} + 6.2 + 6.21 + \dfrac{6.22}{2}}{\dfrac{86}{2} + 86.39 + 86.52 + \dfrac{86.98}{2}} = 7.18\%$$

3. 时期数列和时点数列对比而成的相对指标时间数列

这种时间数列与下面要讲述的一般平均数时间数列类似,都是由两个性质不同的绝对数时间数列派生而来,因此,其计算方法可参照下述一般平均数时间数列所举例子计算序时平均数。

(三) 平均指标时间数列计算序时平均数

1. 一般平均数时间数列

与相对指标时间数列一样,一般平均数时间数列中的各个指标数值同样不具有可加性,因而也不能由一般平均数时间数列直接计算序时平均数。由于一般平均数时间数列是由两个总量指标时间数列对比形成的,其中,分子是标志总量数列(a),通常为时期数列,分母是总体单位总量时间数列(b),一般属于时点数列,因此,一般时间数列计算序时平均数,其计算方法类同相对指标时间数列。计算公式为:

$$\bar{c} = \frac{\bar{a}}{b}$$

例：根据表9－12资料，求第一季度月人均消费支出。

表9－12　某地区低收入群体第一季度消费支出资料

时　间	1月	2月	3月	4月
消费支出总额（元）	289784	295146	288640	293760
月初低收入人数（人）	356	342	352	362
人均消费支出（元）	814	863	820	—

该地区低收入群体第一季度平均每月消费支出总额为：

$$\bar{a} = \frac{\sum a}{n} = \frac{289784 + 295146 + 288640}{3} = 291190（元）$$

该地区低收入群体第一季度平均每月人数

$$\bar{b} = \frac{\frac{1}{2}b_1 + b_2 + b_3 + \cdots + \frac{1}{2}b_n}{n-1} = \frac{\frac{356}{2} + 342 + 352 + \frac{362}{2}}{4-1}$$

$$= \frac{1053}{3} = 351（人）$$

则该地区低收入群体第一季度月人均消费支出为：

$$\bar{c} = \frac{\bar{a}}{b} = \frac{291190}{351} = 829.6（元）$$

2. 序时平均数时间数列

由序时平均数组成的平均指标时间数列。由于数列中各个时期间隔有相等与不等之分，因而其计算也有所不同。

（1）时期间隔相等

序时平均数组成的平均指标时间数列，若数列中各个时期的间隔相等，可按简单算术平均法计算。

例：某社区服务中心第四季度流动资金平均占用额资料如表9－13所示，求该中心第四季度月平均流动资金占用额。

表 9 - 13　某社区服务中心第四季度流动资金平均占用额资料

时　　间	10 月	11 月	12 月
流动资金平均占用额(万元)	10	12	8

该社区服务中心第四季度月平均流动资金占用额为:

$$\bar{a} = \frac{\sum a}{n} = \frac{10 + 12 + 8}{3} = 10(万元)$$

(2)时期间隔不等

序时平均数组成的平均指标时间数列,若数列中各个时期的间隔不等,则以时间间隔长度为权数用加权算术平均法计算。

例:某旅游区 2011 年接待游客的月平均人数资料如表 9 - 14 所示,求该旅游区 2011 年平均每月接待游客人数。

表 9 - 14　2011 年某旅游区接待游客月平均人数　　单位:万人次

时　　间	1 月	2 ~ 3 月	4 ~ 8 月	9 ~ 11 月	12 月
月平均游客人次	18	24	41	32	19

该旅游区 2011 年平均每月接待游客人数:

$$\bar{a} = \frac{\sum af}{\sum f} = \frac{18 \times 1 + 24 \times 2 + 41 \times 5 + 32 \times 3 + 19 \times 1}{1 + 2 + 5 + 3 + 1}$$

$$= \frac{386}{12} = 32.17(万人次)$$

三、增长量和平均增长量

(一)增长量

增长量是用来说明社会经济现象在一定时期内所增长的绝对数量,它是两个不同时期发展水平之差。计算公式为:

增长量 = 报告期水平 - 基期水平

因基期不同,增长量可以分为逐期增长量和累计增长量。逐期增长量是报告期水平与前一期水平之差，表明本期比上一期增长的绝对数量；累计增长量是报告期水平与某一固定时期水平之差，表明本期比某一固定时期增长的绝对数量。用符号表示为：

逐期增长量：$a_1 - a_0, a_2 - a_1, \cdots, a_n - a_{n-1}$

累计增长量：$a_1 - a_0, a_2 - a_0, \cdots, a_n - a_0$

逐期增长量与累计增长量之间存在一定的关系，即一定时期内累计增长量等于相应的各逐期增长量之和。用符号表示为：

$$a_n - a_0 = (a_1 - a_0) + (a_2 - a_1) + \cdots + (a_n - a_{n-1})$$

必须指出，增长量是一个时期指标，不论由时期数列或时点数列计算得到的增长量，都是时期指标，因为一段时期内的增长量并非突然增长的。

（二）平均增长量

平均增长量是时间数列中各逐期增长量的序时平均数。它表明社会经济现象在一定时期内平均每期增减的绝对数量。由于增长量是时期指标，所以平均增长量可用简单算术平均法计算。其计算公式为：

$$平均增长量 = \frac{逐期增长量之和}{逐期增长量个数} = \frac{累计增长量}{时间数列项数 - 1}$$

例：已知某市社会福利费用支出额资料，计算逐期增长量和累计增长量，其结果如表 9 - 15 所示，并计算平均增长量。

表 9 - 15　某市社会福利费用支出增长量分析表　　单位：万元

年　份	2006 年	2007 年	2008 年	2009 年	2010 年	2011 年
社会福利费用支出	800	1200	1500	1900	2400	3000
逐期增长量	—	400	300	400	500	600
累计增长量	—	400	700	1100	1600	2200

该市社会福利费用支出年平均增长量

$$\bar{a} = \frac{400 + 300 + 400 + 500 + 600}{5} = \frac{2200}{5} = 440（万元）$$

或　　　$\bar{a} = \dfrac{3000 - 800}{6 - 1} = \dfrac{2200}{5} = 440$(万元)

第三节　时间数列分析的速度指标

一、发展速度和增长速度

(一)发展速度

发展速度是两个不同时期发展水平的比值。它是表明现象的发展变化程度的动态相对指标。通常用百分数或倍数表示。计算公式为：

发展速度 = 报告期水平/基期水平

根据对比的基期不同，发展速度可以分为定基发展速度和环比发展速度。定基发展速度是各报告期水平与某一固定基期水平之比，说明现象在较长一段时期内总的发展速度，故又称总速度。环比发展速度是各报告期水平与前一期水平之比，说明现象逐期发展程度。用符号表示如下：

定基发展速度：$\dfrac{a_1}{a_0}, \dfrac{a_2}{a_0}, \dfrac{a_3}{a_0}, \cdots, \dfrac{a_n}{a_0}$

环比发展速度：$\dfrac{a_1}{a_0}, \dfrac{a_2}{a_1}, \dfrac{a_3}{a_2}, \cdots, \dfrac{a_n}{a_{n-1}}$

环比发展速度与定期发展速度在计算上存在着换算关系：

(1)各环比发展速度的连乘积等于相应时期总的定基发展速度，即：

$$\frac{a_1}{a_0} \times \frac{a_2}{a_1} \times \frac{a_3}{a_2} \times \cdots \times \frac{a_n}{a_{n-1}} = \frac{a_n}{a_0}$$

(2)两个相邻的定基发展速度之比等于相应的环比发展速度，即：

$$\frac{a_n}{a_0} \div \frac{a_{n-1}}{a_0} = \frac{a_n}{a_{n-1}}$$

（二）增长速度

增长速度是增长量与基期水平的比值。它是表明现象增长程度的相对指标。其计算公式为：

$$增长速度 = \frac{增长量}{基期水平} = \frac{报告期水平 - 基期水平}{基期水平}$$

$$= 发展速度 - 1（或 100\%）$$

与发展速度相对应，增长速度也有定基与环比两种。其计算公式如下：

$$定基增长速度 = \frac{a_n - a_0}{a_0} = \frac{a_n}{a_0} - 1（或 100\%）$$

$$= 定基发展速度 - 1（或 100\%）$$

$$环比增长速度 = \frac{a_n - a_{n-1}}{a_{n-1}} = \frac{a_n}{a_{n-1}} - 1（或 100\%）$$

$$= 环比发展速度 - 1（或 100\%）$$

必须注意，定基增长速度与环比增长速度之间不存在连乘关系。若要进行两者之间的推算，必须利用发展速度作桥梁，通过加 1 减 1 的换算来解决。

（三）增长 1% 的绝对值

速度指标是相对指标，它抽象了现象的绝对水平。同样是增长 1%，其所代表的绝对量由于对比的基数不同，可能相差较大，也就是说，高速度可能掩盖低水平，低速度可能隐藏着高水平。因此，对现象进行动态分析时，既要看速度，增减的百分比，又要看水平，增减 1 个百分比所包含的绝对量，将速度指标与增长 1% 的绝对值两者结合起来，才能得出正确的结论。增长 1% 的绝对值表明报告期比基期每增长 1% 的速度所包含的增长量。其计算公式为：

$$增长\ 1\% 的绝对值 = \frac{逐期增长量}{环比增长速度 \times 100} = \frac{前期水平}{100}$$

用符号表示为：

$$增长\ 1\% 的绝对值 = \frac{a_n - a_{n-1}}{\dfrac{a_n - a_{n-1}}{a_{n-1}} \times 100} = \frac{a_{n-1}}{100}$$

例：现以某地 2007 ~ 2011 年老年人口资料为例说明速度分析指标的计算，详见表 9 – 16。

表 9 – 16　某地 2007—2011 年老年人口资料

年　份		2007	2008	2009	2010	2011
老年人口数(万人)		59.6	64.10	68.16	74.09	79.21
发展速度(%)	环比	—	107.55	106.33	108.70	106.91
	定基	—	107.55	114.36	124.31	132.90
增长速度(%)	环比	—	7.55	6.33	8.70	6.91
	定基	—	7.55	14.36	24.31	32.90
增长 1% 的绝对值(万人)		—	0.60	0.64	0.68	0.74

二、平均发展速度和平均增长速度

(一)平均发展速度与平均增长速度的概念

平均发展速度是各个时期环比发展速度的序时平均数。它说明现象在一定时期内逐期平均发展变化的程度。平均增长速度是各期环比增长速度的序时平均数。它表明现象在一段时期内逐期平均增长变化的程度。平均增长速度不能根据各期环比增长速度直接计算，而应根据增长速度与发展速度的运算关系，先求平均发展速度，然后将其减 1 或减 100%。二者的数量关系是：

平均增长速度 = 平均发展速度 – 1(100%)

（二）平均发展速度的计算方法

由于现象在一段时期内的总发展速度不等于这段时期内各期环比发展速度之和，而是各期环比发展速度的连乘积，所以计算平均发展速度不能用算术平均法，而要用几何平均法或方程式法。

1. 几何平均法（水平法）

几何平均法的基本思路是：假定现象从最初水平 a_0 出发，每期以平均发展速度 $\bar{x}$ 代替各期环比发展速度 x_1，x_2，x_3，$\cdots$，x_n，则经过 n 期达到最末水平 a_n，即：

$$a_0 \cdot x_1 \cdot x_2 \cdot x_3 \cdot \cdots \cdot x_n = a_n$$

以 $\bar{x}$ 代替各个 x_i 值，则

$$a_0 \cdot \underbrace{\bar{x} \cdot \bar{x} \cdot \bar{x} \cdot \cdots \cdot \bar{x}}_{n} = a_n$$

所以，$a_0 \cdot \bar{x}^n = a_n$，或 $\bar{x}^n = a_n / a_0$，从而得出：

$$\bar{x} = \sqrt[n]{\frac{a_n}{a_0}}$$

式中，a_n / a_0 是定基发展速度，用 R 表示，则上式可写成

$$\bar{x} = \sqrt[n]{R}$$

根据定基发展速度等于相应时期环比发展速度的连乘积，因此有：

$$\bar{x} = \sqrt[n]{\frac{a_1}{a_0} \cdot \frac{a_2}{a_1} \cdots \frac{a_n}{a_{n-1}}} = \sqrt[n]{\frac{a_n}{a_0}}$$

上式也可写为

$$\bar{x} = \sqrt[n]{x_1 \cdot x_2 \cdot \cdots \cdot x_n} = \sqrt[n]{\prod x}$$

式中：x_1，x_2，x_3，$\cdots$，x_n——各期环比发展速度；

n——环比发展速度的个数；$\prod$——连乘符号。

上述四个公式的计算结果是一致的。具体采用哪一个公式，可根据资料确定。

例如，根据表 9 - 16 资料，计算某地老年人口的年平均发展速度。

$$\bar{x} = \sqrt[n]{\frac{a_n}{a_0}} = \sqrt[4]{\frac{79.21}{59.6}} = 107.37\%$$

或　$\bar{x} = \sqrt[n]{\prod x} = \sqrt[4]{107.55\% \times 106.33\% \times 108.7\% \times 106.91\%}$

$$= 107.37\%$$

2. 方程式法(累计法)

这种方法的基本思路是：假定现象从最初水平 a_0 出发，各期按照平均速度 $\bar{x}$ 发展，据此计算的各期理论水平之和与各期实际发展水平之和相等。即：

$$a_0\bar{x} + a_0\bar{x}^2 + \cdots + a_0\bar{x}^n = a_1 + a_2 + \cdots + a_n$$

式中：$a_0\bar{x}$，$a_0\bar{x}^2$，$a_0\bar{x}^n$——分别为第 1、第 2、第 n 期理论水平；

　　　a_1，a_2，a_n——分别为第 1、第 2、第 n 期实际水平。

上式经整理得：

$$a_0(\bar{x} + \bar{x}^2 + \cdots + \bar{x}^n) = \sum a$$

$$\bar{x} + \bar{x}^2 + \bar{x}^3 + \cdots + \bar{x}^n = \frac{\sum a}{a_0}$$

这是一个关于平均发展速度 $\bar{x}$ 的一元高次方程。解这个方程求出的正根，就是要计算的平均发展速度。方程式法由此而得名。

但是解这个高次方程式比较复杂。实际工作中是根据事先编就的"平均增长速度查对表"求解。查表前，先计算 $(\sum a \div a_0)/n$，若结果大于1，表示平均发展速度为递增，可查表的平均递增部分；若结果小于1，表明平均发展速度为递减，应查表中的平均递减部分。

例：根据表 9 - 17 资料，用方程式法计算 2006—2011 年某地区社会福利基础设施建设投资额的平均发展速度。

表 9 – 17　2006—2011 年某地区社会福利基础设施建设投资额资料

年　份	2006	2007	2008	2009	2010	2011
社会福利基础设施建设投资额(万元)	1289	1554	1839	2166	2481	2849

解：从表中资料可知：$a_0 = 1289$，$\sum a = 10889$，$n = 5$

$$\frac{\sum a}{a_0} = \frac{10889}{1289} = 8.4476 = 844.76\%$$

$$\frac{\sum a}{a_0} \div n = \frac{10889}{1289} \div 5 = \frac{8.4476}{5} > 1$$

由此说明是递增速度，应查《平均增长速度查对表》中的递增速度部分。根据 $n = 5$ 找到与 844.76% 最接近的 844.20%，此数值同行的平均增长速度为 18.0%。即该地区 2006—2011 年社会福利基础设施建设投资额平均增长速度为 18.0%，平均发展速度为 118.0%。

表 9 – 18　　　　　累计法查对表(节选)　　　　间隔期 1 ~ 5 年

平均每年增长(%)	各年发展水平总和为基期的百分比(%)				
	1 年	2 年	3 年	4 年	5 年
17.9	117.90	256.90	420.79	614.01	841.82
18.0	118.00	257.24	421.54	615.42	844.20
18.1	118.10	257.58	422.30	616.83	846.58

(三)平均速度指标的应用

1. 根据研究目的选择应用计算方法

计算平均发展速度有两种方法，实际工作中究竟采用哪一种，关键是应根据研究对象的性质和研究目的来决定。

　　几何平均法侧重于考察期末水平，按这种方法计算的平均发展速度推算最末期发展水平，其理论值与最末期发展水平实际值相等。因此，实际工作中，若关心的是现象在一定时期内最末期达到的水平，如人口变动、收入上升、产值增长等，采用几何平均法计算平均发展速度比较适宜。

　　方程式法计算的平均发展速度侧重于考察现象在整个时期内各期发展水平的累计值。根据这种方法计算的平均发展速度推算整个时期各期发展水平总和的理论值，与各期实际发展水平之和相等。因此，实际工作中，如果关心的是现象在一定时期内各期指标的累计值，如居民住宅建设面积、社会保险基金征收收入等，采用方程式法计算平均发展速度比较适宜。

　　2. 结合两种方法的区别与时间数列的性质选用计算方法

　　几何平均法和方程式法计算平均发展速度的区别在于：按几何平均法计算平均发展速度，其值的大小直接取决于最末水平和最初水平，与中间各期发展水平的变化无关，故数据利用率低。当中间各期水平波动很大，各期环比发展速度差异悬殊，几何平均法计算的平均发展速度就不能确切反映现象的实际发展过程。此种方法的优点是计算较为简便。按方程式法计算平均发展速度，与现象各期发展水平都有关，数据利用率高，缺点是所需资料多，计算比较复杂。此外，从计算范围看，几何平均法可用于时期数列，也可用于时点数列；而方程式法只能用于时期数列。这些都是决定采用哪种方法计算平均发展速度需要考虑的。

　　3. 平均速度指标与绝对指标结合分析应用

　　平均速度指标是一个抽象化数值，在用它分析现象的变化情况时，需要将其与绝对水平结合起来进行分析，并充分利用原始时间数列的信息。

第四节　时间数列变动趋势分析

对社会现象进行动态分析，除了计算各种发展水平和发展速度等分析指标外，还要研究现象变动的趋势和季节变动的规律，这对预见未来，增强计划性，做好各项工作，具有重要的意义。

一、长期趋势分析

任何现象的发展变化，都同时受多种因素的影响，使得现象在不同时间上的发展水平时高时低，因而，有时不易看出现象的变化趋势。这时需要运用科学的分析方法，消除那些偶然因素的影响，使被研究现象的发展趋势明显地显示出来。长期趋势分析就是把原来不易看出现象变化趋势的时间数列，通过运用修匀、拟合历史曲线等科学方法进行分析和加工后，能比较明显地反映出现象发展的基本趋势。

测定长期趋势的首要目的是为了认识被研究对象的总趋势，是持续向上发展，还是趋于下降趋势，或处于基本平稳状态；其次，根据计算的持续增加（减少）的具体数量和向上（向下）发展的具体速度，预测未来；再次，通过长期趋势的测定，还可以从原数列中消除长期趋势，为研究季节变动提供依据。下面介绍几种常用的长期趋势分析方法。

（一）时距扩大法

时距扩大法是当原来的时间数列不能明显地反映现象的变化趋势时，将原时间数列中各期时距扩大，得到一个新的时间数列，从而达到消除偶然因素的影响，明显地反映现象发展趋势的方法。时距扩大法有总数扩大法和序时平均法之分。

1.总数扩大法

总数扩大法是将时距扩大后,逐一计算各时距内的总数,形成一个由总量指标组成的新的时间数列,以显示现象长期趋势。

例:某社会福利企业 2011 年各月产值资料如表 9 – 19 所示,采用总数扩大法进行时间数列趋势分析。

表 9 – 19　某福利企业 2011 年产值动态资料　　单位:万元

时间	1 季度			2 季度			3 季度			4 季度		
	1 月	2 月	3 月	4 月	5 月	6 月	7 月	8 月	9 月	10 月	11 月	12 月
月产值	8	6	10	13	11	12	13	12	16	17	16	19
季产值	24			36			41			52		

表 9 – 19 月产值时间数列不能明显地反映现象发展的趋势,因各月产值不是逐月上升,而是有升有降。如果采用时距扩大法,时距由 1 月扩大到 1 季,将每季度中各月产值相加,则得各季产值,形成一个新的时间数列,则能非常明显地反映该福利企业生产发展的变动趋势。总数扩大法只适用于时期数列,且要求各时期的时距相等,否则不能相互比较,反映不出长期趋势。

2.序时平均法

序时平均法是将时距扩大后,逐一计算各时距内的序时平均数,形成一个由序时平均数组成的新的时间数列,以显示现象长期趋势。对于时点数列来说,由于各期发展水平相加无独立存在的社会经济意义,因此,时点数列不能用总数扩大法,必须利用序时平均法消除偶然因素的影响,以反映现象的变化趋势。

例,某地 2003—2011 年各年年末在职残疾职工人数如表 9 – 20 所示,运用序时平均法作长期趋势测定。

表 9 - 20　某地 2003—2011 年年末残疾职工人数变动　单位：人

年　份	2002	2003	2004	2005	2006	2007	2008	2009	2010	2011
年末残疾职工人数	154	160	158	164	169	160	180	186	183	198
三年平均残疾职工数	—		159			167			186	

由于表 9 - 20 各年年末残疾职工人数难以明显地反映该县残疾职工人数变动的趋势，因而将时距由 1 年扩大为 3 年，逐一计算每 3 年内的平均残疾职工人数，列出一新的时间数列，从而显示出该地在职残疾职工呈明显上升的变动趋势。序时平均法与总数扩大法相似，都是将时距扩大，所不同的是新产生的数列的数值不是时期总量的合并，而是序时平均数。序时平均法既可用于时点数列，也可用于时期数列。

从表 9 - 19 和 9 - 20 可知，无论是总数扩大法，还是序时平均法，都存在着明显的问题，即编制的新数列比原数列减少的项数太多，由此损失了一部分信息，丢失了原有数列对细节的描述，另外，时距扩大的长短选择不同，会产生不同的结果。所以，这两种方法都是较粗略的长期趋势测定方法。

(二)移动平均法

移动平均法是按一定时间间隔长度逐项移动计算一系列序时平均数，由这些序时平均数形成一个新的时间数列，旨在通过移动平均，消除现象短期不规则变动的影响，从而呈现出现象发展的长期趋势。移动平均法和时距扩大法一样，需要将原时间数列时期扩大，但它在保留信息方面有所改善，更为接近原来的数列。

例：某旅游景点 2000—2011 年旅游收入如表 9 - 21 所示，采用移动平均法进行修匀，以测定旅游收入长期变动趋势。

表9-21　某旅游景点历年旅游收入移动平均计算示例表

年份	旅游收入（百万元）	三年移动总　　数	三年移动平　　均	四年移动总　　数	四年移动平均	
					第一次	第二次
2000	6.32	—	—	—	—	—
2001	5.28	18.62	6.21			—
				26.10	6.53	
2002	7.02	19.78	6.59			6.79
				28.17	7.04	
2003	7.48	22.89	7.63			7.70
				33.45	8.36	
2004	8.39	26.43	8.81			8.59
				35.22	8.81	
2005	10.56	27.74	9.25			9.41
				40.00	10.00	
2006	8.79	30.61	10.20			10.20
				41.56	10.39	
2007	12.26	31.00	10.33			10.65
				43.64	10.91	
2008	9.95	34.85	11.62			11.67
				49.72	12.43	
2009	12.64	37.46	12.49			12.59
				50.95	12.74	
2010	14.87	41.00	13.67		—	—
2011	13.49	—	—		—	—

　　表9-21中，三项移动平均的第一个数是2000—2002年三年的平均数，其值与时距的中间项，即与2001年对齐，第二个数是2001—2003年三年的平均数，其值与中间项，即与2002年对齐，其余各数依此类推。五项、七项、九项移动平均方法与三项移动平均法相同，只是时距更大些。若采用偶数项移动平均，则要进行二次平均。如表中四项移动平均的第一个数是2000—2003年四年的平均数，其值写在时距中央位置，即写在2001年与2002年之间，第二个数是2001—2004年四年的平均数，其值放在时距中央位置，即2002年与2003年之间的位置上。由于偶数项移动平均没有与时间对齐，所以要进行第二次移动平均，即

移正平均。如表中第二次移动平均的第一个数 6.79 是第一次移动平均的头两个数 6.53 和 7.04 的平均数，写在这两个移动平均数的中间，即与 2002 年对齐，第二次移动平均的第二个数是第一次移动平均的第二、第三个数的平均数，与 2003 年对齐。其余依此类推。

从表 9 - 21 资料中可知，逐项移动平均形成的两个新的时间数列都消除了偶然因素的影响，由此明显地呈现出该旅游景点旅游收入向上增长的发展趋势。

实际工作中，应用移动平均法应注意以下几个问题：

（1）移动平均时所取项数的多少，应根据数列及现象的具体情况而定。一般来说，移动平均的项数越多，新数列的趋势就越明显，但所得到的新时间的项数就越少，若减少的项数太多，则用新数列来作趋势分析的可信度就越差。

（2）原数列中无明显周期性变动，一般采用奇数项移动平均。采用奇数项移动平均不必像偶数项移动平均那样需要进行二次平均，省却了计算的麻烦。

（3）资料若呈周期性变动，应以周期的长度作为移动平均数的项数。若是年度资料，可根据现象是 3 年、4 年还是 5 年一个波动周期，分别用 3 年、4 年或 5 年来移动平均；如掌握的是具有季节性变动的各年季度资料，应取四项移动平均；如掌握的是存在季节性变动的各年月份资料，则应取十二项平均。这样，不仅可以消除偶然因素的影响，还可以削弱季节性变动的影响，从而较准确地揭示现象发展的长期趋势。

（4）移动平均法一般只能对现有时间数列进行修匀，不能用来预测。

（5）移动平均法和趋势线拟合法（下面将予以讨论）结合应用。若所研究的现象有明显的季节变动趋势，使用移动平均法形成的新数列可以使现象的季节变动趋于平滑，反映出现象较明显的长期趋势，对此，再应用趋势线拟合法对现象的长期趋势进行分析，结果可能更加合理和精确。

（三）最小平方法

最小平方法是通过一定的数学模型，对原有的时间数列配合一条较为理想的趋势线，以揭示现象发展趋势的方法。最小平方法又称最小二乘法，是分析长期趋势最常用的方法。此种方法，对时间数列配合的那条趋势线，必须满足下列两个条件：（1）时间数列的实际观察值与趋势值的离差平方和为最小；（2）时间数列的实际观察值与趋势值的离差总和等于零。显然，第一条是基本的，达到了第一条要求，也必然能满足第二个条件。因此，最小平方法的数学依据是：

$$\sum (y - y_c)^2 = 最小值$$

$$\sum (y - y_c) = 0$$

式中：y—— 代表观察值；y_c—— 代表趋势值。

时间数列中长期趋势的表现形态既有线性形态，又有非线性形态。最小平方法既可以配合直线方程，又可以配合曲线方程。根据趋势方程求出各时期相应的趋势值，可得一新数列，该数列能明显地呈现出现象发展的长期趋势。

1. 直线趋势分析

当时间数列每期按大致相同的数量增减变化，则时间数列发展的长期趋势接近直线型，此时可对时间数列拟合一条趋势直线来描述。直线趋势方程的一般形式为：

$$y_c = a + bt$$

式中：y_c—— 时间数列的趋势值；t—— 时间序数值；

a—— 趋势线在 Y 轴上的截距，是当 $t = 0$ 时 y_c 的值；

b—— 直线趋势的斜率，表示 t 每变动一个时间单位，趋势值 y_c 平均增减的数量。

根据最小平方法的要求，可用求偏导数的方法，导出两个标准方程式：

$$\begin{cases} \sum y = na + b \sum t \\ \sum ty = a \sum t + b \sum t^2 \end{cases}$$

式中，n 为时间项数，其他符号的意义同前。解此标准方程得：

$$b = \frac{n \sum ty - \sum t \sum y}{n \sum t^2 - \left(\sum t \right)^2}$$

$$a = \frac{\sum y}{n} - b \frac{\sum t}{n} = \bar{y} - b \bar{t}$$

例：现以某地 2000—2011 年优待抚恤费用资料为例，用最小平方法测定该地优待抚恤费用变动的直线趋势。计算详见表 9 – 22。

表 9 – 22　某地优待抚恤费用直线趋势最小平方方法计算表

年 份	t	优待抚恤费用 y（万元）	ty	t^2	y_c
2000	1	14.8	14.8	1	15.90
2001	2	25.0	50.0	4	23.18
2002	3	30.8	92.4	9	30.46
2003	4	38.0	152.0	16	37.74
2004	5	52.0	260.0	25	45.02
2005	6	53.0	318.0	36	52.30
2006	7	54.0	378.0	49	59.58
2007	8	59.6	476.8	64	66.86
2008	9	68.1	612.9	81	74.14
2009	10	86.0	860.0	100	81.42
2010	11	90.0	990.0	121	88.70
2011	12	100.0	1200.0	144	95.98
合 计	78	671.3	5404.9	650	671.28

解：将表 9 – 22 中数据代入求解 a、b 的公式，得：

$$b = \frac{n \sum ty - \sum t \sum y}{n \sum t^2 - (\sum t)^2} = \frac{12 \times 5404.9 - 78 \times 671.3}{12 \times 650 - 78^2} = 7.28$$

$$a = \frac{\sum y}{n} - b \frac{\sum t}{n} = \frac{671.3}{12} - 7.28 \times \frac{78}{12} = 8.62$$

将 a、b 代入直线趋势方程为：

$$y_c = 8.62 + 7.28t$$

将数列中时间顺序 1，2，3，…，12 分别代替该直线趋势方程的 t，即可分别求出该地优待抚恤费用各年趋势值，如表 9 – 22 最后一列。由这些趋势值形成的新时间数列能更为明显的呈现出该地优待抚恤费用增长的长期趋势。

上述计算过程中的 t 只是一个时间标号，无任何实际意义，因此，t 可取时间数列中任意时期为原点 0。既可以从第一项起顺次赋予 1，2，3，…，也可以通过坐标平移，取中间时期为原点 0，使 $\sum t = 0$ 来简化计算过程。若时间数列为奇数项，时间标号可分别记作：…，– 3，– 2，– 1，0，1，2，3，…；若时间数列为偶数项，用中间两个时期为原点，各时间标号分别记作：…，– 5，– 3，– 1，1，3，5，…。值得注意的是，时间数列为偶数项时，t 每变动一个单位代表半年，而非一年。由于原点前后两半部分的正值和负值相互抵消，使 $\sum t = 0$，则原标准方程可以简化为：

$$\begin{cases} \sum y = na \\ \sum ty = b \sum t^2 \end{cases}$$

求解 a、b 的方程则可简化为：

$$b = \frac{n \sum ty}{n \sum t^2} \quad a = \frac{\sum y}{n}$$

例：仍以表 9 – 22 资料为例，说明最小平方法的简捷计算过程，详见表 9 – 23。

表 9 – 23　某地优待抚恤费用直线趋势最小平方方法简捷计算表

年 份	t	优待抚恤费用 y(万元)	ty	t^2	y_c
2000	– 11	14.8	– 162.8	121	15.90
2001	– 9	25.0	– 225.0	81	23.18
2002	– 7	30.8	– 215.6	49	30.46
2003	– 5	38.0	– 190.0	25	37.74
2004	– 3	52.0	– 156.0	9	45.02
2005	– 1	53.0	– 53.0	1	52.30
2006	1	54.0	54.0	1	59.58
2007	3	59.6	178.8	9	66.86
2008	5	68.1	340.5	25	74.14
2009	7	86.0	602.0	49	81.42
2010	9	90.0	810.0	81	88.70
2011	11	100.0	1100.0	121	95.98
合 计	78	671.3	2082.9	572	671.28

解：将表 9 – 23 中数据代入求解 a、b 的简化公式，得：

$$b = \frac{\sum ty}{\sum t^2} = \frac{2082.9}{572} = 3.64$$

$$a = \frac{\sum y}{n} = \frac{671.3}{12} = 55.94$$

将 a、b 代入直线趋势方程为：

$$y_c = 55.94 + 3.64t$$

将数列中的 t 值依次代入趋势方程，求出各年趋势值，如表 9 – 23 最后一列。

2. 曲线趋势分析

社会现象的发展趋势并不总是直线形式，有时往往呈曲线趋势。这时就应选择适当的曲线模型来研究其长期趋势。曲线趋势多种多样，较常用的有二次曲线型和指数曲线型。现分述如下：

（1）二次曲线

如果现象的发展是按每期增长量的增长大体相同的变化，即各期的二级增长量大体相同，则这种现象发展的基本趋势是二次曲线型。

二次曲线即抛物线，二次曲线方程的一般形式为：

$$y_c = a + bt + ct^2$$

这种现象的特点是每期都有增长变化，但这种变化不是按相同增长量，而是每期增长量按相同的增长量来增长，即二级增长量相等。只要稍加分析，便可知道函数 $y_c = a + bt + ct^2$ 的二级增长量是相等的。详见二次曲线趋势分析表，如表 9 – 24 所示。

表 9 – 24   二次曲线趋势分析表

时期(t)	趋势值 $y_c = a + bt + ct^2$	一级增长量	二级增长量
1	$a + b + c$	—	—
2	$a + 2b + 4c$	$b + 3c$	—
3	$a + 3b + 9c$	$b + 5c$	$2c$
4	$a + 4b + 16c$	$b + 7c$	$2c$
5	$a + 5b + 25c$	$b + 9c$	$2c$
⋮	⋮	⋮	⋮

上表中，所谓一级增长量是本期趋势值减去上期趋势值，所谓二级增长量是本期增长量减去上期增长量之值。

二次曲线方程，有 a、b、c 三个未定参数，应用最小平方法，可导出下列三个标准方程式：

$$\begin{cases} \sum y = na + b\sum t + c\sum t^2 \\ \sum ty = a\sum t + b\sum t^2 + c\sum t^3 \\ \sum t^2 y = a\sum t^2 + b\sum t^3 + c\sum t^4 \end{cases}$$

解上述方程组，求出 a、b、c 的值，就可以配合二次曲线方程。

为简化运算，也可以取时间数列中间期为原点。令 $\sum t = 0$，
$\sum t^3 = 0$，则上列三个方程式可简化为：

$$\begin{cases} \sum y = na + c\sum t^2 \\ \sum ty = b\sum t^2 \\ \sum t^2 y = a\sum t^2 + c\sum t^4 \end{cases}$$

可以将有关资料代入上述方程组，求出 a、b、c 的值，也可用
下列公式直接求值：

$$b = \frac{\sum ty}{\sum t^2}$$

$$c = \frac{n\sum t^2 y - \sum t^2 \cdot \sum y}{n\sum t^4 - (\sum t^2)^2}$$

$$a = \frac{\sum y - c\sum t^2}{n}$$

例：现以某地区社会养老保险征缴额资料为例，说明运用最
小二乘法估计二次曲线方程参数的具体计算方法，详见表9－25。

表9－25　某地区2005—2011年养老保险征缴额二次曲线计算表

年份	时间序号 t	养老保险征缴额 y（万元）	逐期增减量（万元）	二级增减量（万元）	ty	t^2	$t^2 y$	t^4
2005	－ 3	1200	—	—	－ 3600	9	10800	81
2006	－ 2	1390	190	—	－ 2780	4	5560	16
2007	－ 1	1800	410	220	－ 1800	1	1800	1
2008	0	2420	620	210	0	0	0	0
2009	1	3250	830	210	3250	1	3250	1
2010	2	4290	1040	210	8580	4	17160	16
2011	3	5530	1240	200	16590	9	49770	81
合计	0	19880	—	—	20240	28	88340	196

根据表中资料,运用最小平方法可求出:

$$b = \frac{\sum ty}{\sum t^2} = \frac{20240}{28} = 722.86$$

$$c = \frac{n\sum t^2 y - \sum t^2 \cdot \sum y}{n\sum t^4 - (\sum t^2)^2} = \frac{7 \times 88340 - 28 \times 19880}{7 \times 196 - 28^2} = 105$$

$$a = \frac{\sum y - c\sum t^2}{n} = \frac{19880 - 105 \times 28}{7} = 2420$$

将计算所得 a、b、c 值代入二次曲线方程,即得:

$$y_c = 2420 + 722.86t + 105t^2$$

(2)指数曲线

如果现象每期大体上是按相同的增长速度增减变化,则这种现象发展的基本趋势是指数曲线型。指数曲线方程的一般形式为:

$$y_c = ab^t$$

式中:a、b—— 待估参数。

为求 a、b,可通过选取对数的方法将指数曲线转化为直线形式,即:

$$\lg y_c = \lg a + t\lg b$$

然后根据最小平方法,求解 $\lg a$ 和 $t\lg b$ 的值,求 $\lg a$ 和 $t\lg b$ 的标准方程组为:

$$\begin{cases} \sum \lg y = n\lg a + \lg b \sum t \\ \sum t\lg y = \lg a \sum t + \lg b \sum t^2 \end{cases}$$

由此得:

$$\lg b = \frac{n\sum t \cdot \lg y - \sum t \cdot \sum \lg y}{n\sum t^2 - (\sum t)^2}$$

$$\lg a = \frac{\sum \lg y}{n} - \lg b \cdot \frac{\sum t}{n}$$

求出 $\lg a$ 和 $t\lg b$ 后，再查反对数表求 a 和 b，最后将 t 值依次代入 $y_c = ab^t$，求各期趋势值。

例：某地参加人身保险人数如表 9 – 26 所示，用最小平方法，求其指数曲线拟合方程。

表 9 – 26　某地区参加人身保险人口指数曲线计算表

年份	t	参加保险人数 y（万人）	$\lg y$	t^2	$t \cdot \lg y$
2006	1	85.50	1.93197	1	1.93197
2007	2	86.48	1.93692	4	3.87384
2008	3	87.46	1.94181	9	5.82543
2009	4	88.47	1.94680	16	7.78720
2010	5	89.49	1.95163	25	9.75815
2011	6	90.44	1.95636	36	11.73816
合计	21	—	11.66549	91	40.91475

将表中数字代入求 a 和 b 的参数公式，得：

$$\lg b = \frac{6 \times 40.91475 - 21 \times 11.66549}{6 \times 91 - 21^2} = 0.004888$$

$$\lg a = \frac{11.66549}{6} - 0.004888 \times \frac{21}{6} = 1.92714$$

则对数趋势直线方程式为：

$$\lg y_c = 1.92714 + 0.004888t$$

指数曲线方程式为：

$$y_c = 84.555 \times 1.011^t$$

前面讨论了对时间数列配合趋势方程的一般方法。实际应用中，趋势线类型的选择是一个非常重要的问题，若选择不当，往往影响到对现象变动规律的认识。对于一个具体的时间数列，如何选择合适的趋势线对长期趋势进行拟合，完全取决于数据本身的性质，因此，应根据对数据的分析，按数据的增长特征选择趋势方程。

二、季节变动分析

季节变动，是指某些现象由于受自然因素和社会条件的影响，在一年之内随季节变换而发生的有规律的周期变动。值得指出，这里所说的季节变动中的"季节"是个广义的概念，它既指一年中的四季，也指一年之内周期性变化。例如不同季节旅游景点的旅游人数、不同月份某种疾病的发病率、不同周次学校图书馆的图书借阅量，一天之内不同时间公共交通的负载量，等等。

季节变动的规律通过用季节指数或称季节比率来反映。它是现象各月（季）的发展水平，与全期平均发展水平对比得到的一种相对数。季节比率大于100%，说明现象处在"旺季"；季节比率小于100%，说明现象处于"淡节"。进行季节变动分析，一般需要较长时期的统计资料，通常是采用连续三年以上的各月或各季的完整历史资料，才能呈现出季节变动的规律。常用的测定季节变动的方法是简单平均法和趋势剔除法。

（一）简单平均法

简单平均法又叫按月（季）平均法。这种方法不考虑长期趋势的影响，而是直接用时间数列原始数据计算季节指数。具体计算方法是：根据多年的同月（季）资料，计算出该月（季）平均数，然后将各年同月（季）平均数与全期所有月（季）份的总平均数对比，得到季节比率。计算公式为：

$$季节比率 = \frac{各年同月（季）平均数}{全期月（季）总平均数} \times 100\%$$

例：现用某地区结婚登记资料，说明季节变动简单平均法的计算步骤。具体计算数据详见表9－27。

表 9 – 27　某地区结婚登记对数季节变动分析　单位：对

年 季	2008	2009	2010	2011	四 年 合 计	同 季 平均数	季节比率 %
一	190	210	230	210	840	210	123. 53
二	150	140	160	150	600	150	88. 24
三	140	130	150	140	560	140	82. 35
四	170	180	190	180	720	180	105. 88
全年合计	650	660	730	680	2720	170	400. 00

解：将四年各季完整资料排列整齐如表所示，然后依次计算如下：

（1）求四年同季平均数

四年内第一季度平均结婚登记对数 $= \dfrac{840}{4} = 210$（对）

其他各季平均数依此计算，详见表中"同季平均数"一栏资料。

（2）求四年内四季总平均数

四年内四季总平均数 $= \dfrac{2720}{16} = 170$（对）

（3）求季节比率。即将四年同季平均数分别与总季平均数对比，如：

第一季度的季节比率 $= \dfrac{210}{170} \times 100\% = 123.53\%$

其他季度季节比率计算依此类推。四个季度季节比率之和应等于 400.00%（若按月平均计算，季节比率之和应为 1200.00%）。如果不等，应进行调整，调整的办法是：用 400.00%（或 1200.00%）除以季度（或月份）季节比率之和，得到一个调整系数，然后以此系数依次乘以原季节比率得到调整后的季节比率，调整后的季节比率正好等于 400.00%（或 1200.00%）。

通过表 9 – 27 资料的计算可见,该地区结婚登记情况存在明显的季节变动,一季度处于高峰,四季度次之。

(二)趋势剔除法

运用简单平均法进行季节变动分析,没有考虑长期趋势的影响,当时间数列明显存在上升趋势时,年末季节比率就会偏高;反之,当时间数列明显存在下降趋势时,年末季节比率就会偏低,因而,只有当时间数列没有明显的长期趋势时,采用简单平均法进行季节变动分析才比较适宜。若时间数列同时存在长期趋势变动和季节变动,应先将时间数列的长期趋势剔除,再测定季节变动。其计算方法如下:

1. 测定长期趋势

方法是根据各年季度资料,用四项移动平均法测定;若资料是月份资料,需计算 12 个月的移动平均数。

2. 剔除长期趋势

其方法是用原时间数列的实际值 Y 除以对应的测定出的长期趋势值 T,得到 Y/T,此时 Y/T 不再包含长期趋势。

3. 消除不规则变动影响

即将剔除了长期趋势的各年同季资料 Y/T 重新按季排列,用简单平均法计算各季平均数,以消除时间数列中随机的不规则变动因素的影响。

4. 求季节比率

即将四个季度(或十二个月)的平均数加总计算出总的季(月)平均数,然后再将各季(月)平均数与总季(月)平均数对比,求季节比率。

加总平均季节比率,其总和应为 400.00%(或 1200.00%)。若不相等,需要进行调整。方法是先求出校正系数,然后用校正系数乘以各季的季节比率,得出季节指数。校正系数的计算与上述简单平均法所介绍的方法一致。

第五节　时间数列在社会研究中的应用

任何社会经济现象都有一个产生与发展变化的过程。时间数列把反映某种社会经济现象在不同时间上发展变化情况的一系列同类统计指标值，按照时间先后顺序排列起来，据此，根据时间数列可以了解社会现象在过去某段时间上的发展水平，分析社会现象以往的活动规律，并在此基础上进行统计预测，展望社会现象未来的发展趋势。时间数列分析在社会统计诸多领域都可应用。由于社会统计可作时间数列分析的方面众多，加之篇幅所限，表9-28仅简略的列出其中主要的内容。

表9-28　社会统计中时间数列分析应用简表

序号	统计范畴	时间数列分析内容	序号	统计范畴	时间数列分析内容
1	人口统计	1. 总人口变动情况 2. 出生人口与死亡人口变动情况 3. 劳动力负担人口变动情况 4. 人口的文化素质变动情况 5. 人口密度变动情况 6. 人口流动变动情况 ……	7	社会保障	1. 社会保障费用变动情况 2. 社会保险人数变动情况 3. 社会保险覆盖率变动情况 4. 社会保险基金收入变动情况 5. 社会保险基金支出变动情况 6. 人均医疗保险费用变动情况 ……
2	环境保护	1. 耕地面积变动情况 2. 绿地面积变动情况 3. 废水达标量变动情况 4. 废气处理量变动情况 5. 污染防治费变动情况 ……	8	民政事业	1. 社会福利机构变动情况 2. 社会福利事业单位设施变动情况 3. 贫困人口与社会救助率变动情况 4. 优抚安置机构与人数变动情况 5. 社区服务人员与设施变动情况 ……

序号	统计范畴	时间数列分析内容	序号	统计范畴	时间数列分析内容
3	社会经济	1. 国内生产总值变动情况 2. 第三产业总值变动情况 3. 社会劳动生产率变动情况 4. 财政收入变动变动情况 ……	9	教育科技	1. 教育科技经费变动情况 2. 科技活动人员及结构变动情况 3. 学龄儿童入学率变动情况 4. 辍学学生人数变动情况 ……
4	居民生活	1. 城乡居民家庭收入变动情况 2. 城乡居民家庭可支配收入变动情况 3. 城乡居民家庭消费支出变动情况 4. 城乡居民家庭服务性消费支出变动情况 5. 农村居民家庭经营收入与家庭经营费用支出变动情况 ……	10	文化体育	1. 文化活动机构变动情况 2. 文化事业经费变动情况 3. 人均占有图书册数变动情况 4. 电视覆盖率变动情况 5. 居民闲暇时间分配与利用变动情况 6. 文化体育经费变动情况 7. 参与文化体育人数变动情况 ……
5	婚姻家庭	1. 结婚率与初婚率变动情况 2. 平均初婚年龄变动情况 3. 离婚率变动情况 4. 家庭规模与结构类型变动情况 5. 晚婚率与节育率变动情况 ……	11	社区保健	1. 社区保健经费变动情况 2. 社区保健机构变动情况 3. 社区保健床位及利用变动情况 4. 传染病发病率变动情况 5. 总死亡率变动情况 ……
6	人力资源	1. 从业人员变动情况 2. 失业率变动情况 3. 人力资源增减变动情况 4. 人力资源负担变动情况 5. 平均工资与最低工资变动情况 ……	12	社会治安	1. 刑事案件发案数变动情况 2. 治安案件发案数变动情况 3. 贩毒吸毒人员变动情况 4. 交通事故发案数变动情况 5. 火灾及其损失变动情况 6. 酒驾人次变动情况 ……

　　进行时间数列分析，需要收集历年或历月大量的有关数据。这可以通过普查、抽样调查、统计报表制度等方面获取。例如，在卫生事业管理、卫生服务、疾病防治和卫生保健等统计工作中，可以收集到大量的相关数据资料，如历年的床位数和周转率、门诊和住院人数、人均门诊和住院医药费、人口数和出生率、发病数和发病率、死亡数和死亡率、接种人数和接种率等，据此，可以编制相关时间数列，进行有关公共卫生、社区保健等方面的时间数列分析。

　　由于通过时间数列可以了解社会现象的发展水平、活动规律、发展趋势，因而其分析也就并非仅仅计算一、两个统计指标，而是需要计算一系列指标。例如，收集近些年我国人口数，便可以依据编制的时间数列计算出我国近些年来的人口发展速度、增长速度、平均增长速度、年新增人口数、自然增长率，运用移动平均法、最小平方法还可以进行我国人口发展的长期趋势分析，了解我国人口的循环变动与不规则变动。循环变动(C)与不规则变动(I)的计算，可以采取剩余法，先剔除长期趋势 T，即 $C \cdot I = (T \cdot C \cdot I)/T$，再用移动平均法消除不规则变动 I，即 $C = (C \cdot I)/I$，求出循环变动 C，循环变动与不规则变动中剔除循环变动，就是不规则变动，即 $I = (C \cdot I)/C$。

　　在时间数列分析中有一个重要的统计指标，即平均增长速度。其计算，我国统计制度作出如下解释："我国计算平均增长速度有两种方法：一种是习惯上经常使用的'I水平法'，又称几何平均法，是以间隔期最后一年的水平同基期水平对比来计算平均每年增长（或下降）速度；另一种是'累计法'，又称代数平均法或方程法，是以间隔期内各年水平的总和同基期水平对比来计算平均每年增长（或下降）速度。在一般正常情况下，两种方法计算的平均每年增长速度比较接近；但在经济发展不平衡、出现大起大落时，两种方法计算的结果差别较大。除固定资产投资用"累计法"计算外，其余均用"水平法"计算。从某年到某年平均增长速度的年份，均不包括基期年在内。如建国四十三年的平均增长速度是以 1949 年为基期计算的，则写为 1950—1992 年平均增长速度，其余类推"。[①]

第六节　使用 Excel 软件进行时间数列分析

一、使用 Excel 计算增长量和速度指标

计算各种增长量和速度指标，可利用 Excel 的函数功能和公式复制功能进行。下面以表 9 – 15 资料为例说明其计算方法与步骤。

1. 资料输入。打开一张空白的 Excel 工作表，先将已知数据资料名称与数值填入表格。如图 9 – 1 中的 A ~ G 列中的第 1 ~ 2 行，即图中粗框外的数据资料；再将需计算的各种指标名称依次输入单元格 A3 ~ 单元格 A12。

2. 计算逐期增长量。在单元格 C3 中输入公式" = C2 – B2"，按回车键后将单元格 C3 的公式向右复制到单元格 G3，即可计算得到各年逐期增长量。

3. 计算累计增长量。在单元格 C4 中输入公式" = C2 – ＄B ＄2"，按回车键后将单元格 C4 的公式向右复制到单元格 G4，即可计算得到各年累计增长量。

4. 计算定基发展速度。在单元格 B5 中输入公式" = B2/＄B ＄2 * 100"，按回车键后将单元格 B5 的公式向右复制到单元格 G5，即可计算得到各年定基发展速度。

5. 计算环比发展速度。在单元格 C6 中输入公式" = C2/B2 *

---

① 　国家统计局网站:《统计制度·国家统计主要指标解释》。

100"，按回车键后将单元格 C6 的公式向右复制到单元格 G6，即可计算得到各年环比发展速度。

6. 计算定基增长速度。在单元格 C7 中输入公式" = C5 - 100"，按回车键后将单元格 C7 的公式向右复制到单元格 G7，即可计算得到各年定基增长速度。

7. 计算环比增长速度。在单元格 C8 中输入公式" = C6 - 100"，按回车键后将单元格 C8 的公式向右复制到单元格 G8，即可计算得到各年环比增长速度。

8. 计算增长 1% 的绝对值。在单元格 C9 中输入公式" = B2/ 100"，按回车键后将单元格 C9 的公式向右复制到单元格 G9，即可计算得到各年增长 1% 的绝对值。

9. 计算全期平均增长量。在单元格 C10 中输入公式" = G4/ 5"，按回车键后即计算出年平均增长量。

10. 计算年平均发展速度。在单元格 C11 中输入公式" = POWER((G2/B2)^(1/5) * 100)"，即可计算得到年平均发展速度，并将单元格格式调整为保留两位小数形式。

11. 计算年平均增长速度。在单元格 C12 中输入公式" = C11 - 100"，即可计算得到年平均增长速度。

计算过程完成，计算结果如图 9 - 1 中带粗边框的区域所示。

	A	B	C	D	E	F	G
1	年份	2005年	2006年	2007年	2008年	2009年	2010年
2	社会福利费用支出(万元)	800	1200	1500	1900	2400	3000
3	逐期增长量(万元)	—	400	300	400	500	600
4	累计增长量(万元)		400	700	1100	1600	2200
5	定基发展速度(%)	100	150	187.5	237.5	300	375
6	环比发展速度(%)		150	125	126.7	126.3	125
7	定基增长速度(%)		50	87.5	137.5	200	275
8	环比增长速度(%)		50	25	26.7	26.3	25
9	增长1%的绝对值(万元)		8	12	15	19	24
10	全期平均增长量(万元)		440				
11	年平均发展速度(%)		130.26				
12	年平均增长速度(%)		30.26				

图 9 - 1　使用 Excel 计算增长量和速度指标示意图

二、使用 Excel 计算移动平均序列

现以表 9 – 21 资料说明计算移动平均序列的方法与步骤：

1. 在单元格 A1 ~ E1 中分别输入"年份"、"旅游收入(百万元)"、"三年移动平均"、"四年移动平均(第一次)"、"四年移动平均(第二次)"。

2. 计算三年移动平均。在单元格 C3 中输入"=(B2+B3+B4)/3"，并用鼠标将其公式向下拖动复制到 C4:C12 区域。

3. 计算四年移动平均(第一次)。在单元格 D4 中输入"=SUM(B2:B5)/4"，并用鼠标将其公式向下拖动复制到 D5:D12 区域。

4. 计算四年移动平均(第二次)。在单元格 E4 中输入"=(D4+D5)/2"，并用鼠标将其公式向下拖动复制到 E5:E12 区域。

操作完成。如图 9 – 2 所示。

	A	B	C	D	E
1	年份	旅游收入(百万元)	三年移动平均	四年移动平均(第一次)	四年移动平均(第二次)
2	1999	6.32			
3	2000	5.28	6.21		
4	2001	7.02	6.59	6.53	6.79
5	2002	7.48	7.63	7.04	7.70
6	2003	8.39	8.81	8.36	8.59
7	2004	10.56	9.25	8.81	9.41
8	2005	8.79	10.20	10.00	10.20
9	2006	12.26	10.33	10.39	10.65
10	2007	9.95	11.62	10.91	11.67
11	2008	12.64	12.49	12.43	12.59
12	2009	14.87	13.67	12.74	
13	2010	13.49			

图 9 – 2 使用 Excel 计算移动平均序列示意图

思考练习

1. 什么是时间数列？编制时间数列应遵循哪些基本原则？

2. 时期数列与时点数列各有什么特点？

3. 序时平均数与一般平均数有什么不同？

4. 什么叫逐期增长量和累计增长量? 二者有什么换算关系?

5. 环比发展速度与定基发展速度之间存在着何种关系?

6. 为什么在进行现象发展情况的分析时, 除了计算速度指标外, 还应结合"增长1%的绝对值"这一指标进行分析才能得出正确结论?

7. 计算平均发展速度的水平法和累计法各有什么特点? 它们的区别是什么?

8. 移动平均法与时距扩大法有什么不同?

9. 用最小平方法和移动平均法测定长期趋势的基本原理各是什么?

10. 季节变动的常用测定方法有哪两类? 它们各有什么特点?

11. 某福利企业1月1日至10日职工人数198人, 1月11日至21日职工人数200人, 1月22日至31日职工人数为210人, 计算该福利企业1月份职工平均人数。

12. 某地养老保险金征缴额资料如表, 求该地区平均每年养老保险金征缴额。

年 份	2007	2008	2009	2010	2011
保险金征缴额(万元)	580	672	890	1050	1210

13. 某老年公寓住院老人资料如表所示, 求上半年月平均老人数。

日 期	1月1日	2月1日	3月1日	4月1日	5月1日	6月1日	7月1日
老人数	400	415	418	420	430	432	436

14. 某社区服务中心流动资金占用额资料如表所示, 计算该中心流动资金全年平均占用额。

时 间	上年年末	3月末	7月末	12月末
流动资金占用额(万元)	40	39	34	35

15. 某福利企业某年各季度计划产值及计划完成程度资料如下

时 间	第一季度	第二季度	第三季度	第四季度
计划产值(万元)	80	89	84	92
计划完成程度(%)	102	103	99	104

试根据上表资料列式计算全年的平均计划完成程度。

16. 某市残疾人就业资料如下表所示，求全年残疾人平均就业率。

时　间	3月末	6月末	9月末	12月末
残疾人已就业人数(人)	589	620	651	684
残疾人就业率(%)	67.20	70.20	73.01	74.15

17. 2010年第六次人口普查全国总人口为133972万人，近十年年均增长率0.57%，如果保持同样的年平均增长率，到2020年我国人口总数将是多少？

18. 某地区年参加社会保险人数及相关资料如表所示，试计算表中空白处指标并填入表内。

年　份	2006	2007	2008	2009	2010	2011
发展水平(万人)	250					
累计增长量(万人)						
定基增长速度(%)	—	5	8	12	13	16
环比发展速度						
增长1%的绝对值(万人)						

19. 某乡2006—2011年粮食产量资料如表所示：

年　份	2006	2007	2008	2009	2010	2011
粮食产量(吨)	8960	9570	10847	13966	15720	16894

(1) 计算该乡近几年粮食产量的年平均增长量与年平均增长速度；

(2) 推算2012和2013年的粮食产量。

20. 某地区社会福利基础设施建设投资额资料如表：

年　份	2006	2007	2008	2009	2010	2011
基本建设投资额(万元)	224	244	264	283	303	324

(1) 用最小平方法配合该地区社会福利基础设施建设投资额的直线趋势方程。

(2) 预测2012年和2013年该地区社会福利基础设施建设投资额。

案例分析

案例[9-1]　我国社会慈善事业健康发展

我国《慈善事业法》立法相关工作继续推进。促进慈善捐助信息公示制度不断完善。组织开展了 2009 年度"中华慈善奖"的评选表彰活动，开展了慈善超市创新建设试点。截至 2010 年底，全国共建立经常性社会捐助工作站、点和慈善超市 3.2 万个（其中：慈善超市 8640 个）。全年各级直接接收社会捐赠款物 601.7 亿元，其中：民政部门直接接收社会各界捐款 179.8 亿元，捐赠物资折款 4.9 亿元，各类社会组织接收捐款 417.0 亿元。全年各地接收捐赠衣被 2750.4 万件，其中：棉衣被 956.8 万件。间接接收其他部门转入的社会捐款 10.5 亿元，衣被 538.8 万件，其中：棉衣被 33.8 万件，捐赠物资折款 2464.7 万元。全年有 2514.7 万人（次）困难群众受益。

2001—2010 年民政部门接收的社会捐赠

年　份	2001	2002	2003	2004	2005	2006	2007	2008	2009	2010
接收捐赠款（亿元）	11.7	19.0	41.0	34.0	60.3	83.1	132.8	479.3	507.2	596.8

资料来源：民政部网站《民政部发布 2010 年社会服务发展统计报告》，其中 2008 年数据根据 2008 年与 2009 年《报告》修正。

分析与讨论

1. 利用 Excel 绘制出民政部门接收的社会捐赠款时间数列的折线图。

2. 计算各年社会捐赠款的逐期增长量、累计增长量和年平均增长量，根据计算数据说明累计增长量与逐期增长量之间的联系。

3. 计算各年社会捐赠款的定基发展速度、环比发展速度、定基增长速度、环比增长速度、年平均发展速度、年平均增长速度。

4. 各年社会捐赠款总额呈现出哪种形态的长期趋势，用恰当的数学模型将这种长期趋势予以表达。

5. 根据拟合的数学模型，推测 2011 年和 2012 年的发展水平。

6. 本案例能否测定社会捐赠款的季节变动规律？如要测定季节变动规律，资料收集需要满足什么条件？适合采用哪种方法测定社会捐赠款的季节变动规律?

7. 根据案例中社会捐助工作站、点数与第六次人口普查全国人口总数 1339724852 人,计算 2010 年平均每 10 万人中拥有的社会捐助工作站、点数,计算 2010 年人均社会捐赠额。

8. 近十年社会捐赠款增长速度说明了什么问题? 2010 年人均社会捐赠额又说明什么?

9. 统计分析刑事案件发案情况是社会秩序与安全统计的一个重要内容,它能否进行时间数列分析? 如可获取相关数据,可计算哪些指标进行这方面的分析? 需要什么样的数据资料?

第十章　统计指数

第一节　统计指数的基本问题

一、统计指数的概念

统计指数简称指数。它有广义与狭义之分。广义的指数，泛指一切能说明社会经济现象数量变动或差异程度的相对数。如动态相对数、比较相对数和计划完成相对数，都可称之为指数。根据广义指数的理解，指数的使用范围不仅限于动态对比，而且也可用于静态对比，如不同地区、部门和国家之间的比较，实际指标与计划指标的比较，等等。狭义的指数，专指反映不能直接相加和对比的复杂社会经济现象综合变动程度的相对数。如国民收入指数、劳动生产率指数、社会养老保险缴费工资总额指数、平均工资指数等。本章所要阐述的指数，主要是这种狭义的指数。

指数的概念起源于对物价变动的研究。最早由英国的沃汉（RiceVoughan）于1650年首创。早期计算的物价指数是就单一商品而言的，即用该商品的报告期价格与基期价格相比来表示物价水平的变动程度。随着资本主义商品经济的发展，指数的应用不仅发展到对多种商品价格的综合变动进行测定，还逐步扩展到工业生产、进出口贸易、铁路运输、工资、成本、生活费用、股票证券等诸多方面。现在指数的概念又得到进一步拓展，英国大百科全书对此下了这样的定义："指数是用来测定一个变量对一个特定的变量值大小的相对数。"随着社会的发展，统计指数的理论和方法无论在外延上还是内涵上，都在不断延伸和拓展。

利用指数分析社会经济现象的发展动态及其构成因素的影响程度，通常称之为指数分析法，也称因素分析法。它是社会统计分析中广泛应用的重要分析方法。

二、统计指数的作用

(一)综合反映复杂现象总体的变动方向和程度

社会统计从数量上综合研究社会经济现象通常有两种情况：一是现象的数量可以直接相加，这可用上一章时间数列中讨论过的方法；二是现象的数量不能直接相加，这就必须用指数来进行统计。由于指数是用百分比表示的相对数，所以计算的结果大于或小于100%，可表明现象变动的方向，比100%大多少或小多少，可表明现象的变动程度。指数的子项和母项是两个总量指标，所以指数除了可以计算现象的变动程度外，还可以计算子项和母项两个总量指标之差，表示绝对变动。

(二)分析现象的各构成因素对现象总变动的影响程度和绝对效果

任何一个复杂社会经济现象的总体变动，往往受两个或两个以上构成因素变动的影响。例如，工资总额的变动受平均工资和职工人数的影响，国民收入的变动受劳动力人数、劳动复杂程度和劳动生产率的影响，出生人口的变动受人口总数、育龄妇女人口比重和育龄妇女生育率的影响。利用指数体系理论可以测定这些复杂社会经济现象总体变动中，各构成因素的变动对现象总变动的影响情况，不仅可以从相对数方面分析其影响程度，还可以从绝对数方面分析其影响的绝对额。

三、统计指数的类型

（一）根据指数说明对象的范围不同，分为个体指数和总指数

1. 个体指数

个体指数是反映单个现象变动的相对数。如社会保险某一险种的参保人指数，某一农副产品的销售量或价格指数等。个体指数实际上就是某个单一现象报告期指标数值与基期指标数值对比而得到的发展速度指标。

2. 总指数

总指数是反映复杂现象变动的相对数。如福利企业所有产品的产量和成本指数，城市居民多种生活费用价格总指数等。

（二）根据统计指标的内容不同，分为数量指标指数和质量指标指数

1. 数量指标指数

数量指标指数是根据数量指标计算的，反映社会经济现象数量变动的相对指标。如职工人数指数、参保企业数指数等。

2. 质量指标指数

质量指标指数是根据质量指标计算的，反映社会经济现象质量变动的相对指标。如劳动生产率指数、育龄妇女人口比重指数等。

（三）根据指数编制方法的不同，分为综合指数和平均指标指数

1. 综合指数

综合指数是由两个综合的统计量对比形成的指数。它是总指数的基本形式。

2. 平均指标指数

平均指标指数是将两个不同时期、同一经济内容的平均指标值对比而得到的动态相对指标。它是总指数计算的另一种形式。

(四)根据指数采用的基期不同,分为定基指数和环比指数

1. 定基指数

定基指数是指在指数数列中,把基期固定在某一个固定时期的指数。

2. 环比指数

环比指数是指在指数数列中,把基期确定在报告期前一期的指数。

所谓指数数列是指,按时间顺序排列指数所形成的指数。

第二节 综合指数

总指数的编制有两种方式:一是综合指数法;二是平均数指数法。综合指数是计算总指数的基本形式。它是由两个总量指标对比计算的。凡是一个总量指标可以分解为两个或两个以上的因素指标时,为观察其中一个因素指标的变动情况,将其他因素指标固定下来,由此计算出一个真实的现象总量指标与一个假定的现象总量指标对比而形成的指数,称之为综合指数。综合指数有数量指标综合指数和质量指标综合指数之分,其编制方法有所不同,下面分别讨论。

一、数量指标综合指数的编制

数量指标指数是反映现象总体规模变动情况的指数。物量指数最为典型。下面举例说明。

例:某单位在前后两年分别向市残疾人各捐赠了一批物品,其资料如表 10 - 1 所示。试以该单位捐赠物品的捐赠量指数为例,说明数量指标综合指数的编制方法。

表 10 - 1　某单位捐赠物品资料

捐赠物品名 称	计量单位	捐赠量		捐赠物品价格（元）	
		基期 q_0	报告期 q_1	基期 p_0	报告期 p_1
假肢矫形器	个	50	60	1800	1850
病 理 鞋	只	30	30	100	96
助行手杖	支	170	150	80	85
轮 椅 车	辆	60	80	700	740

从表 10 - 1 中可知，捐赠的四种物品的捐赠量有增有减，也有的不增不减。很明显，由于四种捐赠物品的使用价值不同，计量单位不同，因此它们的捐赠量也就不能通过直接相加来进行综合对比（即使计量单位相同一般也不能直接相加）。

为了解决上述问题，在编制总指数时，必须引入"同度量因素"，使总体内不能同度量的指标同度量化。所谓同度量因素，就是在综合指数编制中，将不能直接相加的因素，转化为能够直接相加的量的媒介因素。就本例假肢捐赠量指数而言，必须以捐赠的假肢物品价格为同度量因素。因为：捐赠量×捐赠物品价格＝捐赠额。把捐赠量转化为捐赠额就可以加总比较了。问题是，捐赠额的变动除了受捐赠量变化的影响外，还受捐赠物品价格变动的影响。为了在捐赠额变动中只观察捐赠量的变动影响情况，就要将作为同度量因素的捐赠物品价格固定起来，以消除捐赠物品价格变动对捐赠额的影响，即假定两个时期的物品捐赠量都是按同一捐赠物品价格计算的捐赠额。利用这一点可以进行捐赠量指数的计算。计算的基本公式为：

$$\bar{k}_q = \frac{\sum q_1 p}{\sum q_0 p}$$

式中：$\bar{k}_q$——捐赠量总指数；p——捐赠物品价格；
q_0——基期的捐赠量；q_1——报告期的捐赠量。

从公式可以看出，同度量因素捐赠物品价格 p 可以选择并固定在不同的时期，由此就会得到如下三个不同的捐赠量总指数的计算公式：

将捐赠物品价格固定在基期的公式：

$$\overline{k}_q = \frac{\sum q_1 p_0}{\sum q_0 p_0}$$

将捐赠物品价格固定在报告期的公式：

$$\overline{k}_q = \frac{\sum q_1 p_1}{\sum q_0 p_1}$$

将捐赠物品价格固定在某一特定时期的公式：

$$\overline{k}_q = \frac{\sum q_1 p_n}{\sum q_0 p_n}$$

联系表 10 - 1 资料，结合上面三个公式，不难看出，同度量因素捐赠物品价格在计算过程中还起着权数作用，即捐赠的每种物品价格的高低决定了每种物品捐赠量变动在捐赠量总指数中作用的大小。把权数固定在基期计算指数的公式，称为拉氏公式，因 1864 年德国经济统计学家埃蒂恩·拉斯贝尔(Etienne Laspeyres)首次提出而得名，这个公式又称为拉氏数量指数。把权数固定在报告期计算指数的公式，称为派氏公式，因 1874 年德国经济统计学家哈曼·派许(Herman Paasche)首次提出而得名，这个公式又称为派氏数量指数。

上面三个公式计算指数的结果是不同的，它们说明的问题当然也有所不同。实际工作中，三种固定同度量因素的方法都有应用，但从我国指数编制的实践来看，一般情况下较多地采用拉氏公式计算数量指标综合指数。本书也只采用拉氏公式来计算数量指标综合指数。现根据表 10 - 1 资料计算捐赠量综合指数，其计算所需数据如表 10 – 2 所示。

表 10 – 2　某单位捐赠物品捐赠量综合指数计算表

捐赠 物品	计量 单位	捐赠量		捐赠物品 价格（元）		捐赠额（元）		
		q_0	q_1	p_0	p_1	q_0p_0	q_1p_0	q_1p_1
假肢矫形器	个	50	60	1800	1850	90000	108000	111000
病 理 鞋	只	30	30	100	96	3000	3000	2880
助行手杖	支	170	150	80	85	13600	12000	12750
轮 椅 车	辆	60	80	700	740	42000	56000	59200
合　计	—	—	—	—	—	148600	179000	185830

将价格固定在基期，则捐赠的四种物品的捐赠量指数为：

$$\bar{k}_q = \frac{\sum q_1 p_0}{\sum q_0 p_0} = \frac{179000}{148600} = 120.46\%$$

$$\sum q_1 p_0 - \sum q_0 p_0 = 179000 - 148600 = 30400（元）$$

计算结果表明，在基期价格不变的情况下，四种物品捐赠量平均来说提高了 20.46%，由于捐赠量提高，按捐赠物品基期价格计算增加的捐赠额为 30400 元。

二、质量指标综合指数的编制

对复杂现象质量指标进行动态分析，在编制质量指标综合指数时，也需要同度量因素的媒介作用。

例：现以表 10 – 1 资料计算捐赠物品价格指数，说明质量指标综合指数的编制方法。

依据表 10 – 1 资料，可分别计算出捐赠的四种物品价格的个体指数，反映的是每种捐赠物品价格的个体变化。如要反映四种物品价格的综合变动情况，必须编制价格总指数。问题是，不同使用价值的物品价格不具有可加性，为此，需要选择捐赠量作为同度量因素使其转化为捐赠额，然后加总进行对比。可见，价格总指数是通过不同时期权数下的物品捐赠额之比来计算的。计算的基本公式为：

$$\bar{k}_p = \frac{\sum p_1 q}{\sum p_0 q}$$

式中：$\bar{k}_p$——捐赠物品价格总指数；q——捐赠量；

p_0——基期捐赠物价格；p_1——报告期捐赠物价格。

从公式可看出，同度量因素捐赠量 q 可以选择并固定在不同时期，由此会得到下面三个不同的物品价格总指数的计算公式：

将物品价格固定在报告期的公式

$$\bar{k}_p = \frac{\sum p_1 q_1}{\sum p_0 q_1}$$

这个公式由派许提出，称之为派氏质量指数。

将物品价格固定在基期的公式

$$\bar{k}_p = \frac{\sum p_1 q_0}{\sum p_0 q_0}$$

这个公式由拉氏提出，称之为拉氏质量指数。

将物品价格固定在某一特定时期的公式

$$\bar{k}_p = \frac{\sum p_1 q_n}{\sum p_0 q_n}$$

上面三个公式计算指数的结果不同，各自说明的问题也有所不同。实际工作中，一般是采用派氏公式计算质量指标综合指数。本书也只采用派氏公式计算质量指标综合指数。

根据表 10 - 2 资料可计算出捐赠物品价格综合指数为：

$$\overline{k}_p = \frac{\sum p_1 q_1}{\sum p_0 q_1} = \frac{185830}{179000} = 103.82\%$$

$$\sum p_1 q_1 - \sum p_0 q_1 = 185830 - 179000 = 6830(元)$$

计算结果表明，在报告期捐赠量不变的情况下，捐赠的四种物品价格平均来说上涨了 3.82%，由于捐赠物品价格的提高，按报告期捐赠量计算增加的捐赠额为 6830 元。

三、综合指数的主要特点

1. 借助同度量因素先综合后对比

在分析复杂社会经济现象综合变动时，不同度量单位的事物不能直接相加，但有时又需要把它们作为一个总体来研究，必须把它们加总起来，这时便需要借助同度量因素，把不能同度量现象过渡为可以同度量现象，先综合然后进行对比。

2. 同度量因素的时期要固定

运用综合指数编制总指数时，需要借助同度量因素对复杂现象进行综合，但人们关心的是复杂总体中一个因素的变动情况，而同度量因素有不同时期的数值，因此，需要将同度量因素加以固定，以测定人们所关心的因素的变动。而同度量因素具体选择在哪个时期，应视统计研究目的来确定，要使计算出来的指数具有实际意义。

3. 综合指数的计算使用的是全面资料

用综合指数编制总指数，由于使用的是全面资料，因而只可能产生登记性误差，不会出现代表性误差。另一方面，综合指数计算的前提条件是要有全面的原始资料，而实际工作中搜集全面资料困难较大，这就极大地限制了综合指数的应用范围。

第三节　平均数指数

平均数指数是以个体指数为基础,采取加权平均数形式编制的总指数。由于运用综合指数计算总指数需要占有全面的统计资料,使其应用受到限制,因而实践中产生了平均数指数的计算方法。常用的平均数指数有加权算术平均数指数和加权调和平均数指数两种。

一、加权算术平均数指数

加权算术平均数指数,是对个体指数采用加权算术平均方法计算的总指数。

例:某市社会保险参保人情况如表 10 - 3 所示,计算参保人数总指数。

表 10 - 3　某市社会保险参保人数指数计算表

险　种	缴费参保人(万人)		基期缴费工资总额 q_0p_0(万元)	个体参保人数指数 $k_q = q_1/q_0$	$k_q \cdot q_0p_0$
	基 期 q_0	报告期 q_1			
甲	(1)	(2)	(3)	(4) = (2) ÷ (1)	(5) = (4) × (3)
养老保险	52.51	64.06	61961.8	1.22	75593.4
医疗保险	35.38	56.61	48824.4	1.60	78119.0
工伤保险	75.46	97.34	91306.6	1.29	117785.5
合　计	—	—	202092.8	—	271497.9

由于掌握资料有限,缺乏各期平均缴费工资额,无法直接运用综合指数的公式计算社会保险参保人总指数,需将综合指数公式变形使用。

设 k_q 为社会保险各险种的参保人数个体指数,则:

$\because k_q = q_1 / q_0 \qquad \therefore \quad q_1 = k_q \cdot q_0$

因参保人数指数为数量指标指数，实际工作中，编制数量指标综合指数一般采用拉氏数量指数公式，将 $q_1 = k_q \cdot q_0$ 代入其中，故有：

$$\bar{k}_q = \frac{\sum q_1 p_0}{\sum q_0 p_0} = \frac{\sum k_q \cdot q_0 p_0}{\sum q_0 p_0}$$

此公式与平均指标一章中加权算术平均数一般形式 $\sum xf / \sum f$ 相似，个体指数是变量值，$q_0 p_0$ 是权数，所以用该公式计算的总指数称为加权算术平均数指数。

根据表 10 – 3 中资料，社会保险各险种参保人数指数为：

$$\bar{k}_q = \frac{\sum k_q \cdot q_0 p_0}{\sum q_0 p_0} = \frac{271497.9}{202092.8} = 134.3\%$$

$$\sum k_q \cdot q_0 p_0 - \sum q_0 p_0 = 271497.9 - 202092.8$$
$$= 69405.1(万元)$$

计算结果表明，该市社会保险各险种参保人数报告期比基期平均增长了 34.3%，由于参保人的变动，使得社会保险缴费工资总额增加了 69405.1 万元。

二、加权调和平均数指数

加权调和平均数指数，是对个体指数采用加权调和平均方法计算的总指数。

例：某地城市居民月消费性支出情况如表 10 – 4 所示，计算该地城市居民月消费性支出指数。

同样由于资料掌握有限，缺乏该地城市居民家庭常住人口资料，不能直接运用综合指数的公式计算总指数，需将综合指数公式变形使用。

表 10 – 4   某地农村居民消费性支出指数计算表

收入户型	消费性支出(元)		报告期消费性支出总额 p_1q_1(元)	个体消费支出指数 $k_p = p_1/p_0$	$\dfrac{1}{k_p} \cdot p_1q_1$
	基期 p_0	报告期 p_1			
甲	(1)	(2)	(3)	(4) = (2) ÷ (1)	(5) = (3) ÷ (4)
低收入户	150	180	144000	1.2	120000
中收入户	500	700	1470000	1.4	1050000
高收入户	1200	1320	924000	1.1	840000
合　　计	—	—	2538000	—	2010000

设 k_p 为个体指数,则:

$\because k_p = p_1/p_0$ $\therefore p_0 = p_1/k_p$

因本例城市居民消费性支出指数为质量指标指数,实际工作中,编制质量指标综合指数一般采用派氏质量指数公式,将 $p_0 = p_1/k_p$ 代入其中,故有:

$$\bar{k}_p = \frac{\sum p_1q_1}{\sum p_0q_1} = \frac{\sum p_1q_1}{\sum \dfrac{1}{k_p}p_1q_1}$$

此公式与第五章加权调和平均数一般形式相似,个体指数是变量值,p_1q_1 是权数,所以用该公式计算的总指数称为加权调和平均数指数。

根据表 10 – 4 中资料,该市居民消费性支出指数为:

$$\bar{k}_p = \frac{\sum p_1q_1}{\sum \dfrac{1}{k_p}p_1q_1} = \frac{2538000}{2010000} = 126.27\%$$

$$\sum p_1q_1 - \sum \frac{1}{k_p}p_1q_1 = 2538000 - 2010000 = 528000(元)$$

计算结果表明,该地城市居民月消费性支出报告期比基期平均增长了 26. 27% ，由于各种收入户消费性支出额的增加，使得消费性支出总额增加了 528000 元。

三、固定权数加权平均数指数

固定权数加权平均数指数，是对个体指数采用某种固定权数 W ，而不是使用 q_0p_0 或 q_1p_1 作权数进行加权平均计算的总指数。这种情况下，加权平均指数与综合指数之间不存在变形关系。固定权数平均数指数依据平均的方式不同，有固定权数算术平均数指数和固定权数调和平均数指数之分。

若个体指数用 k 表示，则固定权数算术平均数指数与固定权数调和平均数指数的一般表达式分别为：

$$固定权数算术平均数指数 = \frac{\sum kW}{\sum W}$$

$$固定权数调和平均数指数 = \frac{\sum W}{\sum \frac{1}{k}W}$$

式中：k—— 个体指数或类（组）指数，$k_q = q_1/q_0$，$k_p = p_1/p_0$ ；

W—— 一般为相对数形式的权数。

固定权数加权平均数指数在国内外统计实践中得到广泛应用。当缺乏全面资料直接用综合指数计算有困难时，便使用固定权数平均指数公式进行计算。如我国居民消费价格指数、商品零售价格指数等就是采用固定权数平均数指数的方法计算的。

固定权数加权平均数指数的权数 W ，一般是根据抽样调查、普查或统计报表资料计算调整确定的，大都用比重形式代替它的实际值，在较长一段时期内作为不变权数使用，每隔五年或十年调整一次。这样，利用此方法计算总指数只需要掌握个体指数资料就可以了。其具体计算与应用在第五节加以详细叙述。

四、综合指数与加权平均数指数的区别与联系

（一）综合指数与加权平均数指数的区别

1. 编制思路不同

综合指数是从同度量因素出发，编制总指数时，先确定同度量因素，然后固定同度量因素在某一个时期，计算出一个真实的和一个假定的总值指标进行对比，以测定指数化因素的变动情况。加权平均数法是从个体指数出发，编制总指数时，先计算个体指数，然后对个体指数采用加权平均的方法计算总指数。对个体指数加权平均的方式有三种：算术平均、调和平均和几何平均，其中算术平均的方式计算简便，含义直观，应用最为广泛，调和平均应用次之，几何平均计算复杂，应用很少。

2. 资料依据不同

综合指数计算依据是全面资料，而指数编制实践中要掌握全面资料较为困难。加权平均数指数计算采用的是非全面资料，当然也可以是全面资料。因而后者比前者灵活，更具有现实意义。

3. 权数使用不同

综合指数所用权数是不同时期的数量指标或质量指标，加权平均数指数所用权数是不同时期的总值指标或是这个总值指标的相对数形式。

4. 关键问题不同

综合指数在确定了同度量因素之后，要考虑的关键问题是将同度量因素固定在基期、报告期还是某一特定时期的问题。使用不同时期的权数计算综合指数，结果不同，说明的问题也不同。实际工作中，同度量因素具体固定在哪个时期，应视统计研究目的来确定，同时要考虑统计指数体系的要求等问题。我国统计实践中用综合指数编制总指数时，一般应遵守如下原则：编制数量指标指数时，选择质量指标作权数，并将其固定在基期；编制质

量指标指数时，选择数量指标作权数，并将其固定在报告期。

加权平均数指数在确定了平均的方式之后，要考虑的关键问题是权数的选择问题。因为对于复杂总体，其各个构成因素在总体中的重要程度是不完全一样的。权数是选择基期、报告期总值，还是选择固定权数 W，甚至确定一个主观假定的权数来进行计算，说明的问题是不一样的。权数选择的原则是：权数应当能够正确评价个体指数的重要程度。

（二）综合指数与加权平均数指数的联系

综合指数和加权平均数指数的联系主要表现在：一定条件下，二者存在变形关系。值得注意的是，加权平均数指数不只是作为综合指数的变形使用，在指数计算中它具有独立的意义，其本身具有广泛的应用价值。

第四节　指数体系

一、指数体系的意义

（一）指数体系的概念

指数体系是由若干个在社会经济内容上相互联系的统计指数所构成的整体。指数是说明社会经济现象数量变动的，而任何社会经济现象都不是孤立存在的，社会经济现象之间客观地存在着相互联系、相互影响的关系，一个指数通常只能说明某一个社会经济现象的数量变动，要对相互联系的多个社会经济现象做深入研究，便需要运用多个统计指数结合形成的相对应的指数体系来进行分析。社会经济现象之间的联系，有些可以用数学形式表达出来，例如：

产值 ＝ 产量 × 出厂价格

老年人口数 ＝ 劳动力人口数 × 老年负担系数

这些现象之间的关系，用指数形式表现时，同样也存在着上述数量对等关系，即：

产值指数 = 产量指数 × 出厂价格指数

老年人口数指数 = 劳动力人口数指数 × 老年负担系数指数

这些社会经济关系式，都分别构成各自独立的指数体系。从上面所举例子可知，指数体系应具备三个或三个以上的统计指数，且相互间存在着乘积关系。统计工作中，常将等式左边的指数称为总变动指数，等式右边的指数称为影响因素指数。

(二) 指数体系的作用

1. 进行因素分析

指数体系构建的目的，就是要分析多种因素的变动对社会经济现象总体变动情况的影响。因素分析要以指数体系为基本依据。例如，利用指数体系，才能分别分析出产量和出厂价格这两个影响因素的变动对产值的影响。利用指数体系，才可以分别测定出居民人数的变动和人均消费品消费量变动对居民消费品总量的影响有多大。利用指数体系进行因素分析应注意两点：一是当测定某一因素变动影响时，必须将其他因素固定下来。固定的方法以综合指数编制的一般原理为依据。二是进行多因素分析时，要注意各影响因素指数的合理排序。一般是数量指标指数在先，质量指标指数在后。

2. 指数间相互推算

指数体系中的总变动指数与影响因素指数之间存在着一定的数量关系。利用这种关系可以进行指数间的相互推算。这种数量关系表现在两方面：从相对数看，总变动指数等于各影响因素指数的乘积；从绝对数看，总变动指数分子与分母的差额等于各个影响因素指数分子与分母差额之和。因此，在一个指数体系中，求一个未知指数，只要知道其他各已知指数数值，利用指数体系，便不难推算出所求的未知指数。

二、总量指标指数体系的因素分析

利用指数体系，对现象的总量指标变动进行因素分析，可分为对简单现象总量指标变动进行因素分析和对复杂现象总量指标变动进行因素分析两种情况。前者分析较为简单，留待读者自己思考。而后者又有两因素分析和多因素分析之别。下面分别讨论。

（一）两因素分析

在进行两因素分析时，可视资料掌握的情况，决定影响因素指数是采用综合指数法还是加权平均数指数法。至于等式左边的总变动指数，则直接使用报告期与基期总值进行对比。由于影响因素指数的权数固定在哪一个时期有不同的选择，因而可以得到不同的计算公式，由此组合形成不同的指数体系。依据我国统计实践中编制综合指数的一般原则，所构建的指数体系为：

$$\frac{\sum q_1 p_1}{\sum q_0 p_0} = \frac{\sum q_1 p_0}{\sum q_0 p_0} \times \frac{\sum q_1 p_1}{\sum q_1 p_0}$$

$$\sum q_1 p_1 - \sum q_0 p_0 = \left(\sum q_1 p_0 - \sum q_0 p_0 \right) + \left(\sum q_1 p_1 - \sum q_1 p_0 \right)$$

例：以表 10 - 5 资料为例，利用上述指数体系，分析城乡人口变动和人口的粗死亡率的变动对死亡人口数的影响情况。

表 10 - 5　某地区死亡人数两因素分析表

地区	人口数（万人）		粗死亡率（‰）		死亡人口数（人）		
	基期 q_0	报告期 q_1	基期 p_0	报告期 p_1	$q_0 p_0$	$q_1 p_1$	$q_1 p_0$
城市	87.4	94.0	4.0	3.6	3496	3384	3760
农村	92.5	102.5	5.6	5.4	5180	5535	5740
合计	—	—	—	—	8676	8919	9500

表中粗死亡率是一个时期中的死亡人数与同时期的平均人

口数的比值。

利用指数体系进行总量指标两因素分析,步骤如下:

第一步,分析复杂现象总体的变动程度和变动规模。这可用总变动指数来反映其变动的程度,用总变动指数公式中的分子与分母之差来反映其变动的绝对值。

第二步,分别分析各个因素的变动对复杂现象总体变动的影响程度和影响的绝对值。这应分别计算两个影响因素指数,以此分别反映各因素的变动对复杂现象总体变动的影响程度;分别计算两个影响因素指数公式中的分子与分母之差,以说明各因素对总体变动的影响的绝对情况。

第三步,综合分析两个因素变动对复杂现象总体的影响。这需用指数体系来表示。

本例,该地区死亡人口数的变动程度为:

$$\bar{k}_{qp} = \frac{\sum q_1 p_1}{\sum q_0 p_0} = \frac{8919}{8676} = 102.8\%$$

该地死亡人口数变动的绝对数为:

$$\sum q_1 p_1 - \sum q_0 p_0 = 8919 - 8676 = 243(人)$$

从表中可知,报告期粗死亡率无论城乡都比基期有所降低,为何该地区死亡人口数反而增长了2.8%,死亡人口数增加了243人呢?这就要分别从两个影响因素加以分析。

首先,分析城乡人口的变动,对死亡人口数变动的影响程度和影响的绝对值。

$$\bar{k}_q = \frac{\sum q_1 p_0}{\sum q_0 p_0} = \frac{9500}{8676} = 109.5\%$$

$$\sum q_1 p_0 - \sum q_0 p_0 = 9500 - 8676 = 824(人)$$

其次,分析城乡粗死亡率的变动,对死亡人口数变动的影响程度和影响的绝对值。

$$\bar{k}_p = \frac{\sum q_1 p_1}{\sum q_1 p_0} = \frac{8919}{9500} = 93.9\%$$

$$\sum q_1 p_1 - \sum q_1 p_0 = 8919 - 9500 = -581(人)$$

综合分析：以上三个指数的关系是：

$$102.8\% = 109.5\% \times 93.9\%$$

$$243 = 824 + (-581)$$

计算结果表明，报告期与基期相比，城乡死亡人口数平均增长了2.8%，这是由于城乡人口基数平均增长了9.5%和城乡人口粗死亡率平均降低了6.1%两个因素共同作用的结果。同时，城乡死亡人口数增加的绝对额为243人，是由于城乡人口基数提高使其死亡人数增加了824人，城乡粗死亡率降低使其死亡人口数减少了581人所致。

（二）多因素分析

利用指数体系对总量指标变动进行多因素分析，与两因素分析的原理、方法、步骤基本相同。但因包含的因素较多，因而有两点需特别注意：

一是要根据各影响因素之间的内在联系和逻辑关系，合理地确定各因素的排列顺序。各因素的排列顺序应遵循数量指标因素在前，质量指标因素在后的原则，以及相邻指标相乘必须有实际社会经济意义的原则。例如：

出生人数 = 人口总数 × 育龄妇女人口比重 × 育龄妇女生育率

上式用符号表示为：$qmp = q \cdot m \cdot p$

这样排列符合上述两项排序原则，符合客观事物的相互联系和内在逻辑。对这个包含三个因素的总量指标进行因素分析，可建立如下指数分析体系：

相对数指数分析体系：

$$\frac{\sum q_1 m_1 p_1}{\sum q_0 m_0 p_0} = \frac{\sum q_1 m_0 p_0}{\sum q_0 m_0 p_0} \times \frac{\sum q_1 m_1 p_0}{\sum q_1 m_0 p_0} \times \frac{\sum q_1 m_1 p_1}{\sum q_1 m_1 p_0}$$

绝对数指数分析体系：

$$\sum q_1 m_1 p_1 - \sum q_0 m_0 p_0 = \left(\sum q_1 m_0 p_0 - \sum q_0 m_0 p_0 \right)$$
$$+ \left(\sum q_1 m_1 p_0 - \sum q_1 m_0 p_0 \right) + \left(\sum q_1 m_1 p_1 - \sum q_1 m_1 p_0 \right)$$

二是测定其中一个因素的变动对总变动的影响时，必须将其他因素固定下来。这一般仍然要遵循综合指数编制总指数时应遵守的原则。如果各因素排序合理，也就是将未测定过的因素固定在基期，将已测定过的因素固定在报告期。上述指数分析体系便符合这一编制原则。

例：现以表 10 - 6 中的某地区出生人数资料，说明多因素的指数分析方法。

表 10 - 6　某地区出生人数情况表

地区	人口总数 (万人)		育龄妇女人口比重 (%)		育龄妇女生育率 (‰)	
	基期 q_0	报告期 q_1	基期 m_0	报告期 m_1	基期 p_0	报告期 p_1
市	100	110	12	16	140	110
镇	20	24	13	18	160	140
乡	280	320	13	17	200	190

根据表 10 - 6 资料，依指数体系计算要求，列计算栏如表 10 - 7 所示。

将表 10 - 7 中数据代入总变动指数和各影响因素指数公式，具体计算如下：

表 10 - 7　某地区出生人数因素分析计算表

地区	出生人数(万人)			
	$q_0 m_0 p_0$	$q_1 m_1 p_1$	$q_1 m_0 p_0$	$q_1 m_1 p_0$
市	1.680	1.9360	1.8480	2.4640
镇	0.416	0.6048	0.4992	0.6912
乡	7.280	10.3360	8.3200	10.8800
合计	9.376	12.8768	10.6672	14.0352

第一步,计算总变动指数:

出生人数指数:

$$\bar{k}_{qmp} = \frac{\sum q_1 m_1 p_1}{\sum q_0 m_0 p_0} = \frac{12.8768}{9.376} = 137.34\%$$

出生人口增加数:

$$\sum q_1 m_1 p_1 - \sum q_0 m_0 p_0 = 12.8768 - 9.376 = 3.5008(万人)$$

第二步,计算三个影响因素指数:

(1)人口总数指数:

$$\bar{k}_q = \frac{\sum q_1 m_0 p_0}{\sum q_0 m_0 p_0} = \frac{10.6672}{9.376} = 113.77\%$$

人口总数增加数:

$$\sum q_1 m_0 p_0 - \sum q_0 m_0 p_0 = 10.6672 - 9.376 = 1.2912(万人)$$

(2)育龄妇女人口比重指数:

$$\bar{k}_m = \frac{\sum q_1 m_1 p_0}{\sum q_1 m_0 p_0} = \frac{14.0352}{10.6672} = 131.57\%$$

因育龄妇女人口比重增长而增加的出生人数:

$$\sum q_1 m_1 p_0 - \sum q_1 m_0 p_0 = 14.0352 - 10.6672 = 3.368(万人)$$

(3)育龄妇女生育率指数

$$\bar{k}_p = \frac{\sum q_1 m_1 p_1}{\sum q_1 m_1 p_0} = \frac{12.8768}{14.0352} = 91.75\%$$

因育龄妇女生育率降低而减少的出生人数：

$$\sum q_1 m_1 p_1 - \sum q_1 m_1 p_0 = 12.8768 - 14.0352 = -1.1584(万人)$$

第三步，综合分析。建立四个指数之间的关系式：

137.34% = 113.77% × 131.57% × 91.75%

3.5008 = [1.2912 + 3.368 + (-1.1584)]

计算结果表明，报告期与基期相比，该地区出生人数增长了37.34%，多出生了35008人，其原因是如下三个因素共同作用的结果：由于该地区人口总数增长了13.77%，使出生人数增加了12912人；由于该地区育龄妇女人口比重增长了31.57%，使出生人数增加了33680人；由于该地区育龄妇女生育率降低了8.25%，使出生人数减少了11584人。

三、平均指标指数体系的因素分析

（一）平均指标指数体系中的三种指数

对平均指标变动进行因素分析，需要编制平均指标指数体系。此时分析的平均指标，是指在对社会经济现象总体进行分组的条件下计算出的总平均数。依据分组资料计算总平均数要用加权式。在第五章中，加权算术平均数的计算公式表述为：

$$\bar{x} = \frac{\sum xf}{\sum f} = \sum x \frac{f}{\sum f}$$

由公式可知，在资料已分组的情况下，平均指标受两个因素的影响：一是变量值 x；二是各组次数 f 或各组次数占总次数的比重 $f / \sum f$，即总体的结构。如果平均数发生动态变化，显然是受 x 和 $f / \sum f$ 变动影响的结果。因此，可以利用指数体系从变量值及结构的变动对总平均数变动的影响情况进行分析。

与编制综合指数原理相似,要分析变量值 x 和结构 $f/\sum f$ 的变动对总平均数的影响,需引入同度量因素并将之固定,编制关于变量值 x 的指数和结构 $f/\sum f$ 的指数,从而形成平均指标指数体系。平均指标指数体系由三种指数构成,即:

可变构成指数 = 固定构成指数 × 结构影响指数

1. 可变构成指数

可变构成指数是反映总平均指标变动方向和程度的指数。它是两个不同时期的加权算术平均数之比。计算公式为:

可变构成指数 $\quad \bar{k}_{可变} = \dfrac{\bar{x}_1}{\bar{x}_0} = \dfrac{\sum x_1 f_1}{\sum f_1} : \dfrac{\sum x_0 f_0}{\sum f_0}$

总平均指标变动增减的绝对量为:

$$\frac{\sum x_1 f_1}{\sum f_1} - \frac{\sum x_0 f_0}{\sum f_0}$$

2. 固定构成指数

固定构成指数是将作为权数的总体结构 $f/\sum f$ 固定下来,以反映各组平均水平 $\bar{x}$ 的变动对总平均水平变动影响的指数。这时,总体内部结构可以固定在基期,也可以固定在报告期,但实际应用中大都固定在报告期。计算公式为:

固定构成指数 $\quad \bar{k}_{固定} = \dfrac{\sum x_1 f_1}{\sum f_1} : \dfrac{\sum x_0 f_1}{\sum f_1}$

各组平均水平变动对总平均水平变动的影响绝对额为:

$$\frac{\sum x_1 f_1}{\sum f_1} - \frac{\sum x_0 f_1}{\sum f_1}$$

式中,$\sum x_0 f_1 / \sum f_1$ 是按基期平均水平计算的报告期社会经济总量除以报告期总体总量得出的假定平均指标。

3. 结构影响指数

结构影响指数是反映总体内部结构变动对总平均水平变动影响的指数。这时需要将各组平均数固定下来，以单纯反映总体内部结构一个因素变动对总平均水平的影响。组平均数虽然有不同时期固定法，但实际应用中，通常将其固定在基期。计算公式为：

结构影响指数 $\bar{k}_{结构} = \dfrac{\sum x_0 f_1}{\sum f_1} : \dfrac{\sum x_0 f_0}{\sum f_0}$

总体内部结构变动对总平均水平变动的影响的绝对额为：

$$\frac{\sum x_0 f_1}{\sum f_1} - \frac{\sum x_0 f_0}{\sum f_0}$$

（二）平均指标指数体系及其因素分析示例

上述三个指数间具有一定的联系，构成反映平均指标动态变化的平均指标指数体系。即：

可变构成指数 = 固定构成指数 × 结构影响指数

$$\frac{\sum x_1 f_1}{\sum f_1} : \frac{\sum x_0 f_0}{\sum f_0} = \left(\frac{\sum x_1 f_1}{\sum f_1} : \frac{\sum x_0 f_1}{\sum f_1} \right) \left(\frac{\sum x_0 f_1}{\sum f_1} : \frac{\sum x_0 f_0}{\sum f_0} \right)$$

总平均指标变动的绝对额 = 各组平均水平变动影响的绝对额 + 各组单位数比重变动影响的绝对额。即：

$$\frac{\sum x_1 f_1}{\sum f_1} - \frac{\sum x_0 f_0}{\sum f_0} = \left(\frac{\sum x_1 f_1}{\sum f_1} - \frac{\sum x_0 f_1}{\sum f_1} \right) + \left(\frac{\sum x_0 f_1}{\sum f_1} - \frac{\sum x_0 f_0}{\sum f_0} \right)$$

利用这一指数体系，可以对平均指标的变动从相对数和绝对数两方面进行因素分析。

例：某地农村居民年纯收入资料如表 10 - 8 所示，要求：分析农村居民年纯收入水平和农村居民结构的变动对农村居民平均收入的影响。

表10 − 8　某地农村居民年平均纯收入指数计算表

家庭户型	居民人数（人）		年人均纯收入（元）		年收入总额（元）		
	f_0	f_1	x_0	x_1	$x_0 f_0$	$x_1 f_1$	$x_0 f_1$
贫困户	60	40	250	300	15000	12000	10000
温饱户	150	160	426	468	63900	74880	68160
小康户	250	300	800	920	200000	276000	240000
富裕户	40	60	1190	1400	47600	84000	71400
合 计	500	560	653	798	326500	446880	389560

根据上表资料，可直接将表中有关数据代入上述指数体系公式，计算各个指数。这里为了观察与计算的方便，先分别计算该地农村居民基期、报告期和假定年纯收入水平：

该地农村居民基期年纯收入水平

$$\bar{x}_0 = \frac{\sum x_0 f_0}{\sum f_0} = \frac{326500}{500} = 653 (元)$$

该地农村居民报告期年纯收入水平

$$\bar{x}_1 = \frac{\sum x_1 f_1}{\sum f_1} = \frac{446880}{560} = 798 (元)$$

该地农村居民假定年纯收入水平

$$\bar{x}_{假} = \frac{\sum x_0 f_1}{\sum f_1} = \frac{389560}{560} = 695.6 (元)$$

在此基础上，对平均指标变动进行因素分析的具体步骤为：

第一步，计算可变构成指数，以测定总平均指标的变动，本例即计算该地农村居民总平均年纯收入变动的程度：

$$\bar{k}_{可变} = \frac{\bar{x}_1}{\bar{x}_0} = \frac{\sum x_1 f_1}{\sum f_1} : \frac{\sum x_0 f_0}{\sum f_0} = \frac{798}{653} = 122.2\%$$

总平均年收入变动的绝对额：

$$\frac{\sum x_1 f_1}{\sum f_1} - \frac{\sum x_0 f_0}{\sum f_0} = 798 - 653 = 145(元)$$

第二步，进行因素分析，即计算固定构成指数与结构影响指数，本例：

（1）计算各组年平均纯收入变动对总平均年纯收入变动的影响程度：

$$\bar{k}_{固定} = \frac{\sum x_1 f_1}{\sum f_1} : \frac{\sum x_0 f_1}{\sum f_1} = \frac{798}{695.6} = 114.7\%$$

各组年平均纯收入变动对总平均年收入变动影响的绝对额：

$$\frac{\sum x_1 f_1}{\sum f_1} - \frac{\sum x_0 f_1}{\sum f_1} = 798 - 695.6 = 102.4(元)$$

（2）农村居民人数结构变动对总平均年纯收入的影响程度为：

$$\bar{k}_{结构} = \frac{\sum x_0 f_1}{\sum f_1} : \frac{\sum x_0 f_0}{\sum f_0} = \frac{695.6}{653} = 106.5\%$$

各组年平均纯收入变动对总平均年收入变动影响的绝对额：

$$\frac{\sum x_0 f_1}{\sum f_1} - \frac{\sum x_0 f_0}{\sum f_0} = 695.6 - 653 = 42.6(元)$$

第三步，进行综合影响分析。即建立指数之间的关系式：

$$122.2\% = 114.7\% \times 106.5\%$$
$$145 = 102.4 + 42.6$$

计算结果表明，该地农村居民总平均年纯收入报告期与基期相比，平均提高了22.2%，人平纯收入增加145元。这是由于各家庭户型居民纯收入水平平均提高了14.7%，从而人平纯收入增加102.4元，各户型居民结构的变动使总平均年纯收入平均提高了 6.5%，使得人平纯收入增加了 42.6 元，两因素共同作用的结果。

四、总量指标与平均指标相结合的因素分析

在对总量指标变动情况进行分析时，还可以进一步分析平均指标的变动对总体标志总量的影响，从而将总量指标变动的因素分析方法与平均指标变动的因素分析方法结合起来，从变量值、结构、总次数三方面的变动对总量指标的影响情况进行分析。其基本分析原理如下：

$$\because \ \bar{x} = \frac{\sum xf}{\sum f}$$

$$\therefore \ \sum xf = \sum f \cdot \bar{x}$$

由上观之，总体标志总量 = 总体单位数 × 总体平均数。也就是说，总体总量指标是由总体单位数和总体平均数两因素决定的。由此建立指数体系如下：

$$\frac{\sum x_1 f_1}{\sum x_0 f_0} = \frac{\sum f_1}{\sum f_0} \times \left(\frac{\sum x_1 f_1}{\sum f_1} : \frac{\sum x_0 f_0}{\sum f_0} \right)$$

由于平均指标可变构成指数等于固定构成指数和结构影响指数的乘积，因此，上述总量指标指数体系因素分析还可以进一步深化，表现为如下相对数分析体系形式：

$$\frac{\sum x_1 f_1}{\sum x_0 f_0} = \frac{\sum f_1}{\sum f_0} \times \left(\frac{\sum x_1 f_1}{\sum f_1} : \frac{\sum x_0 f_1}{\sum f_1} \right) \times \left(\frac{\sum x_0 f_1}{\sum f_1} : \frac{\sum x_0 f_0}{\sum f_0} \right)$$

绝对数分析体系：

$$\sum x_1 f_1 - \sum x_0 f_0 = \left(\sum f_1 - \sum f_0 \right) \times \bar{x}_0 +$$

$$\left[\left(\frac{\sum x_1 f_1}{\sum f_1} - \frac{\sum x_0 f_1}{\sum f_1} \right) \times \sum f_1 \right] + \left[\left(\frac{\sum x_0 f_1}{\sum f_1} - \frac{\sum x_0 f_0}{\sum f_0} \right) \times \sum f_1 \right]$$

例：仍以表10－9为例，对农村居民年纯收入总额的变动进行因素分析。

将上例有关计算值代入上面指数体系：

$$\frac{446880}{326500} = \frac{560}{500} \times \frac{798}{695.6} \times \frac{695.6}{653}$$

即：$136.8\% = 112\% \times 114.7\% \times 106.5\%$

$446880 - 326500 = (560 - 500) \times 653 + (798 - 695.6) \times 560 + (695.6 - 653) \times 560$

即：$120380 = 39180 + 57344 + 23856$

计算结果表明，该地农村居民年纯收入总额，报告期与基期相比，增长36.8%，是因居民人数增加而增长12%，因各组居民平均收入变动而增长14.7%，因居民结构变动而增长6.5%，三个因素共同作用的结果。该地农村居民年纯收入绝对额，报告期与基期相比，增加120380元，是因居民人数增加而增加39180元，因各组居民平均收入水平增长而增加57344元，因居民结构变动而增加23856元，三个因素共同作用的结果。

第五节　指数分析在社会统计中的应用

一、社会统计中与其相关的几种常见指数

指数在社会经济统计中应用非常广泛，在我国统计实践中，与社会统计研究相关密切的重要指数有居民消费价格指数、商品零售物价指数、农产品收购价格指数等。它们是研究对城乡居民生活水平、国家财政支出等影响的重要统计指数，是监测社会稳定性、进行宏观社会经济分析和调控，制定工资、社会保障等政策的重要依据。下面介绍两种常用的价格指数。

（一）居民消费价格指数

居民消费价格指数，简称 CPI（Consumer Price Index）。它是反映一定时期内城乡居民家庭购买生活消费品和支出服务项目费用的价格变动趋势和变动程度的相对数。这一指标通常影响着政府关于财政、货币、消费、工资、社会保障等政策的制定，是测定通货膨胀及其对人民生活水平的影响、监测社会稳定性、进行宏观社会经济分析和调控的重要依据。从 2001 年起，我国采用国际通用做法，逐月编制并公布以 2000 年价格水平为基期的居民消费价格定基指数，作为反映我国通货膨胀或紧缩程度的主要指标。

居民消费价格指数的计算采用固定加权算术平均数的方法进行，编制程序如下：

1. 进行类别划分

即对生活消费品和服务项目分类。先将各种居民消费划分为大类，再在大类中划分中类，中类中又划分小类，由此形成价格指数中的总指数、类指数和个体指数。目前，我国用于计算 CPI 的商品和服务项目，由国家统计局和地方统计部门分级确定。国家统计局根据全国 12 万户城乡居民家庭消费支出的抽样调查资料统一确定商品和服务项目的类别，设置食品、烟酒及用品、衣着、家庭设备用品及服务、医疗保健及个人用品、交通和通信、娱乐教育文化用品及服务、居住等八大类 262 个基本分类，涵盖了城乡居民的全部消费内容。

2. 选择代表性商品

即从划分的各类中选择有代表性的商品与服务项目入编指数，由于各种商品规格不同，价差较大，于是再从中选择若干规格品作为该商品的代表。我国地域辽阔，考虑到各地居民消费的传统习惯和消费水平存在一定的差异等因素，具体的代表规格品由各地确定后报国家统计局审定。如果把各地不同的规格品加总起来，全国 CPI 包括的规格品就有成千上万种。

3. 确定各类权数

即确定各类消费品和服务项目的权数。权数一般用千分数表示，各类商品与服务项目的权数之和应等于1000。其确定主要是以全国城乡居民家庭消费调查资料为依据，每年根据近期资料作部分调整，五年作一次大调整。

4. 计算各类指数

即按照个体、小类、中类、大类指数顺序，分层计算各分类指数，最终由各大类指数加权为居民消费价格总指数。计算公式为：

$$\overline{K}_P = \frac{\sum K_i W_i}{\sum W_i}$$

式中：计算小类指数时，K_i 表示个体指数，W_i 表示各项商品与服务项目权数；计算中类指数时，K_i 表示小类指数，W_i 表示小类商品与服务项目权数；计算大类指数时，K_i 表示中类指数，W_i 表示中类商品与服务项目权数；计算居民消费价格指数时，K_i 表示大类指数，W_i 表示大类商品与服务项目权数。

计算过程中，小类指数是用简单几何平均法对若干代表规格品的个体物价指数进行平均，中类、大类及总指数则均采用固定权数加权算术平均法计算。实际计算时，要指明哪一年为基期。如指明 2000 年为基期，常会用"2000 年 = 100"的方式表示。

例：已知某地区2011年有关居民各类消费价格指数及权数资料如表 10 - 9 所示，试求该地区居民消费价格指数。

$$\overline{K}_P = \frac{\sum K_i W_i}{\sum W_i} = \frac{117281}{1000} = 117.281\%$$

表 10 - 9　　某地区居民消费价格指数计算表(2010 年 = 100)

序号	商品分类	指数 K_i (%)	权数 W_i (‰)	$K_i W_i$
1	食品	117.4	470	55178
2	烟酒及用品	112.6	140	15764
3	衣着	105.8	90	9522
4	家庭设备用品及服务	108.7	30	3261
5	医疗保健及个人用品	103.9	30	3117
6	交通和通信	109.8	50	5490
7	娱乐教育文化用品及服务	129.5	150	19425
8	居住	138.1	40	5524
	合计	—	1000	117281

（二）零售物价指数

零售物价指数是反映一定时期内城乡商品零售价格变动趋势和变动程度的相对数。零售物价的调整直接影响城乡居民的生活费用的支出，影响居民的购买力，直接关系到国家财政的收支，还影响消费和积累的比例。因此，编制零售物价指数，可以对上述社会经济活动进行观察和分析，它是编制财政计划、价格计划、制定物价政策、工资政策的重要依据。其计算方法与过程与居民消费价格指数相似，一般情况下，零售物价指数是先从各类零售商品中选择有代表性的商品计算出个体指数，然后以 W 为权数计算的加权算术平均数指数。所用的权数是根据社会消费品零售额资料计算的各类消费品零售额的构成比重。由于权数直接影响指数的可靠性，因此每年要根据居民家庭收支调查的资料调整一次权数。

二、社会统计中指数分析方法的具体应用

运用指数体系的方法可以对各种各样的现象进行因素分析。社会统计中，诸如人口统计、人力资源与社会保障统计、物质生活统计、婚姻、家庭与计划生育统计、教育与科技统计等等，都要运用到指数分析方法。这里简单介绍几种常用的指数体系。

（一）劳动生产率指数体系

劳动生产率可变构成指数 = 劳动生产率固定构成指数 × 劳动生产率结构影响指数

$$\frac{\sum q_1 T_1 / \sum T_1}{\sum q_0 T_0 / \sum T_0} = \frac{\sum q_1 T_1 / \sum T_1}{\sum q_0 T_1 / \sum T_1} \times \frac{\sum q_0 T_1 / \sum T_1}{\sum q_0 T_0 / \sum T_0}$$

式中：q_1、q_0—— 分别为报告期和基期的各组劳动生产率水平；

T_1、T_0—— 分别为报告期和基期劳动生产率水平各组人数。

（二）平均工资指数体系

平均工资可变构成指数 = 平均工资固定构成指数 × 平均工资结构影响指数

$$\frac{\sum x_1 T_1 / \sum T_1}{\sum x_0 T_0 / \sum T_0} = \frac{\sum x_1 T_1 / \sum T_1}{\sum x_0 T_1 / \sum T_1} \times \frac{\sum x_0 T_1 / \sum T_1}{\sum x_0 T_0 / \sum T_0}$$

式中：x_1、x_0—— 分别为报告期和基期各组工资水平；

T_1、T_0—— 分别为报告期和基期各组职员人数。

（三）社会保险基金支出指数体系

社会保险统筹基金支出指数 = 享受社会保险待遇人数指数 × 平均费用支出指数

指数分析运用的形式很多，要将其灵活应用于社会统计中的有关实际问题，关键在于掌握指数分析方法的基本原理。

三、我国统计制度对有关指数的解释[①]

———————————

① 国家统计局网站：《统计制度·国家统计主要指标解释》。

（一）居民消费价格指数

居民消费价格指数是反映一定时期内城乡居民所购买的生活消费品价格和服务项目价格变动趋势和程度的相对数，是对城市居民消费价格指数和农村居民消费价格指数进行综合汇总计算的结果。利用居民消费价格指数，可以观察和分析消费品的零售价格和服务价格变动对城乡居民实际生活费支出的影响程度。

（二）城市居民消费价格指数

城市居民消费价格指数是反映城市居民家庭所购买的生活消费品价格和服务项目价格变动趋势和程度的相对数。城市居民消费价格指数可以观察和分析消费品的零售价格和服务项目价格变动对职工货币工资的影响，作为研究职工生活和确定工资政策的依据。

（三）农村居民消费价格指数

农村居民消费价格指数是反映农村居民家庭所购买的生活消费品价格和服务项目价格变动趋势和程度的相对数。农村居民消费价格指数可以观察农村消费品的零售价格和服务项目价格变动对农村居民生活消费支出的影响，直接反映农民生活水平的实际变化情况，为分析和研究农村居民生活问题提供依据。

（四）职工平均工资指数

职工平均工资指数是指报告期职工平均工资与基期职工平均工资的比率，是反映不同时期职工货币工资水平变动情况的相对数。计算公式为：

职工平均工资指数＝报告期职工平均工资/基期职工平均工资

（五）职工平均实际工资指数

职工平均实际工资指扣除物价变动因素后的职工平均工资。职工平均实际工资指数是反映实际工资变动情况的相对数，表明职工实际工资水平提高或降低的程度。计算公式为：

职工平均实际工资指数 = 报告期职工平均工资指数/报告期城镇居民消费价格指数 × 100%

第六节　使用 Excel 软件进行指数分析

一、使用 Excel 软件计算综合指数

现以表 10 - 1 资料为例说明使用 Excel 计算综合指数的具体方法与步骤。

第一步：新建工作表，输入表 10 - 1 中已知数据的名称、数值。如图 10 - 1 所示的 A ~ F 列的第 1 行至第 7 行。

第二步：列出需要计算的综合指数各个总量指标的名称及其相应的符号。如图 10 - 1 中 G、H、I 三列的第 1 至 3 行所示。其目的在于明了计算结果的含义，便于检查，也便于将计算结果复制到分析报告中。如图 10 - 1 所示。

第三步：计算综合指数中的各个综合总量指标。

1. 计算各个综合总量。（1）计算基期捐赠额。在单元格 G4 中输入公式" = C4 * E4"；（2）计算假定捐赠额。在单元格 H4 中输入公式" = D4 * E4"；（3）计算报告期捐赠额。在单元格 I4 中输入公式" = D4 * F4"。然后用鼠标选中的单元格 G4 至 I4，将其公式一并向下复制至第 7 行。

2. 计算各期综合捐赠量的合计数。在单元格 A8 中输入"合计"，在单元格 G8 中输入公式"SUM（G4：G7）"，也可单击求和图标，按回车键后即可在单元格 G8 中得到四种物品共计 148600 元的基期捐赠总额。再将单元格 G8 的公式向右复制到 I8，即可得到另外两个捐赠总额的数值。

第四步：计算各个综合指数。

1. 在单元格 A10、A11、A12 中分别输入"捐赠额总指数

（％）”、“捐赠量总指数（％）”、“捐赠物品价格总指数（％）”。

2. 计算捐赠额总指数。在单元格 D10 中输入公式“= I8/G8 * 100”，按回车键，即得出计算结果 125.05。

2. 计算捐赠量总指数。在单元格 D11 中输入公式“= H8/G8 * 100”，按回车键，即得出计算结果 120.46。

3. 计算捐赠物品价格总指数。在单元格 D12 中输入公式“= I8/H8 * 100”，按回车键，即得出计算结果 103.82。

整个计算过程与结果如图 10 - 1 所示。

	A	B	C	D	E	F	G	H	I
1			捐赠量		捐赠物品价格/元		捐赠额/元		
2	捐赠物品	单位	基期	报告期	基期	报告期	基期	假定	报告期
3			q_0	q_1	p_0	p_1	$q_0 p_0$	$q_1 p_0$	$q_1 p_1$
4	假肢矫形器	个	50	60	1800	1850	90000	108000	111000
5	病理鞋	只	30	30	100	96	3000	3000	2880
6	助行手杖	支	170	150	80	85	13600	12000	12750
7	轮椅车	辆	60	80	700	740	42000	56000	59200
8	合　计	—	---	---	---	—	148600	179000	185830
9									
10	捐赠额总指数（%）			125.05					
11	捐赠量总指数（%）			120.46					
12	捐赠物品价格总指数			103.82					

图 10 - 1　使用 Excel 进行综合指数的计算示意图

二、使用 Excel 软件计算平均数指数

现以表 10 - 3 的资料为例说明使用 Excel 进行加权算术平均数指数的计算。其步骤如下：

第一步：新建工作表，输入表 10 - 3 中已知数据的名称和数值。如图 10 - 2 所示的 A ~ D 列的第 1 ~ 6 行。

第二步：计算三个险种的基期缴费工资总额。在单元格 A7 中输入“合计”，在单元格 D7 中输入公式：“SUM（D4：D6）”，也可单击求和图标，按回车键后即可在单元格 D7 中得到计算结果 202092.8。

第三步：计算个体参保人指数。在单元格 E1 ~ E3 中输入“个体参保人数指数”及其符号；在单元格 E4 中输入公式“= C4/

B4",确定后用鼠标将其公式向下拖动复制至 E6,放开鼠标后即在选定区域显示全部计算结果。

第四步:计算个体指数与基期总额的乘积。在单元格 F1 ~ F3 中输入"个体指数与基期总额的乘积"及其符号;在单元格 F4 中输入公式"E4 * D4",确定后用鼠标将其公式向下拖动复制至 F6,即在选定区域显示全部计算结果。在单元格 F7 中输入公式 "= SUM(F4:F6)",按回车键后即可在单元格 F7 中得到计算结果 271497.9。

第五步:计算参保人数总指数。在单元格 A9 中输入"参保人数总指数(%)",在单元格 D9 中输入公式"= F7/D7",按回车键,得到计算结果 134.34。

整个计算过程与结果如图 10 − 2 所示。

	A	B	C	D	E	F
1		缴费参保人/万人		基期缴费工资	个体参保	个体指数与基期
2	险　种	基期	报告期	总额/万元	人数指数	总额的乘积
3		q_0	q_1	$q_0 p_0$	$k_q = q_1/q_0$	$K_q \cdot q_0 p_0$
4	养老保险	52.51	64.06	61961.8	1.22	75593.4
5	医疗保险	35.38	56.61	48824.4	1.60	78119
6	工伤保险	75.46	97.34	91306.6	1.29	117785.5
7	合　计	—	—	202092.8	—	271497.9
8						
9	参 保 人 数 总 指 数			134.34		

图 10 − 2　使用 Excel 进行算术平均数指数的计算示意图

加权调和平均数指数以及指数分析中的其他指数的计算都与上述方法大同小异,故在此不再述及。

思考练习

1. 统计指数的含义是什么?简述统计指数的意义与作用?

3. 选择同度量因素时应注意哪些问题?

4. 综合指数有什么特点?加权平均数指数与综合指数区别与联系有哪些?

6. 什么是指数体系?如何理解因素分析?

8. 指数体系中，指数之间的数量对等关系表现在哪些方面？

9. 对总量指标变动进行多因素分析应注意什么问题？

10. 何谓可变构成指数？它可分解为哪两个因素指数，各自的含义是什么？

11. 平均指标变动因素分析与总量指标变动因素分析有什么区别？

12. 某地区居民消费价格指数为105%，消费量指数为108%，求该地区居民消费额总指数？

13. 某福利企业某种产品生产总费用报告期为34.9万元，比基期多1.4万元，单位产品成本比基期降低3%，试计算：

(1)生产费用指数；(2)生产量指数；(3)由于单位成本降低而节约的费用。

14. 某福利企业有关资料如表所示，试求：商品销售额指数、物价指数和商品销售量指数，并从相对数和绝对数两方面分析三者之间的关系。

商品名称	计量单位	基　期		报告期	
		价格(元)	销售量	价格(元)	销售量
甲	件	120	1200	110	1100
乙	双	560	1000	580	1300
丙	支	370	800	360	1100

15. 某单位工资资料如下表：

员工类别	工资总额(万元)		2011年比2010年员工人数增长的%
	2010年	2011年	
专业技术人员	80	96	8
熟练工	150	172	10
半熟练工	70	78	4

计算：(1)全体员工总额总指数；

(2)三类员工人数总指数以及人数变动对工资的影响；

(3)三类员工工资水平总指数以及各组工资水平变动对工资总额的影响。

16. 某地商业保险投保资料如下表：

险种	投保经费总额(万元)		2010年比2009年投保额增减的%
	2009年	2010年	
人身保险	580	896	9
财产保险	420	589	7

要求:从相对数和绝对数两方面分析投保金额和投保人数的变动对投保经费总额变动的影响情况。

17. 某校教职工人数与月工资额资料如下表:

系部	平均工资(元)		教职工人数(人)	
	基期	报告期	基期	报告期
甲系	4200	4800	45	48
乙系	3900	4650	42	42
丙系	4350	4100	56	65

要求:从相对数和绝对数两方面分析该校总平均工资的变动受各系平均工资和教职工人数变动的影响情况。

18. 某市三家福利企业的有关资料如下表:

企业名称	平均工人人数(人)		工作日数(日)		每日工作时数(小时)		时劳动生产率(元/小时)	
	基期	报告期	基期	报告期	基期	报告期	基期	报告期
甲	300	328	26	25	7	8	180	220
乙	150	162	26	26	7	7	210	240
丙	210	204	25	24	8	8	200	220

要求:对总产值变动进行多因素分析。

案例分析

案例[10-1]　平均数指数与平均指标指数的异同

统计指数按编制方法及计算公式可以分为综合指数、平均数指数以及平均指标指数。对于初学者而言,平均数指数与平均指标指数是统计学指数理论中两个容易混淆的指数。其实二者的理论内容、计算方法以及侧重点不同，但又存在密切联系。

分析与讨论

试具体区分平均数指数与平均指标指数。

案例[10-2] 某经济区三市就业参保人数变动的因素分析

社会经济现象之间存在着相互联系的关系。社会保险参保人数与一国或一地区的人口数、劳动参与率、就业率与社会保险参保率之间也存在着联系。它们可以用数学形式表达。现获得某经济区三市人口数、劳动参与率、就业率、社会保险参保率资料，经整理如下表所示。

城市	人口数（万人）		劳动参与率（%）		就业率（%）		社会保险参保率（%）	
	2010年	2011年	2010年	2011年	2010年	2011年	2010年	2011年
A	450	480	90	92	93	94	70	80
B	320	345	88	89	93	95	75	78
C	300	320	89	90	94	94	73	79

分析与讨论

1. 与2010年相比，2011年该经济区三市社会保险参保人数的变动程度与变动幅度是多少（分别从相对数和绝对数两方面来分析，下同）？

2. 该经济区三市人口数的变动对经济区总体社会保险参保人数变动的影响是多大？

3. 该经济区三市劳动参与率的变动对经济区总体社会保险参保人数变动的影响是多大？

4. 该经济区三市就业率的变动对经济区总体社会保险参保人数变动的影响是多大？

5. 该经济区三市社会保险参保率对经济区总体社会保险参保人数变动的影响是多大？

6. 用一个数量等式将上述计算结果表述出来，并用简洁的语言予以说明。

第十一章　相关与回归分析

　　唯物辩证法的一个基本原理是，事物是普遍联系的。任何社会现象都不是孤立存在，而是相互依存、相互制约、相互作用。在社会统计研究中，有不少问题涉及的不只是一个变量，有时需要研究两种或多种社会现象间的数量关系。这就需要应用相关与回归分析方法。本章主要介绍双变量之间的相关与回归。

第一节　相关分析的基本问题

一、相关关系的概念

　　现象之间的普遍联系是它本身所固有的客观存在，但它们之间联系的表现形式却并非一致，一般可以分为两类：一是函数关系；二是相关关系。

　　（一）函数关系

　　函数关系是指现象之间的一种完全确定性的关系。其中一个变量叫自变量 x，另一个变量是因变量 y。当自变量的各个测定值发生变化时，则因变量的各个数值也发生相应的变化，且必定有完全确定的数值与之相对应。函数关系可以用公式确切地反映出来，一般记为 $y = f(x)$。如正方形的周长 y 与其边长 r 的关系：$y = 4r$。只要给定了正方形的边长，就有一个唯一确定的正方形周长数值与之对应。这种严格的数量上的关系，社会经济现象也存在。如外请教师课时费与课时量的关系，在授课学时酬金一定的条件下，只要给定授课量，就有一个完全确定的课时费。

（二）相关关系

相关关系是指现象之间的一种不完全确定性的关系。即一个变量的数值不能由另一个变量唯一确定。当自变量发生数量上的变化时，因变量也发生相应的变化，但是是一种不完全确定性的变化。尽管这种关系不确定的变量很难用函数形式准确地加以描述，由一个变量（或几个变量）的数值去精确地求出另一个变量的数值，但它们之间确实存在着某种客观联系。例如，工资收入与工龄相关，工龄长工资高，工龄短工资低，也有可能工龄长比工龄短的职工工资低，究其原因，影响工资高低的因素还有职务、职称、工作性质等。这种非确定性的关系，在社会现象中广泛存在着。诸如学生的学习成绩与教师的教学水平的依存关系、家庭消费支出与家庭收入之间的关系，等等，都是相关关系。

变量之间的相关关系，有的表现为因果关系，有的表现为互为因果关系。前者如工龄与工资的关系、家庭收入与婚事支出的关系；后者如生产产值与流动资金的关系、老年福利机构与入住老年公寓的老年人口的关系。至于互为因果关系的现象，谁为因，谁为果？可视研究目的来确定。对于表现为因果关系的相关关系来说，在数量上表现为依存关系的两个变量有自变量和因变量之分。作为变化根据的变量，为自变量，一般用 x 表示；随自变量的变化而发生对应变化的变量，为因变量，一般用 y 表示。

相关关系与函数关系虽然彼此有所不同，但联系十分密切。有些现象理论上存在着函数关系，但实际工作中，由于观察和测量误差诸原因，则此时函数关系通过相关关系表现出来；有些现象虽然没有确定性的函数关系，但为了找到相关关系的一般数量表现形式，又往往需要使用函数关系的近似表达式。

二、相关关系的种类

现象间的相关关系较为复杂，从不同的角度观察，有不同的类型，而不同种类的相关关系，需要用不同的统计方法进行研究。相关关系主要有以下几种分类：

（一）按相关关系涉及的变量的多少，可分为单相关和复相关

单相关是指只涉及到两个变量的相关关系。也称一元相关，即研究一个因变量对一个自变量的依存关系。复相关是指涉及三个以上变量的相关关系。又称多元相关，即研究一个因变量对二个以上自变量的依存关系。例如，只研究家庭收入对消费支出的影响为单相关，如果研究家庭收入、家庭人员构成、家庭生活方式、家庭生活习惯诸因素对家庭消费支出的影响，就是复相关。社会现象中，复相关现象远较单相关现象为多。但由于数学手段上的局限性，而单相关又是复相关的基础，因而实际工作中常常抓住多因素复相关中的主要因素，将其化成单相关来进行研究和测定。

（二）按相关关系表现的形式不同，可分为直线相关和曲线相关

直线相关是，当一个变量发生增减变化时，另一变量也随之发生大体均等的相应变化，从图形上看二者对应点的分布近似地表现为一条直线。曲线相关是，当一个变量发生增减变化时，另一变量也随之发生变化，却是一种不均等的变化，表现在图形上，二者对应点的分布近似地表现为各种曲线，如抛物线、双曲线的形式。例如，工资与工龄的关系是直线相关，死亡率与年龄的关系是曲线相关。社会现象中，相关关系表现为直线或曲线，是客观现象本身所固有的，不是由人的主观意识所决定的。相关的表现形式不同，统计研究方法也就不同，因而进行相关分析时，首先要确定相关关系的表现形态。

（三）按相关关系变动的方向不同，可分为正相关和负相关

正相关是指现象之间存在着同一方向变动的相关关系，即当

一个现象的变量数值增加或减少，另一现象的变量数值也同向增加或减少，两现象的变量值基本表现为同增同减的关系。负相关是指现象之间存着不同方向变动的相关关系，即当一个现象的变量数值增加时，另一现象的变量数值却相应地减少，两现象的变量值表现为一增一减的关系。例如，国民生产总值与福利设施建设投资额，存在着同向增加的关系，属于正相关；而妇女受教育的年期与妇女生育子女数的关系，表现为反向变动的关系，为负相关。

（四）按相关关系的程度不同，可分为完全相关、不完全相关和完全不相关

完全相关是指一个变量的变动完全取决于另一变量的变动。完全相关实际上就是函数关系，也可以说函数关系是完全相关的特例。完全不相关是指两个现象的量变各自独立，互不影响。如社会工作者素质的高低与其身高的关系，就是不相关。不完全相关关系是指两变量间的关系处于完全相关和完全不相关之间的关系。相关分析的对象就是这种不完全相关关系。

三、相关关系的判断

对社会现象进行相关分析，必须以现象间确实存在着客观上的联系为前提，而不能凭主观想象，将毫不相关的现象进行相关分析。因此，相关分析，首先要对现象作出直观判断，看其是否存在相关关系，然后再据此进行详细的定量分析。具体来说，相关关系的判断程序如下：

（一）定性分析

现象之间有没有关系，有什么样的关系，是一种质的规定性。对于这种质的规定性的认识，属于定性问题，需要进行定性分析。定性分析现象间相关关系，就是根据现象质的规定性，运用理论知识、专业知识及实践经验对现象之间是否存在相关关系作出初步的判断。例如，根据生物遗传理论，判断父辈身高与子

辈身高之间是否存在相关关系，根据教育理论判断学生的学习态度与学习成绩之间是否存在相关关系，等等。定性分析是进行相关分析的基础，如果定性判断现象间毫无关系，也就无继续分析的必要，只有当大致确定现象间有着相关关系时，才有必要编制相关表和相关图，进而计算相关统计量做定量分析。

（二）相关表

相关表是将被研究现象的观察值经整理后编制的反映两变量之间对应关系的统计表。编制相关表，可以从中初步看出变量之间相关关系的形式、密切程度和相关方向。相关表有简单相关表、单变量相关表和双变量相关表之分。

1. 简单相关表

简单相关表是把研究现象的自变量按其取值大小排序，再列出一一对应的因变量的数值所形成的统计表。简单相关表根据总体单位的原始资料或总体不同时间的资料编制而成。表 11 − 1 就是根据 8 个地区社会福利机构与可接纳的服务人数资料编制而成的简单相关表。

表 11 − 1   社会福利服务机构与可接纳的服务人数简单相关表

地区编号	社会福利服务机构（千个）	可接纳的服务人数（万人）
1	1.2	62
2	2.0	86
3	3.1	80
4	3.8	110
5	5.0	115
6	6.1	132
7	7.2	135
8	8.0	160

从表 11 − 1 可以看出，观察值的分布呈现出一定的规律性，可接纳的服务人数随着福利服务机构的增加而增加，两变量间存

在着明显的正相关关系,相关形式为直线相关。

2. 单变量分组相关表

单变量分组相关表是只对自变量分组并计算出各组分配次数,再列出对应的各组因变量的平均数所形成的统计表。如表 11 -2 所示。单变量分组相关表在实际工作中应用较多,它能使资料简化,并能反映出变量间的相关关系。

表 11 - 2　某地居民家庭月收入与消费性支出单变量分组相关表

家庭月收入(元)	户数(户)	消费性支出(元)
1000 以下	8	340
1000 ~ 1500	12	460
1500 ~ 2000	16	534
2000 ~ 2500	18	546
2500 ~ 3000	24	728
3000 ~ 3500	22	801
3500 ~ 4000	19	876
4000 ~ 4500	17	1098
4000 ~ 5000	11	1153
5000 以上	3	1507

3. 双变量分组相关表

双变量分组相关表是对自变量和因变量都进行分组的相关表。编制双变量分组相关表,通常将自变量放在表的上端,变量值从小到大由左向右排列,因变量置于表的左边,变量值从大到小由上向下排列。这样编制是按照相关图的形式所作的特别设计,旨在形成图表结合的模式。如表 11 - 3 所示。

表 11 - 3 是由两个定比变量进行分组而成的双变量分组相关表。社会统计中,还有一种按品质标志把两个变量的频数分布进行交互分类编制而成的相关表。这种双变量分组相关表,又称为交互分类表或列联表。如表 11 - 4 所示。

表 11 – 3　农户家庭人均收入与婚事支出双变量分组相关表

婚事支出 （元）	家庭人均收入(元)				合计
	3000 以下	3000 ~ 4000	4000 ~ 5000	5000 以上	
50000 以上			2	4	6
40000 ~ 50000			6	1	7
30000 ~ 40000		4	2		6
20000 ~ 30000	2	3			5
10000 ~ 20000		4			4
10000 以下	2	1			3
合　计	4	12	10	5	31

表 11 – 4　性别与吸烟态度交互分类表

吸烟态度 y	性别 x		合计
	男	女	
容忍	96(84.2%)	24(27.9%)	120
反对	18(15.8%)	62(72.1%)	80
合　计	114(100.0%)	86(100.0%)	200

从表 11 – 4 可以初步判断出两变量间存在着相关关系。有时为了更清楚地看出两变量间的相关关系，可以计算 x、y 两变量交互分配次数在边缘分布次数中所占的比重，如表 11 – 4 所示，很明显，百分比表使变量间的关系更明朗化了。

为了更清晰地显示交互分类表的结构，也便于统计运算，现以 x_i 表示自变量，y_j 表示因变量，f 表示交互分类的次数，F 表示边缘分布的次数，n 为总次数，则交互分类表可用一般的代数形式示意如下：

表 11 – 5　交互分类代数形式示意表

		x_i		
		x_1	x_2	
y_i	y_1	f_{11}	f_{21}	F_{y1}
	y_2	f_{12}	f_{22}	F_{y2}
		F_{X1}	F_{X2}	n

（三）相关图

相关图是将变量间具有对应关系的数值，用点的形式在直角坐标系中描绘出来所形成的图形。相关图又称散点图、散布图。由于用相关表反映变量之间的相关关系，一般来说，还不够形象和具体，相关的表达形式也不够清楚，为此，根据需要还应在相关表的基础上，进一步绘制相关图。具体方法是：以直角坐标系的横坐标表示自变量 x，以纵坐标代表因变量 y，将相关表的原始数据在坐标系中标出 x 和 y 相关的坐标点。这些坐标点称为相关点，由此形成的图形便称相关图。相关图可以描述变量间的大致关系，比相关表能更直观、更形象地反映出现象相关关系的有无及相关的表现形式、方向和密切程度。图 11 – 1 是根据表 11 – 1 资料绘制的相关图，从中可以明显地看出，社会福利服务机构与可接纳的服务人数之间成线性正相关关系。

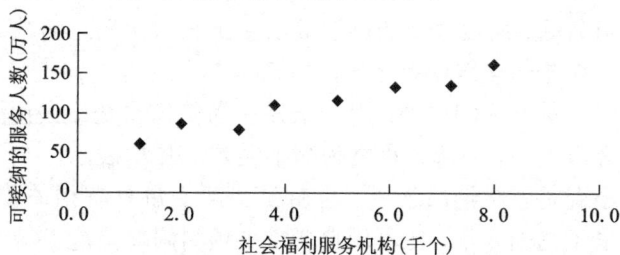

图 11 – 1　社会福利服务机构与可接纳的服务人数相关图

（四）定量分析

相关表和相关图只能大致反映现象间相关关系的一般情况。若要准确地从数量上反映现象间相关关系的密切程度，需要计算相关程度统计量。

1. 相关统计量

相关统计量有多种不同的测算方法，后面将作专节介绍。需要注意的是，不同的计量尺度，相关统计量的测定方法也就有所不同，如两种统计测定方法都能使用时，应选用意义较大的。不论何种测定方法，相关统计量的取值范围均在 $+1 \sim -1$ 之间。相关统计量的绝对值越接近 1，则表示现象间的相关程度越密切，当相关统计量的绝对值等于 1 时，现象之间的相关程度为完全相关；反之，当相关统计量的绝对值越接近 0 时，表示现象间的相关程度越小，当相关统计量等于 0 时，表示现象间不存在相关关系。相关统计量为正值，表示现象间为正相关；相关统计量为负值，表示现象间为负相关。根据相关的含义，一般要求变量属正态分布，且两变量的对应数据一般要求大于 30 对，才能使相关统计量正确地反映两变量相应变化的实际情况。

2. 消减误差比例

社会统计研究中，许多相关统计量的测定都是以消减误差比例为基础的，且当两种方法都可选用时，一般应选用具有消减误差比例意义的，所以需要明确消减误差比例的含义。消减误差比例是消减误差与全部误差之比。所谓全部误差是不知道自变量 x 去预测因变量产生的误差，用 E_1 表示。若知道自变量去预测因变量 y 也会产生一种误差，称之为缩小误差，用 E_2 表示。全部误差减去缩小误差就是消减误差，也就是当两变量具有相关关系时，用自变量预测因变量，比不用自变量去预测因变量能够减少的预测误差。消减误差比例用符号 PRE 表示，则：

$$PRE = \frac{全部误差 - 缩小误差}{全部误差} = \frac{消减误差}{全部误差} = \frac{E_1 - E_2}{E_1}$$

如果两变量存在相关关系，那么，知道 x 预测 y，比不知道 x 预测 y，多多少少可以减少一部分误差，也就是说，E_2 应小于 E_1，由此可见 PRE 的数值在 0 – 1 之间。当 $E_2 = 0$ 时，则 PRE = 1，表明用自变量去预测因变量不会产生任何误差，说明两变量存在完全相关关系。当 $E_2 = E_1$ 时，则 PRE = 0，表明知道自变量预测因变量不能减少任何误差，说明两变量不存在相关关系。因此，消减误差比例越大，说明变量间的相关程度越大，反之，越小。

第二节　定类(序)与定序(距)变量的相关分析

在社会统计研究中，测量定类变量的相关统计量，一般使用美国芝加哥大学社会学系教授古德曼（Goodman）制定的 Lambda（用 λ 表示）统计法，以及古德曼和克拉斯科尔共同制定的 Tau（用 τ 代表）统计法。这两种测定法都是以消减误差比例为基础的。而测量两个定序变量的相关统计量，主要有 ρ 测定法和 G 测定法。前者是英国心理学家查尔斯·斯皮尔曼（Cpharls Spearman）创造的，后者是由古德曼教授发明的。下面分别介绍这四种测定方法。值得指出的是，定类与定序变量的相关分析，在数学形式上虽然可以将自变量和因变量互相调换，但在实际工作中，这样调换将失去实际意义。

一、定类与定类(序)变量的相关测定

(一)λ 系数(Lambda)

λ 测定法适用于两个定类变量的相关测定，具有消减误差比例的意义，取值范围在 0 – 1 之间。λ 值越大，表明 x 和 y 两变量间的相关程度越大；反之，越小。λ 测定法的计算公式为：

$$\lambda = \frac{\sum f_{im} - F_{ym}}{n - F_{ym}}$$

式中：f_{im}——x 每一类别中 y 分布的众数次数；

　　F_{ym}——y 边缘分布中的众数次数；n—— 总体单位数。

　　例：调查 80 名残疾人的生活状况，了解到其中 45 名肢体残疾者，生活状况较好的有 34 人，较差的 11 人；视力残疾者 35 人，生活状况较好的 12 人，较差的 23 人。试对残疾人的残疾类型与生活状况进行相关分析。

　　解：根据社会经验，定性分析出残疾者的残疾类型与其生活状况存在着一定的相关性。为对变量间的相关性作进一步的直观观察，也为了计算的需要，需要对所给资料编制交互分类表，这里应确定残疾类型为自变量，生活状况为因变量，若将其相互调换将失去社会经济意义。如表 11 - 6 所示。

表 11 - 6　80 名残疾人的残疾类型与生活状况交互分类表

生活状况	残疾类型 x		合计
y	肢残	视残	
较好	34	12	46
较差	11	23	34
合　计	45	35	80

　　将表中数据代入计算公式，得 λ 为：

$$\lambda = \frac{\sum f_{im} - F_{ym}}{n - F_{ym}}$$

$$= \frac{\left(\sum f_{1m} + \sum f_{2m}\right) - F_{ym}}{n - F_{ym}} = \frac{(34 + 23) - 46}{80 - 46} = 0.32$$

　　计算结果表明，这 80 名残疾人的残疾类型与生活状况之间存在相关关系，相关程度为 0.32，属于低度相关。若知道残疾人的残疾类型去预测其生活状况，只能消减 32% 的误差。

关于 λ 系数的 *PRE* 意义，对于表 11 – 6 可以如此分析：若对残疾类型一无所知预测生活状况，此时只能就 80 名残疾人的生活状况(y) 本身信息进行预测。从 y 的边缘分布来看，生活状况好的 46 人，差的 34 人，自然取好的预测，即将"较好"作为 80 名残疾人的生活状况的预测情况，此时有 34 人预测错误，被称之为全部误差，记作 E_1。若知道残疾类型预测生活状况，其中 45 名肢残者生活状况较好的 34 人，较差的 11 人，生活状况的众数为较好，故取"较好"预测，产生的误差为 11 人；再看 35 名视残者，生活状况较好的 12 人，较差的 23 人，众数为较差，故取"较差"预测，产生的误差 12 人。那么，知道残疾类型预测生活状况产生的误差就是($11 + 12$) = 23，这就是缩小误差，记作 E_2。将 E_1 和 E_2 代入消减误差公式，得：

$$\text{PRE} = \frac{E_1 - E_2}{E_1} = \frac{34 - 23}{34} = 0.32$$

由上面的分析可以看出，λ 测定法是根据定类尺度测量集中趋势，只能用众数，预测也只好依据众数这一思想来构造相关系数的。

λ 测定法的优点是计算简便，但由于只利用了众数的次数进行运算，使用资料不充分，故准确性欠佳。

（二）τ 系数(Tau)

τ 测定法适用于两个定类变量，或一个定类一个定序变量的相关测定。取值范围在 0 – 1 之间，具有 PRE 意义。计算公式为：

$$\tau = \frac{\sum\sum \dfrac{f_{ij}^2}{F_{xi}} - \dfrac{\sum F_{yj}^2}{n}}{n - \dfrac{\sum F_{yj}^2}{n}}$$

式中：$\sum F_{yj}^2$ —— 因变量 y 边缘分布次数平方和

例：仍以表 11 – 6 资料为例，试作 τ 相关系数的测定。

解：根据公式，先求子项：

$$\sum \sum \frac{f_{ij}^2}{F_{Xi}} = \frac{34^2 + 11^2}{45} + \frac{12^2 + 23^2}{35} = 47.61$$

$$\frac{\sum F_{yj}^2}{n} = \frac{46^2 + 34^2}{80} = 40.90$$

$$\tau = \frac{47.61 - 40.9}{80 - 40.9} = 0.17$$

从计算过程可知，τ 测定法与 λ 利用众数预测不同，它是利用交互分类表中的每一个数据进行计算。对于 τ 来说，其 PRE 意义可以这样解释：首先，在不知道 x 和 y 有相关关系时，只有利用因变量生活状况所提供的信息进行预测，因在 80 名残疾人中，46人生活状况较好，34 人较差，故此时就预测 46 人生活状况较好，34 人较差。只是具体人的残疾情况不知道，所以任抽一人，估测其生活状况为较好，猜中的可能性(概率)是 46/80，猜错的可能性(概率)是 34/80；而任抽一人，预测其生活状况为较差，猜中的可能性(概率)是 34/80，猜错的可能性(概率)是 46/80。这样，在 80 名残疾人当中，随机地指定 46 人生活状况较好，34 人生活状况较差，猜错的人数，即全部误差 E_1 为：

$$E_1 = 46 \times (34/80) + 34 \times (46/80) = 39.1$$

按照这种思路，当 x 和 y 有相关关系时，预测 45 名肢体残疾者的生活状况所产生的误差为：$34 \times (11/45) + 11 \times (34/45) = 16.6$；预测 35 名视力残疾者的生活状况所产生的误差为：$12 \times (23/35) + 23 \times (12/35) = 15.8$。二者相加，即为知道 x 和 y 的相关关系后预测残疾人的生活状况所产生的总误差，也就是 E_2：

$$E_2 = 16.6 + 15.8 = 32.4$$

$$\text{PRE} = \frac{E_1 - E_2}{E_1} = \frac{39.1 - 32.4}{39.1} = 0.17$$

其结果与用 τ 的计算公式所测结果完全相同，说明 τ 确实具有 PRE 意义。

二、定序与定序变量的相关测定

（一）ρ 系数（Rho）

ρ 系数适用于两个定序变量的相关测定，取值范围在 $-1 \sim +1$ 之间，不具备消减误差比例意义。当计算值为正，表示变量间为正相关；计算值为负，表示变量间为负相关。由于定序变量较之定类变量，可以排序，而相比定距变量，又不能确定其精确数量，所以，讨论定序变量的相关测定时，就是从两变量的变化顺序是否一致或等级之间的差别去考虑。ρ 系数便属于等级相关。其计算公式如下：

$$\rho = 1 - \frac{6 \sum d^2}{n(n^2 - 1)}$$

式中：d—— 两变量中，每对 x 和 y 的等级之差。这个差的正值之和应等于负值之和。

例：调查 10 人的劳动强度与身体状况，获得资料如表 11 - 7 所示，试作等级相关测定。

表 11 - 7 10 人的劳动强度与身体状况等级评定相关表

乡名称	A	B	C	D	E	F	G	H	I	J	合计
劳动强度	1	2	3	4	5	6	7	8	9	10	—
身体状况	8	7	9	4	10	5	2	1	3	6	—
d	-7	-5	-6	0	-5	1	5	7	6	4	—
d^2	49	25	36	0	25	1	25	49	36	16	262

表中测定的劳动强度 "1 ~ 10" 表明由低到高，身体状况 "1 ~ 10" 表示由差到好。

将表中计算的 $\sum d^2 = 262$ 和 $n = 10$，代入计算公式：

$$\rho = 1 - \frac{6\sum d^2}{n(n^2 - 1)} = 1 - \frac{6 \times 262}{10(10^2 - 1)} = -0.588$$

计算结果表明,这 10 个人的劳动强度与其身体状况之间存在着中度负相关关系。

(二) G 系数(Gamma)

G 系数适用于两个定序变量的相关测定,取值范围在 $-1 \sim +1$ 之间,具有消减误差比例意义。这种测定方法主要是从两变量的变化顺序是否一致去思考问题的。其计算公式为:

$$G = \frac{n_S - n_d}{n_S + n_d}$$

式中: n_S——x 和 y 两变量变化顺序一致的数目,即同序对数目;

n_d——x 和 y 两变量变化顺序相反的数目,即异序对数目。

1. 根据两个定序变量的未分组资料求 G

例:6 名学生的英语成绩与社会统计学成绩如表 11 - 8 所示,求 G 系数。

表 11 - 8　6 名学生的英语成绩与社会统计学成绩

学　生	英语成绩 x	社会统计学成绩 y
陈一	优	优
刘二	中	中
张三	中	中
李四	差	优
王五	差	差
胡六	优	差

解:先求表 11 - 9 中资料的全部配对数,以作计算同序对和异序对、同分对的参考之用。

全部配对数 $= n(n - 1)/2 = 6(6 - 1)/2 = 15$(对)

再求同序对数和异序对数。

同序对:陈一的英语成绩比刘二好,社会统计学成绩也比刘二要好，两个变量的变化顺序一致，故属同序对。除此之外，属于同序对的还有：陈、张，陈、王，刘、王，张、王，$n_S = 5$（对）。

异序对：刘二的英语成绩比李四好，社会统计学成绩却比李四要差，两个变量的变化顺序相反，故属异序对。此外，属于异序对的还有：刘、胡，张、李，张、胡，李、胡，$n_d = 5$（对）。

同分对：陈一与李四的社会统计学成绩相同，为 y 同分，此外，陈、胡 x 同分，刘、张 x、y 同分，李、王 x 同分，王、胡 y 同分，同分对共 5 对。

以上计算的配对数，同序对 5 对，异序对 5 对，同分对 5 对，与计算的理论上的全部配对数一致。计算 G 时，只考虑同序对数和异序对数。现将 n_S 和 n_d 代入求 G 的计算公式，得：

$$G = \frac{n_S - n_d}{n_S + n_d} = \frac{5 - 5}{5 + 5} = 0$$

上述求 G 的过程，有助于理解 G 测定法的思路。但计算序对数太复杂，若调查单位较多，用这种方法求 n_S 和 n_d 几乎是不可能的。故常利用交互分类表计算。

2. 根据交互分类表资料测定 G

例：50 名管理人员的专业素质与其工作业绩如表 11 - 9 所示，求 G 系数。

表 11 - 9 管理人员的专业素质与工作业绩交互分类表

工作业绩 y	专业素质 x			合计
	高	中	低	
高	8	6	1	15
中	3	12	6	21
低	2	5	7	14
合 计	13	23	14	50

由于表中两个变量的排列已经有了次序高低的特征，从左往右，是由高到低，而从右往左，是由低到高，故计算 n_S 和 n_d，可

采用如下方法：n_S 等于交互分类表中所有左上角与其对应的右下角和之积之总和；n_d 等于交互分类表中所有右上角与其对应的左下角和之积之总和。值得注意的是，求 n_S 和 n_d 时，交互分类表中所有边缘分布次数不参与计算。表 11 – 9 资料求 n_S 和 n_d 图示如下：

8						6												
	12	6		+			6		+	3				+		12		
	5	7					7			5	7						7

图 11 – 2   交互分类表计算同序对数图解

		1				6												
3	12			+	3				+			6		+		12		
2	5				2					2	5				2			

图 11 – 3   交互分类表计算异序对数图解

根据上面的方法计算表中 n_S 和 n_d 为：

$$n_S = 8(12 + 6 + 5 + 7) + 6(6 + 7) + 3(5 + 7) + 12 \times 7 = 438$$

$$n_d = 1(12 + 3 + 5 + 2) + 6(3 + 2) + 6(5 + 2) + 12 \times 2 = 118$$

$$G = \frac{n_S - n_d}{n_S + n_d} = \frac{438 - 118}{438 + 118} = \frac{320}{556} = 0.58$$

计算结果表明，管理人员的专业素质与工作业绩之间存在中度正相关关系。如用专业素质预测其工作业绩可消减 58% 的误差。

三、定类(序)与定距变量的相关测定

定类(序)与定距变量的相关分析一般采用 η^2 系数。其取值范围在 0 – 1 之间，具有消减误差比例的意义。计算公式如下：

$$\eta^2 = \frac{\sum n_i \bar{x}_i^2 - n \bar{x}^2}{\sum x^2 - n \bar{x}^2}$$

式中：n_i—— 每一类 x 的单位数；n—— 全部单位数；

$\bar{x}_i$——每一类 x 中数值的算术平均数；

$\bar{x}$——全部 x 类中所有数值的算术平均数。

例：某乡 30 名已婚妇女文化程度与生育子女数的资料，如表 11 - 10 所示，试作相关分析。

表 11 - 10　　某乡 30 名妇女文化程度与生育子女数相关计算表

| | 文 化 程 度 x | | | | | |
| | 小 学 | | 初 中 | | 高 中 | |
	x_1	x_1^2	x_2	x_2^2	x_3	x_3^2
生育子女数 x	3	9	2	4	2	4
	2	4	2	4	2	4
	3	9	3	9	1	1
	1	1	4	16	1	1
	4	16	3	9	2	4
	3	9	2	4	2	4
	2	4	1	1	1	1
	4	16	1	1	3	9
	3	9	2	4	2	2
	3	9	3	9	1	1
合计	28	86	23	61	17	31

从表中资料可知：

n_i：$n_1 = 10$，$n_2 = 10$，$n_3 = 10$；$n = 30$

$\bar{x}_1 = 28/10 = 2.8$，$\bar{x}_2 = 23/10 = 2.3$，$\bar{x}_3 = 17/10 = 1.7$

$\bar{x} = (28 + 23 + 17)/30 = 2.27$

$\sum x^2 = \sum x_1^2 + \sum x_2^2 + \sum x_3^2 = 86 + 61 + 31 = 178$

将上述有关数据代入公式，得：

$$\eta^2 = \frac{\sum n_i \bar{x}_i^2 - n \bar{x}^2}{\sum x^2 - n \bar{x}^2}$$

$$= \frac{[10 \times (2.8)^2 + 10 \times (2.3)^2 + 10 \times (1.7)^2] - 30 \times (2.27)^2}{178 - 30 \times (2.27)^2}$$

$$= \frac{160.2 - 154.6}{178 - 154.6} = 0.24$$

计算结果表明，该乡 30 名妇女文化程度与其生育子女数之间存在着相关，相关程度为 0.24。如果用这 30 名妇女的文化程度去预测其生育子女数可以减少 24% 的误差。

第三节   定距与定距变量的相关分析

两个定距或定比变量之间的相关测定，最常用的是所谓积差系数。它是由英国统计学家皮尔逊(Pearson)用积差方法推导出来的，所以也称皮尔逊相关系数，用符号 r 表示。相关系数 r 本身不具有消减误差意义，但 r^2 具有这一意义，r 的取值范围在 -1 $-+1$ 之间。用它判断两变量间的相关程度，一般有四个标准：

$\mid r \mid$	0.3 以下	0.3 ~ 0.5	0.5 ~ 0.8	0.8 以上
相关程度	轻微相关	低度相关	中度相关	高度相关

计算 r 的基本公式为：

$$r = \frac{\sum (x - \bar{x})(y - \bar{y})}{n \cdot \sigma_x \cdot \sigma_y}$$

式中：$\bar{x}$、$\bar{y}$——分别为 x、y 变量的平均数；

σ_x、σ_y——分别为 x、y 变量的标准差；n——全部单位数。

因为：

$$\sigma_x = \sqrt{\frac{\sum (x - \bar{x})^2}{n}} \qquad \sigma_y = \sqrt{\frac{\sum (y - \bar{y})^2}{n}}$$

所以，上述基本公式又可变为：

$$r = \frac{\sum (x - \bar{x})(y - \bar{y})}{\sqrt{\sum (x - \bar{x})^2 \cdot \sum (y - \bar{y})^2}}$$

一、简单相关表计算 r

例：调查某低收入群体家庭月人均收入与月人均消费支出，资料如表 11 – 11 前两列所示，试计算相关系数 r。

表 11 – 11 低收入人群月人均收入与月消费支出相关系数计算表

家庭编号	月收入 x(元)	月支出 y(元)	$(x - \bar{x})$ $\bar{x} = 800$	$(x - \bar{x})^2$	$(y - \bar{y})$ $\bar{y} = 500$	$(y - \bar{y})^2$	$(x - \bar{x})$ $(y - \bar{y})$
1	300	240	– 500	250000	– 260	67600	130000
2	460	260	– 340	115600	– 240	57600	81600
3	500	300	– 300	90000	– 200	40000	60000
4	540	300	– 260	67600	– 200	40000	52000
5	600	350	– 200	40000	– 150	22500	30000
6	800	400	0	0	– 100	10000	0
7	1000	600	200	40000	100	10000	20000
8	1100	700	300	90000	200	40000	60000
9	1200	800	400	160000	300	90000	120000
10	1500	1050	700	490000	550	302500	385000
合计	8000	5000	—	1343200	—	680200	938600

解：先求：$\bar{x} = 8000/10 = 800$，$\bar{y} = 5000/10 = 500$，再列表计算有关数据，计算过程如表所示。将表中有关数字代入公式，相关系数为：

$$r = \frac{\sum (x - \bar{x})(y - \bar{y})}{\sqrt{\sum (x - \bar{x})^2 \cdot \sum (y - \bar{y})^2}}$$

$$= \frac{938600}{\sqrt{1343200 \times 680200}} = \frac{938600}{955847.6} = 0.982$$

$$r^2 = 0.964$$

计算结果表明，居民家庭月人均收入与月消费支出之间存在高度正相关关系。如果用月人均收入去预测月消费支出可消减

96.4% 的误差。

本例也可直接用下面简捷公式由原始资料推求相关系数。

$$r = \frac{n\sum xy - \sum x \cdot \sum y}{\sqrt{n\sum x^2 - (\sum x)^2} \cdot \sqrt{n\sum y^2 - (\sum y)^2}}$$

运用这一公式也需列相关计算表，计算过程详见表 11－12。

表 11－12　　月人均收入与月消费支出相关系数简捷计算表

家庭编号	月收入 x(元)	月支出 y(元)	x^2	y^2	xy
1	300	240	90000	57600	72000
2	460	260	211600	67600	119600
3	500	300	250000	90000	150000
4	540	300	291600	90000	162000
5	600	350	360000	122500	210000
6	800	400	640000	160000	320000
7	1000	600	1000000	360000	600000
8	1100	700	1210000	490000	770000
9	1200	800	1440000	640000	960000
10	1500	1050	2250000	1102500	1575000
合计	8000	5000	7743200	3180200	4938600

将表中有关数字代入公式，得：

$$r = \frac{n\sum xy - \sum x \cdot \sum y}{\sqrt{n\sum x^2 - (\sum x)^2} \cdot \sqrt{n\sum y^2 - (\sum y)^2}}$$

$$= \frac{10 \times 4938600 - 8000 \times 5000}{\sqrt{10 \times 7743200 - 8000^2} \cdot \sqrt{10 \times 3180200 - 5000^2}}$$

$$= 0.982$$

计算结果与普通法计算结果完全一致。

二、单变量分组相关表计算 r

在资料分组的条件下，相关系数的计算需要采用加权的方法，公式为：

$$r = \frac{\sum (x - \bar{x})(y - \bar{y})f}{\sqrt{\sum (x - \bar{x})^2 f} \cdot \sqrt{\sum (y - \bar{y})^2 f}}$$

由于上式计算较繁，因而一般采用如下简捷公式：

$$r = \frac{(\sum f)(\sum xyf) - (\sum xf)(\sum yf)}{\sqrt{(\sum f)(\sum x^2 f) - (\sum xf)^2} \cdot \sqrt{(\sum f)(\sum y^2 f) - (\sum yf)^2}}$$

例：根据表 11 - 13 的资料，计算妇女受教育年限与其生育子女数之间的相关系数。

表 11 - 13　30 名妇女受教育年限与生育子女数相关计算表

受教育年限 x(年)	生育子女数 y(个)	人数 f(人)	xf	yf	x^2f	y^2f	xyf
0	4	2	0	8	0	32	0
4	3	4	16	12	64	36	48
6	3	8	48	24	288	72	144
9	2	10	90	20	810	40	180
12	1	6	72	6	864	6	72
合　计		30	226	70	2026	186	444

将表中有关数字代入简捷计算公式：

$$r = \frac{(\sum f)(\sum xyf) - (\sum xf)(\sum yf)}{\sqrt{(\sum f)(\sum x^2 f) - (\sum xf)^2} \cdot \sqrt{(\sum f)(\sum y^2 f) - (\sum yf)^2}}$$

$$= \frac{30 \times 444 - 226 \times 70}{\sqrt{30 \times 2026 - 226^2} \cdot \sqrt{30 \times 186 - 70^2}} = -0.973$$

$$r^2 = 0.947$$

计算结果表明，妇女受教育年限与生育子女数之间存在高度负相关关系。如果用妇女受教育年限去预测其生育子女数，可消减 94.7% 的误差。

三、双变量分组相关表计算 r

双变量分组相关表资料计算相关系数 r，也可采用单变量分组相关表资料计算 r 的两个公式，只是计算均较复杂，故常采用如下简捷计算法，公式为：

$$r = \frac{n \sum \cdot \sum fd_x d_y - \sum F_x d_x \cdot \sum F_y d_y}{\sqrt{\left[n \sum F_x d_x^2 - \left(\sum F_x d_x \right)^2 \right] \left[n \sum F_y d_y^2 - \left(\sum F_y d_y \right)^2 \right]}}$$

式中：d_x、d_y——x、y 数列中各组组中值与其假定平均数的组差；

F_x、F_y——x、y 数列中边缘分布各组的次数。

例：以表 11－3 资料为例，说明双变量分组相关表资料简捷法计算相关系数的过程，详见表 11－14。

表 11－14   相关系数计算表

婚事支出 y(元)	家庭人均收入 x(元)				Fy (1)	d_y (2)	$F_y d_y$ (3) = (1) × (2)	$F_y d_y^2$ (4) = (2) × (3)
	3000 以下	3000 ~ 4000	4000 ~ 5000	5000 以上				
50000 以上			2	4	6	2	12	24
40000 ~ 50000			6	1	7	1	7	7
30000 ~ 40000		4	2		6	0	0	0
20000 ~ 30000	2	3			5	－ 1	－ 5	5
10000 ~ 20000		4			4	－ 2	－ 8	16
10000 以下	2	1			3	－ 3	－ 9	27
F_x (1)	4	12	10	5	$n = 31$	——	－ 3	79
d_x (2)	－ 1	0	1	2	——			
$F_x d_x$ (3) = (1) × (2)	－ 4	0	10	10	16			
$F_x d_x^2$ (4) = (2) × (3)	4	0	10	20	34			
$\sum fd_y$ (5)	－ 8	－ 14	10	9	－ 3			
$\sum fd_x d_y$ (6) = (2) × (5)	8	0	10	18	36			

表中, d_y = [因变量 y 各组组中值 – 估计平均数(本例取 35000 元)] / 组距, d_x = [自变量 x 各组组中值 – 估计平均数(本例取 3500 元)] / 组距。表左边自变量前四项数据的计算与表上方因变量各项数据的计算方法相同。$\sum fd_y$ 是同栏内表中的 f 与右侧的 d_y 乘积的和。例如, 家庭收入 3000 ~ 4000 这一组的 $\sum fd_y = 4 \times 0 + 3 \times (-1) + 4 \times (-2) + 1 \times (-3) = -14$。余类推。

计算完相关表中各栏数字, 最后将数值代入公式:

$$r = \frac{n\sum \cdot \sum fd_x d_y - \sum F_x d_x \cdot \sum F_y d_y}{\sqrt{\left[n\sum F_x d_x^2 - \left(\sum F_x d_x\right)^2\right]\left[n\sum F_y d_y^2 - \left(\sum F_y d_y\right)^2\right]}}$$

$$\doteq \frac{31 \times 36 - 16 \times (-3)}{\sqrt{\left[31 \times 34 - 16^2\right]\left[31 \times 79 - (-3)^2\right]}} = 0.834$$

$r^2 = 0.696$

计算结果表明, 家庭收入与婚事支出之间存在着高度正相关关系。如果知道家庭收入预测婚事支出可消减 69.6% 的误差。

第四节 一元线性回归分析

一、回归分析概述

(一)回归分析的概念与种类

回归分析, 是对具有相关关系的变量之间数量变化规律进行测定, 并确定一个与之相应的数学表达式, 以据此对因变量进行估计和预测的统计分析方法。这个数学表达式称为回归方程或回归模型。

回归分析按涉及的变量的多少不同, 可分为简单回归与多元回归。简单回归指只涉及两个变量之间的回归, 多元回归指三个以上变量之间的回归。多元回归不论研究的变量有多少个，均应选择其中之一作为因变量，其余为自变量。回归分析按变量变化的表现形式不同，可分为线性回归和非线性回归。线性回归即直线回归，它是对具有线性关系的变量配合直线回归方程，并据此估计和预测的分析方法。非线性回归即曲线回归，它是对具有非线性关系的变量配合曲线回归方程，并据此估计和预测的分析方法。将以上两种分类结合，便有一元线性回归、一元非线性回归、多元线性回归和多元非线性回归四种不同的类型。

一元线性回归，是回归分析最普遍采用的形式，因为社会现象之间的关系大多表现为近似线性关系，而且很多非线性回归可以转化为线性回归来研究，至于多元线性回归，分析的基本原理与一元线性回归分析的基本原理基本相同，只是计算复杂一些，具体应用时可借助于统计分析软件来完成。

(二)回归分析与相关分析的联系与区别

1. 回归分析与相关分析的联系

回归分析与相关分析之间有着密切的联系。它们的研究对象都是具有相关关系的现象。在具体应用上，回归分析需要借助相关分析，以测定相关现象之间相关程度的紧密程度，进而决定是否需要进行回归分析；相关分析则需要借助回归分析，拟合相应的回归方程，来表明现象之间的数量关系，以便进行推算和预测。因而可以说，相关分析是进行回归分析的基础，回归分析是把变量的相关关系转变为函数关系的手段。二者相辅相成。从广义上说，相关分析包括回归分析。

2. 回归分析与相关分析的区别

(1)分析的侧重点不同

相关分析的重点在于确定事物之间相关的方向及其密切程度，但不能从一个变量的变化来估计和预测另一个变量的变化；回归分析着重确定社会现象之间量变的一般关系值，建立变量间的关系式,从而根据自变量的已知数值估计和预测因变量的数值。

（2）研究的变量间的关系不同

相关分析,研究的是变量之间的相互依存关系,变量间的关系是并列、对等的,因而不必确定哪个是自变量,哪个是因变量;回归分析,研究的是一个变量随其他变量变化的形式,变量间的关系不是并列、对等的,因而必须根据研究目的确定自变量和因变量,否则分析目的不明。

（3）研究结果形式的多少不同

相关分析的结果,只有一个相关统计量,因为分析的各个变量间的关系是并列、对等的,不存在区别自变量和因变量的问题。这一点从相关系数 r 的计算公式不难看出。

在回归分析中,存在着两个回归方程（完全相关情况例外）:一个是以 x 为自变量,y 为因变量的 y 倚 x 的回归方程;一个是以 y 为自变量,x 为因变量的 x 倚 y 的回归方程。两个回归方程所表明的社会经济意义是完全不相同的。只有当两个变量互为因果关系或不存在明显的因果关系时,二者才可以互相换位,求得两个不同的方程,具有各自不同的社会经济意义;而如果两个变量之间存在明显的因果关系,就只能求出一个以表示原因的现象为自变量的回归方程,另一个以表结果的现象为自变量的回归方程,求出来没有任何实际意义。例如,老年福利机构与入住老年公寓的老年人口是相互影响、相互制约的两个变量,二者没有明显的因果关系,因而可以配合老年福利机构量倚入住老年公寓的老年人口数的回归方程,说明入住公寓老年人口需求量的变动对老年福利机构的影响情况,也可以配合入住公寓的老年人口倚老年福利机构量的回归方程,说明老年福利机构量的变动对入住公寓的老年人口的影响情况。但是,对工资与工龄这两个变量,则只能以工龄为自变量,工资为因变量,配合工资倚工龄的回归方程,分析工龄变动对工资的影响;如果以工资为自变量,工龄为因变量,配合工龄倚工资的回归方程,则分析毫无意义。

(4)对资料的要求不同

回归分析对资料的要求不同于相关分析。它要求因变量是随机的,其取值事先不能确定,而自变量不是随机的,而是可以准确测量或控制的非随机变量。相关分析所涉及的变量可以都是随机变量,各自接受随机因素的影响。

值得注意的是,由于回归分析只能在定距(比)变量之间才能进行,因而对于定类、定序变量的相关分析而言,谈其与回归分析的联系与区别毫无意义。

二、一元线性回归模型及基本假设

(一)总体回归模型与样本回归模型

当两变量之间的关系存在着线性相关关系时,可以用一元线性回归模型来描述,配合一条直线来表达两变量之间的相关关系,配合的这条直线称为回归直线,表达这条直线的数学模型叫作线性回归方程。

1.总体回归模型

对于因变量 Y 主要受一个自变量 X 的影响的一元线性回归问题,其总体回归模型及总体回归直线(又称回归方程)分别为:

总体回归模型:$Y = \alpha + \beta X + \mu$

总体回归直线:$E(Y) = \alpha + \beta X$

式中:Y、X——分别为总体因变量和自变量的观测值;

α、β——总体回归参数;

$E(Y)$——代表总体因变量的 Y 的期望值;

μ——总体回归模型的随机误差项,表示除了模型中的自变量以外的其他随机因素对因变量 Y 的影响。

总体回归方程 $E(Y) = \alpha + \beta X$,在直角坐标系中表现为一条直线,称之为总体回归直线,由于因变量 Y 和自变量 X 为线性相关，因而 Y 的实际观测值并不一定落在直线 $E(Y)=\alpha+\beta X$ 上，而是散落在直线的周围。设有一实际观测点 Y_i，则 Y_i 与总体回归直线的垂直距离定义为随机误差项，即：

$$\mu=Y-E(Y)$$

可见，在研究 Y 的实际观测值与给定的 X 值的线性关系中，引入随机误差项，就得到总体回归模型：$Y=\alpha+\beta X+\mu$。

2. 样本回归模型

由于总体回归参数 α、β 未知，通常需要利用 X 和 Y 的样本信息对其进行估计，根据样本数据拟合其方程，即：

样本回归模型：$y=a+bx+e$

样本回归直线：$y_c=a+bx$

式中：y、x——分别代表样本因变量和自变量的观测值。

a、b——分别是总体回归参数 α、β 的估计值，a 为样本回归直线的截距，表示 a 为 0 时，y 的估计值；b 为样本回归直线的斜率，又称为回归系数，表示 x 每变动一个单位，y 的平均变化量。

y_c——样本回归线上与 X 对应的 y 值，是 $E(Y)$ 的估计值。

e——样本回归模型的随机误差项。

由于样本的实际观测值 y 与估计值 y_c 并不完全相等，而是存在一定的偏差，这一偏差称之为残差，用 e 表示，则有：

$$e=y-y_c$$

e 在概念上与总体回归模型中的随机误差项是对应的。在研究 y 的实际观测值与给定的 x 值的线性关系中，引入随机误差项 e，便得到样本回归模型：$y=a+bx+e$

（二）回归模型的基本假设

由于回归分析除了对变量 XY 的关系进行描述之外，还有从样本推测总体变化的作用，因而应用回归分析需对总体回归模型作出如下假设：

（1）因变量 Y 与自变量 X 之间存在着真实的线性关系；

（2）自变量 X 是预先确定的非随机变量，与随机误差项线性无关；

（3）因变量 Y 的取值相互独立，意味着随机误差项也是相互独立的，且对每个 μ，有 $\mu \sim n(0, \sigma^2)$。

同时符合以上假设的一元线性回归模型称为标准的一元线性回归模型。不符合以上假设条件的非标准状况下的分析方法，属于计量经济学的研究内容，本书对此不作进一步的讨论。

三、一元线性回归模型的参数估计

在一元回归直线方程 $y_c = a + bx$ 中，a、b 都是待定参数，即根据不同的实际资料经过估算后，才能最终确定。一旦求出 a、b 参数值，能够表明变量之间数量关系的一元回归直线也就被确定下来了。问题是通过两变量间的相关点的直线很多，究竟哪条直线才是最优回归直线？理论上讲，一条直线如果和各实际相关点的离差平方和为最小值时，则这条直线应是最优回归直线。因而，参数 a、b 的确定方法通常使用第九章讲过的最小平方法。

求算一元回归直线既然也采用最小平方法，因而第九章第四节的有关公式都适用，只要将时间变量的符号 t 改变为自变量 x 即可，于是有下列两个标准方程：

$$\begin{cases} \sum y = na + b \sum x \\ \sum xy = a \sum x + b \sum x^2 \end{cases}$$

解上述标准方程得：

$$\begin{cases} b = \dfrac{n \sum xy - \sum x \sum y}{n \sum x^2 - \left(\sum x \right)^2} \\ a = \dfrac{\sum y}{n} - b \dfrac{\sum x}{n} = \bar{y} - b \bar{x} \end{cases}$$

例：以表11－15资料为例，说明一元直线回归方程参数的求解过程。

先将表11－15中前5列有关数字代入相关公式，得：

$$b = \frac{n\sum xy - \sum x \sum y}{n\sum x^2 - (\sum x)^2} = \frac{10 \times 4938600 - 8000 \times 5000}{10 \times 7743200 - 8000^2}$$

$$= 0.698779$$

$$a = \frac{\sum y}{n} - b\frac{\sum x}{n} = \frac{5000}{10} - 0.698779 \times \frac{8000}{10} = -59.0232$$

再将 a、b 值代入一元直线回归方程 $y_c = a + bx$，可得：

$$y_c = -59.0232 + 0.698779x$$

式中，$a = -59.0232$，是回归直线在 Y 轴上的截距；$b = 0.698779$，表示月人均收入每增减一个单位(元)，月人均消费支出将增减 0.698779 个单位(元)。

需要说明的是，对上面所求的方程，只能给定自变量 x 的值去推算因变量 y 的值，而不能由 y 的值去推算 x 的值。若 x 与 y 互为因果，则可以建立以 y 为自变量，x 为因变量的回归方程，再据以 y 的给定值去推算 x。

四、一元线性回归模型的拟合效果

回归方程 $y_c = a + bx$，是根据变量 X 和 Y 的一个样本拟合的，此方程的代表性如何，需要对其拟合效果进行评价。其中经常使用的测度指标有估计标准误差和判定系数。

（一）估计标准误差

1. 估计标准误差的意义

回归直线方程建立之后，就可以由自变量的给定值，推算因变量的数值。但是，推算出来的因变量的数值并不是一个精确的数值，而是一个估计值或理论值。换言之，回归直线方程进行预

测是存在误差的。如表11 – 15第6列所示。可以看出,每户家庭月
支出的实际值与估计值存在着差异,这个差异主要是由于家庭月
收入以外的其他因素影响造成的。如果因变量的每一个实际值与
估计值差别大,说明推算结果的准确性差,各相关点对回归直线
的离散程度大,回归直线的代表性小;若因变量的每一个实际值
与估计值差别小,则说明推算结果较准确,各相关点对回归直线
的离散程度小,回归直线的代表性大。因此,为了测定回归直线
代表性的大小,有必要参照标准差的意义,引进一个离散趋势的
量度,用来反映围绕回归直线的 Y 值分布的离散程度。估计标准
误差就是进行这种检验的统计分析指标。

表 11 – 15   一元线性回归分析相关指标计算表①

编号	x (元)	y (元)	x^2	xy	y_c	$(y-y_c)$	$(y-y_c)^2$	$(y-\bar{y})$ $\bar{y} = 500$	$(y-\bar{y})^2$
1	300	240	90000	72000	151	89	7921	– 260	67600
2	460	260	211600	119600	263	– 3	9	– 240	57600
3	500	300	250000	150000	291	9	81	– 200	40000
4	540	300	291600	162000	319	– 19	361	– 200	40000
5	600	350	360000	210000	361	– 11	121	– 150	22500
6	800	400	640000	320000	501	– 101	10201	– 100	10000
7	1000	600	1000000	600000	641	– 41	1681	100	10000
8	1100	700	1210000	770000	711	– 11	121	200	40000
9	1200	800	1440000	960000	781	19	361	300	90000
10	1500	1050	2250000	1575000	991	59	3481	550	302500
合计	8000	5000	7743200	4938600	–	–	24338	–	680200

2. 估计标准误差的计算

估计标准误差,又称回归标准差。它是指因变量实际值与预

---

① 为计算简便以及数据展示清晰考虑,回归方程 $y_c = -59.0232 + 0.698779x$ 中
的 a 取近似值 – 59, b 取近似值 0.7 计算 y_c。由此计算的相关指标会存在一定的误差。

测值之间的标准差。计算公式为：

$$S_y = \sqrt{\frac{\sum (y - y_c)^2}{n - 2}}$$

式中：S_y 是估计标准误差；$n - 2$ 是自由度，因在一元线性回归方程中，计算了 a 和 b 两个参数，即失去了两个自由度。

例：根据表 11 - 15 的资料，计算估计标准误差。将表中相关数据代入估计标准误差公式，可得该例的估计标准误差为：

$$S_y = \sqrt{\frac{\sum (y - y_c)^2}{n - 2}} = \sqrt{\frac{24338}{10 - 2}} = 55.157(元)$$

上述公式是估计标准误差的定义公式，因为需要逐项计算 $(y - y_c)$，因而比较麻烦。如果已求得回归直线的各个参数，如表 11 - 12 所示，可以用如下简捷公式计算估计标准误差。

$$S_y = \sqrt{\frac{\sum y^2 - a \sum y - b \sum xy}{n - 2}}$$

已知：$a = -59.0232$，$b = 0.698779$，$\sum y = 5000$，$\sum y^2 = 3180200$，$\sum xy = 4938600$，$n = 10$，将数字代入公式，得：

$$S_y = \sqrt{\frac{3180200 - (-59.0232) \times 5000 - 0.698779 \times 4938600}{10 - 2}}$$

$$= 55.143(元)$$

计算结果表明，月人均消费支出的实际值与估计值的离差有大有小，但平均起来是 55 元。

（二）判定系数

估计标准误差反映的是回归估计值与样本实际观察值的平均差异程度，而说明回归方程对样本观察值拟合程度的优劣，则常用判定系数 r^2。它是回归平方和与总离差平方和之比。公式如下：

$$r^2 = \frac{SSR}{SST} = 1 - \frac{SSE}{SST}$$

式中：SST——总离差平方和，即因变量的实际观测值与其均值的总离差；

　　　　SSR——回归平方和，即回归估计值与均值的离差平方和，是指由回归直线可以解释的那部分离差平方和；

　　　　SSE——剩余误差平方和，即实际观测值与回归估计值的离差平方和，是指由回归直线不能解释的那部分离差平方和。

　　判定系数的取值范围是：$0 \leqslant r^2 \leqslant 1$，$r^2$ 越接近 1，说明回归方程对样本观测值的拟合程度越好，$r^2 = 1$，则完全拟合，y 的总离差可全部由 x 解释；反之，r^2 越接近 0，说明回归直线的拟合程度越差。事实上，就一元线性相关而言，判定系数 r^2 就是其相关系数的平方。

　　根据表 11 – 15 资料计算判定系数，相关数据计算如表 11 – 15 第 6 ~ 10 列所示，将表中相关数据代入公式：

$$r^2 = \frac{SSR}{SST} = 1 - \frac{SSE}{SST} = 1 - \frac{\sum (y - y_c)^2}{\sum (y - \bar{y})^2}$$

$$= 1 - \frac{24338}{680200} = 0.9642$$

r^2 接近 1，说明回归方程对样本数据的拟合程度很高。

五、一元线性回归模型的显著性检验

　　在配合回归直线时，是假设 x 与 y 的关系近似为线性关系，这种假设是否真实还必须经过检验，包括回归系数的显著性检验和回归方程线性关系的显著性检验。

　　（一）回归系数的显著性检验

　　回归系数的检验通常是根据样本回归系数 b 的 t 值对总体回归系数 β 进行检验。其目的在于验证自变量 X 和因变量 Y 之间是否存在真实的线性关系，检验自变量 X 对因变量 Y 的影响是否显著。

具体检验步骤与第八章假设检验的步骤基本相同，主要是检验统计量的公式有所不同。

回归系数显著性检验统计量公式为：

$$t_b = \frac{b}{S_b}$$

式中：S_b——回归系数 b 的标准差。

$$S_b = \sqrt{\frac{S_y^2}{\sum (x - \bar{x})^2}}$$

式中，S_y——估计标准误差。

例：对根据表 11 - 11 资料拟合的回归方程 $y_c = -59.0232 + 0.698779x$ 进行回归系数显著性检验，显著性水平为 0.05。

已知：$b = 0.698779$，$S_y = 55.143$，$\sum (x - \bar{x})^2 = 1343200$，$\alpha = 0.05$。

（1）建立假设

$H_0: \beta = 0$（即样本来自不存在线性关系的总体）

$H_1: \beta \neq 0$（即样本来自存在线性关系的总体）

（2）计算检验统计量的值

$$t_b = \frac{b}{S_b} = \frac{b}{\sqrt{\dfrac{S_y^2}{\sum (x - \bar{x})^2}}} = \frac{0.698779}{\sqrt{\dfrac{55.143^2}{1343200}}} = 14.69$$

（3）查表求临界值

根据确定的显著性水平 $\alpha = 0.05$ 和自由度 $df = n - 2 = 10 - 2 = 8$，查 t 分布表，得到临界值 $t_{\alpha/2(8)} = 2.306$。

（4）统计决策

$\because t_b = 14.69 > t_{\alpha/2(8)} = 2.306$

$\therefore$ 拒绝 H_0，接受 H_1。即说明家庭月人均收入对家庭月消费支出的影响是显著的，二者之间确实存在着线性关系。

(二) 回归方程线性关系的显著性检验

回归方程线性关系检验,常采用 F 检验法。旨在验证总体 X 与 Y 之间是否存在真实的线性关系。检验统计量 F 为:

$$F = \frac{SSR/1}{SSE/(n-2)} = \frac{\sum (y_c - \bar{y})^2/1}{\sum (y - y_c)^2/n - 2}$$

例:仍以表 11 – 15 资料为例,说明回归方程线性关系的显著性检验。

已知:$SSE = \sum (y - y_c)^2 = 24338$,$SSR = \sum (y_c - \bar{y})^2 = SST - SSE = 680200 - 24338 = 655862$

(1) 建立假设

$H_0: \beta = 0$(总体回归方程不显著)

$H_1: \beta \neq 0$(总体回归方程显著)

(2) 计算检验统计量 F 的值

$$F = \frac{SSR/1}{SSE/(n-2)} = \frac{655862/1}{24338/(10-2)} = 215.5845$$

(3) 查表求临界值

根据确定的显著性水平 $\alpha = 0.05$ 和自由度 $df_1 = 1$,$df_2 = n - 2 = 10 - 2 = 8$,查 F 分布表,得到临界值 $F_{0.05(1, 8)} = 5.32$。

(4) 统计决策

∵ $F = 215.5845 > F_{0.05(1, 8)} = 5.32$

∴ 拒绝 H_0,接受 H_1。即说明回归方程是显著的,低收入家庭每月消费支出受其月人均收入的影响显著。

值得一提的是,在一元线性回归分析中,只有一个自变量,因而回归系数的 t 检验和回归方程的 F 检验两者是统一的,即原假设被 t 检验拒绝或接受,也同样会被 F 检验拒绝或接受,反之亦然。不过,在多元回归分析中,t 检验和 F 检验的意义则不同。关于这一点下节再说明。

六、一元线性回归模型的应用

经过检验，若样本回归方程具有较高的拟合程度，X 和 Y 具有显著的线性关系，便可以利用拟合的回归方程，由自变量的值去预测因变量的相应值。回归预测有点预测和区间预测两种形式。

（一）点预测

对于给定的 x 的某一个值，根据一元线性回归方程 $y_c = a + bx$，可以得到对应的 y 的估计值。点预测的优点是计算简便，但不知道误差的大小和置信度，因而需要进行区间预测。

（二）区间预测

这里所说的区间预测与第七章抽样推断的区间估计原理基本相同。由于样本回归方程是根据样本数据拟合出来的，因而会存在抽样随机误差。社会统计常采用大样本，而在大样本情况下，抽样误差 μ_y 会趋近估计标准误差 S_y，实际值在回归直线两侧呈正态分布或近似正态分布，预测值的可靠程度可用正态分布的性质加以判断，则因变量 Y 的分布范围或预测区间可以这样期望：

Y 值在 $y_c \pm 1S_y$ 之间的概率为 68.27%，即有 68.27% 的可能性实际观察值落在回归直线 $y_c \pm 1S_y$ 的范围内。

Y 值在 $y_c \pm 2S_y$ 之间的概率为 95.45%，即有 95.45% 的可能性实际观察值落在回归直线 $y_c \pm 2S_y$ 的范围内。

Y 值在 $y_c \pm 3S_y$ 之间的概率为 99.73%，即有 99.73% 的可能性实际观察值落在回归直线 $y_c \pm 3S_y$ 的范围内。

但在小样本情况下，则需运用 t 分布原理，建立 Y 的预测区间。其抽样平均误差的计算公式为：

$$\mu_y = S_y \sqrt{1 + \frac{1}{n} + \frac{(x_0 - \bar{x})^2}{\sum (x - \bar{x})^2}}$$

式中：S_y——估计标准误差；x_0——给定的自变量的值。

例：根据表11-11资料拟合的回归方程进行回归预测，求当家庭月人均收入为1600元时，家庭月消费支出额的置信区间，确定置信度为95%。

解：已知：$x_0 = 1600$，$S_y = 55.143$，$\bar{x} = 800$，$\sum (x - \bar{x})^2 = 1343200$

当 $x_0 = 1600$ 时，$y_c = a + bx = -59.0232 + 0.698779 \times 1600 = 1059.0232$

通过计算得：

$$\mu_y = S_y \sqrt{1 + \frac{1}{n} + \frac{(x_0 - \bar{x})^2}{\sum (x - \bar{x})^2}}$$

$$= 55.143 \times \sqrt{1 + \frac{1}{10} + \frac{(1600 - 800)^2}{1343200}} = 69.2486$$

当 $1 - \alpha = 95\%$ 时，$t_{\alpha/2(n-2)} = t_{0.025(10-2)} = 2.306$，则：

$$y_c \pm t_{\alpha/2}\mu_y = 1059.0232 \pm 2.306 \times 69.2486$$

$$= 1059.0232 \pm 159.6873$$

即：$899.3359 \leqslant y \leqslant 1218.7105$

第五节　多元线性回归分析

上一节介绍的一元线性回归，研究的是因变量受一个自变量的影响情况，而社会经济现象具有多方面的相互联系，某一现象的变化常常受到多种因素的影响，要对多个变量之间的关系进行研究，就要进行多元相关与多元回归分析，这种情况在社会统计方面更是明显。

一、多元线性回归模型及其参数估计

（一）多元线性回归模型及基本假设

对一个因变量与两个以上的自变量之间的线性关系的回归分

析，称为多元线性回归分析。表现多个变量间线性关系的数学表达式，称为多元线性回归模型，它是一元线性回归模型的扩展。当影响因变量的主要因素有 k 个时，对应于一元线性总体回归模型、样本回归模型与样本回归直线，可以建立起多元线性总体回归模型、多元线性样本回归模型与多元线性回归直线。

多元线性总体回归模型：$Y = \beta_0 + \beta_1 x_1 + \beta_2 x_2 + \cdots + \beta_k x_k + \mu$

多元线性样本回归模型：$y = b_0 + b_1 x_1 + b_2 x_2 + \cdots + b_k x_k + e$

多元线性样本回归直线：$y_c = b_0 + b_1 x_1 + b_2 x_2 + \cdots + b_k x_k$

式中：$\beta_0, \beta_1, \beta_2, \cdots, \beta_k$——回归模型的总体参数，其中，$\beta_0$ 是模型的常数项，$\beta_1, \beta_2, \cdots, \beta_k$ 是总体偏回归系数；

$b_0, b_1, b_2 \cdots, b_k$——样本回归参数，是相应的 $\beta_0, \beta_1, \beta_2, \cdots, \beta_k$ 的最小二乘估计值，$b_1, b_2, \cdots, b_k$ 的含义是，在其他影响因素不变的情况下，其中一个自变量每变动一个单位所引起的因变量的平均变化量；

μ, e——分别为总体回归模型与样本回归模型的随机误差项，表示除了模型中的 k 个自变量以外的其他随机因素对因变量的影响。

多元线性回归同样存在着基本假设。这些基本假设既包括一元线性回归的基本假设，还包含各个自变量之间无较强的线性关系这一基本假设。

（二）多元线性回归模型的参数估计

与一元线性回归分析一样，求解多元线性回归方程中的待估计参数 $b_0, b_1, b_2, \cdots, b_k$，同样可以采用最小平方法，即最理想的估计值应满足残差平方和为最小的条件，再根据微积分中求极小值的原理，求解 $b_0, b_1, b_2, \cdots, b_k$ 的方程组，然后对这一方程组整理得到如下标准方程组：

$$\begin{cases} \sum y = nb_0 + b_1 \sum x_1 + b_2 \sum x_2 + \cdots + b_k \sum x_k \\ \sum x_1 y = b_0 \sum x_1 + b_1 \sum x_1^2 + b_2 \sum x_1 x_2 + \cdots + b_k \sum x_1 x_k \\ \sum x_2 y = b_0 \sum x_2 + b_1 \sum x_1 x_2 + b_2 \sum x_2^2 + \cdots + b_k \sum x_2 x_k \\ \quad\quad\vdots \quad\quad\quad\quad\quad\quad\quad\quad\quad\quad\quad\quad \vdots \\ \sum x_k y = b_0 \sum x_k + b_1 \sum x_1 x_k + b_2 \sum x_2 x_k + \cdots + b_k \sum x_k^2 \end{cases}$$

求解这一方程组,便可以求出 b_0, b_1, b_2, $\cdots$, b_k 的值,从而建立样本多元线性回归方程。手工计算,一般需运用矩阵运算求解,极其繁琐,因而多利用 SPSS、Excel 等统计分析软件来完成。

二、多元线性回归模型的拟合效果

多元线性回归模型的拟合程度如何,同样可以用估计标准误差、判定系数等指标来评价。其计算原理与一元线性回归分析的计算原理基本相同。

(一)估计标准误差

多元线性回归方程的估计标准误差的计算公式为:

$$S_y = \sqrt{\frac{\sum (y - y_c)^2}{n - k - 1}}$$

式中: k 为回归方程参数的个数; $(n-k-1)$ 是自由度,因在多元线性回归标准方程组中,有 $(k+1)$ 个方程式,从而利用 n 个样本点来拟合回归方程时就有 $(k+1)$ 个约束条件,故其自由度为 $(n-k-1)$。

估计标准误差越小,表明多元线性回归直线的拟合程度越好,代表性越高;估计标准误差越大,表明多元线性回归直线的拟合程度越差,代表性越低。

(二)判定系数

在多元线性回归分析中,判定系数 R^2 是回归平方和与总离差平方和的比值。它反映的是在因变量的变动中,能由回归系数解释的变动所占的比重。其计算公式为：

$$R^2 = \frac{SSR}{SST} = \frac{\sum (y_c - \bar{y})^2}{\sum (y - \bar{y})^2}$$

式中：SST、SSR 与一元线性回归中的 SST、SSR 的含义相同。

R^2 的取值范围在 $0 \sim 1$ 之间。R^2 越接近 1，说明回归方程对样本数据的拟合程度越好，自变量对因变量的联合影响程度越强，由各个自变量所能解释的比例越大；R^2 越接近 0，说明回归方程对样本数据的拟合程度越差，自变量对因变量的联合影响程度越弱，由各个自变量所能解释的比例越小。

（三）修正的判定系数

在样本容量一定的情况下，回归模型中引进的自变量的个数越多，R^2 的值就会越大。这会造成"增加自变量可以改善模型拟合效果"的错觉。事实是，增加自变量个数，不仅增加了计算工作量，还会引起自变量的共线性，随着自变量的引进使得待估参数的个数增加，由此损失自由度，从而增加估计误差，降低估计的置信度。为消除自变量个数对 R^2 的影响，需要用自由度对其进行修正。修正的判定系数 $\overline{R^2}$ 的计算公式为：

$$\overline{R^2} = 1 - \frac{SSE/(n-k-1)}{SST/(n-1)} = 1 - (1 - R^2)\frac{(n-1)}{(n-k-1)}$$

修正的判定系数考虑了自变量的个数，自变量的个数越多，修正后的 R^2 增长越慢。在观察回归结果时，两种判定系数的数值越接近越好。

三、多元线性回归模型的显著性检验

多元线性回归模型的显著性检验包括回归方程的显著性检验与回归系数的显著性检验，它们是不等价的。回归方程的显著性检验是对整个回归关系的显著性检验，其实质是判断因变量总离差平方和中回归平方和与残差平方和的比值的大小问题；回归系

数的显著性检验是分别对每个回归系数的显著性进行检验，因为在多元线性回归中，自变量有多个，某一自变量对因变量有显著影响，并不能说明其他自变量都对因变量有显著影响。若检验结果表明，某一自变量对因变量的影响不显著时，应将其剔除，重新建立回归方程。

（一）回归系数的显著性检验

在多元线性回归分析中，需要对每一个回归系数进行检验。其检验原理、步骤与一元线性回归分析基本相同，同样采用 t 检验，只是查 t 分布表时，自由度为 $(n - k - 1)$。这里仅给出其检验统计量的一般计算公式：

$$t_{bi} = \frac{t_i}{S_{bi}} \quad (i = 1, 2, \cdots, k)$$

（二）回归方程的显著性检验

在多元线性回归分析中，回归方程的显著性检验的原理、步骤与一元线性回归分析基本相同，同样采用 F 检验法，只是检验统计量的计算公式，以及查 F 分布表时，其自由度有所不同。这里也仅给出其检验统计量的一般计算公式：

$$F = \frac{SSR/k}{SSE/(n - k - 1)} = \frac{\sum (y_c - \bar{y})^2/k}{\sum (y - y_c)^2/(n - k - 1)}$$

四、多元线性回归模型的应用举例

例：设通过随机抽样方式，获得22个地区某一年人口的平均寿命、人均 GDP、成人识字率、一岁儿童疫苗接种率资料，经整理如表 11 - 16 所示[①]，试对其变量间关系进行多元线性回归分析。

———————————

① 表中数据转引自袁卫等主编《统计学》292 页习题，高等教育出版社，2005 年。

表 11 – 16 多变量相关分析表

编号	平均寿命 y(岁)	人均 GDP x_1(美元)	成人识字率 x_2(%)	疫苗接种率 x_3(%)
1	79	19400	99	99
2	77	18500	90	79
3	70	8300	97	83
4	74	14700	92	90
5	69	5300	94	86
6	70	7400	80	90
7	71	2700	89	88
8	70	2900	80	94
9	65	2400	90	92
10	71	1800	95	96
11	63	2300	95	85
12	62	2700	84	92
13	63	1300	89	90
14	57	700	81	74
15	58	2000	36	81
16	50	1800	55	36
17	60	1200	50	90
18	52	1200	37	69
19	50	1300	38	37
20	53	1100	27	73
21	48	600	41	85
22	43	700	32	35

由于手工计算复杂,全部运算利用 Excel 进行(详见第七节"四")。根据最小二乘法原理,得到如下三元线性回归方程。

$$y_c = 32.99309 + 0.000716x_1 + 0.168727x_2 + 0.179042x_3$$

(1)线性回归模型拟合效果

估计标准误差 = 3.331262,判定系数 R^2 = 0.906549,修正的判定系数 $\overline{R^2}$ = 0.890974,说明回归直线对样本数据拟合较好,平均寿命与各个自变量之间的线性相关程度很高。

(2)回归方程的显著性检验

根据显著性水平 a = 0.05 和自由度 $df_1 = k = 3$,$df_2 = n - k - 1 = 22 - 3 - 1 = 18$,查 F 分布表,得到临界值 $F_{0.05(3, 18)}$ = 3.16。

∵ $F = 58.20479 > F_{0.05(3, 18)} = 3.16$

∴ F 检验得以通过,表明回归方程的回归效果显著,在 95% 的置信度下总体线性关系成立。

(3)回归系数的显著性检验

根据显著性水平 a = 0.05 和自由度 $df = n - k - 1 = 22 - 3 - 1 = 18$,查 t 分布表,得到临界值 $t_{0.025(18)}$ = 2.101。

∵ $t_{b1} = 4.853871 > t_{0.025(18)} = 2.101$

$t_{b2} = 4.222811 > t_{0.025(18)} = 2.101$

$t_{b3} = 3.663731 > t_{0.025(18)} = 2.101$

∴ 回归系数显著性检验通过,表明 x_1、x_2、x_3 的回归系数对因变量 y 的影响显著。

通过回归方程显著性检验和回归系数显著性检验之后,多元线性回归方程 $y_c = 32.99309 + 0.000716x_1 + 0.168727x_2 + 0.179042x_3$ 便可用于现实中的分析与预测。

第六节　使用 Excel 软件进行相关与回归分析

一、利用 Excel 绘制相关图

两个变量的相关图可利用 Excel 的图表向导绘制。图 11 – 1 是根据表 11 – 1 资料，利用 Excel 绘制的相关图。其绘制方法与步骤如下：

（1）输入数据。本例自变量 X——社会福利服务机构的数据位于单元格 B2 ~ B9，因变量 Y——可接纳的服务人数的数据位于单元格 C2 ~ C9。

（2）选择菜单栏中的"插入"→"图表"命令，在弹出的"图表向导"对话框中选择"XY 散点图"，再在子图表类型中选择一类型，然后单击"下一步"按钮。

（3）在弹出的"源数据"对话框的"数据区域"数值框中输入 X 和 Y 的数值所在区域，本例输入" = ＄ B ＄ 2 :＄ C ＄ 9"。

（4）单击"下一步"按钮，弹出"图表选项"对话框，其中有"标题"、"坐标轴"、"网格线"、"图例"、"数据标志"等选项，根据情况和需要填写相应内容。本例输出的相关图如第一节图 11 – 1 所示。

二、利用 Excel 计算相关系数

下面以表 11 – 12 的资料来说明利用 Excel 计算两变量间相关系数的操作步骤。

（1）新建一张空白工作表，将所获资料按顺序填入其中，如图 11 – 4 中的 A、B、C 三列的第 1 ~ 11 行所示。

（2）选择菜单栏中的"工具"→"数据分析"命令，在"数据分析"对话框中，选择"相关系数"，确认后就打开了"相关系数"计

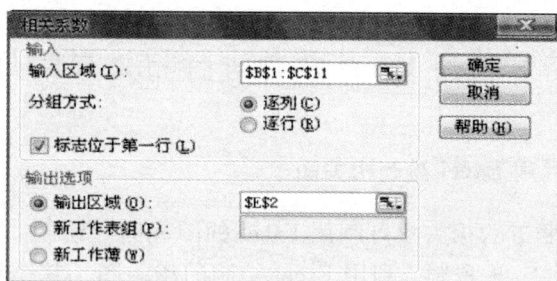

图11-4 "相关系数"计算界面

算界面。在"输入区域"栏中填入"＄B＄1:＄C＄11"，在"分组方式"栏中选中"逐列"，勾选"标志位于第一行"，在"输出选项"中选择"输出区域"，并在"输出区域"数值框中指定输出结果的起点位置，本例中输入"＄E＄2"。本例填写好的"相关系数"计算界面如图11-4所示。

（3）单击"确定"按钮，即可得到所求相关系数。其中，月人均收入和月人均消费的自相关系数均为1，月人均收入与月人均消费的相关系数为0.982。

操作过程完成，计算结果表及结果如图11-5所示。

	A	B	C	D	E	F	G
1	家庭编号	月人均收入	月人均消费				
2	1	300	240			月人均收入	月人均消费
3	2	460	260		月人均收入	1	
4	3	500	300		月人均消费	0.982	1
5	4	540	300				
6	5	600	350				
7	6	800	400				
8	7	1000	600				
9	8	1100	700				
10	9	1200	800				
11	10	1500	1050				
12	合计	8000	5000				

图11-5 使用 Excel 进行相关系数计算的示意图

三、利用 Excel 进行一元线性回归分析

下面以表 11－1 资料为例，说明利用 Excel 进行一元线性回归分析的操作步骤。

（1）输入变量名称与数值。打开工作表，先在单元格 A1、B1 和 C1 分别输入"地区编号"、"各类社会福利服务机构（千个）"、"可接纳服务人数（万人）"；再在单元格 A2 至 A9 中依次输入 1～8 的号码，在单元格 B2 至 B9 中依次输入服务机构数据，在单元 C2 至 C9 中依次对应的输入可接纳服务人数。如图 11－6 所示。

	A	B	C	D	E
1	地区编号	社会福利服务机构（千个）	可接纳的服务人数（万人）		
2	1	1.2	62		
3	2	2.0	86		
4	3	3.1	80		
5	4	3.8	110		
6	5	5.0	115		
7	6	6.1	132		
8	7	7.2	135		
9	8	8.0	160		
10	合计				

图 11－6　一元线性回归数据资料输入图

（2）选择菜单栏中的"工具"→"数据分析"命令，在数据分析对话框中选择"回归"选项。

（3）单击"确定"按钮，此时弹出"回归"对话框。在其中的"Y 值输入区域"数值框中输入"$ C $1:$ C $9"；在"X 值输入区域"数值框中输入"$ B $1:$ B $9"；由于输入的数据区域首行，为变量名，因此必须选中"标志"栏（如果输入区域没有变量名，只有观测值，可取消选中的此复选框）；本例回归直线方程的常数项不会为零，因此"常数为零"选项不要选；"置信度"栏默认值为 95%，可以不做修改；在"输出区域"数值框中指定显示输出结果的单元格起点（本例输入 $ B $12），也可在输出选项

中选择"新工作表组"。填制好的"回归"分析工具界面如图11－7所示。

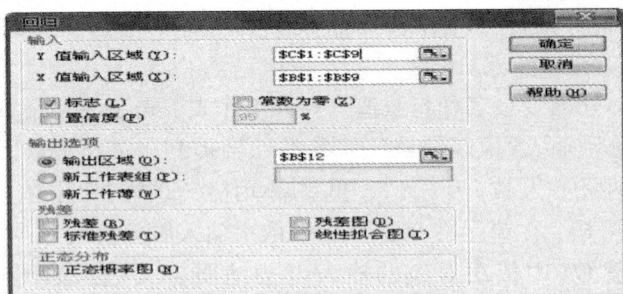

图11－7　"回归"对话框示意图

(4)单击"确定"按钮，即可得到所需回归分析结果。如图11－8所示。

	B	C	D	E	F	G	H
12	SUMMWRY OUTPUT						
13							
14	回归统计						
15	Multiple R	0.969704					
16	R Square	0.940326					
17	Adjusted R Square	0.93038					
18	标准误差	8.587069					
19	观测值	8					
20							
21	方差分析						
22		df	SS	MS	F	Significamce F	
23	回归分析	1	6971.573	6971.573	94.54551	6.79E-05	
24	残差	6	442.4265	73.73775			
25	总计	7	7414				
26							
27		Coefficients	标准误差	t stat	P-value	Lower 95%	Upper 95%
28	Intercept	51.32323	6.755231	7.597554	0.000271	34.79377	67.8527
29	福利服务机构（千个）	12.89599	1.326277	9.723451	6.79E-05	9.650706	16.1428

图11－8　利用 Excel 进行回归分析的输出结果示意图

利用 Excel 进行回归分析输出的结果中，共有三部分内容：回归统计、方差分析和参数估计。本例回归分析的两个重要指标在第三部分"Coefficients"下面：一是截距 a（Intercept），数值为51.32323；二是回归系数 b（本例中为社会福利服务机构的系数）12.89599。由此可得到所求的回归方程：

$$y_c = a + bx = 51.32323 + 12.89599$$

图 11 −8 中，其他输出结果的含义是：

（1）"回归统计"部分：Multiple R，即相关系数，本例为 0.969704；R Square，即判定系数（R^2），本例为 0.940326；Adjusted R Square，为修正的判定系数，即调整后的 $\overline{R^2}$，本例为 0.93038，在多元回归分析中有用；标准误差，即回归方程的估计标准误差，本例为 8.587069；观测值，即观测值的数目，也就是样本容量 n。

（2）"方差分析"部分：df 是自由度；SS 是分解呈现的方差；MS 是均方差，即 MS = SS/df；"Significamce F"是显著性 F 值。有关方差分析问题，下一章将会涉及。

（3）"参数估计"部分：图中单元格 C28 和 C29 分别为截距 a 和回归系数 b；单元格 D28 和 D29 为系数 a、b 的标准误差；单元格 E28 和 E29 是 t 检验值，用于假设检验，反映两个系数不为零的显著性；单元格 F28 和 F29 是 P 值，即真值事实上为零的可能性；单元格 G28、G29 和 H28、H29 分别为两个回归参数计算出的 95%的置信区间，它提供了一个上下限。

四、利用 Excel 进行多元线性回归分析[①]

（一）利用 Excel 计算相关系数

下面以表 11 −16 的资料来说明利用 Excel 计算多变量两两之间的相关系数的操作步骤。

（1）输入各个变量的数据。新建一张空白工作表，先在第一行输入变量的名称，从第二行起依次输入各变量的数值。Y 的数据位于 B2 至 B23；X_1 的数据位于 C2 至 C23；X_2 的数据位于 D2 至

［①］　本例引自罗洪群、王青华编著：《新编统计学》，清华大学出版社，2009 年，第 167 ~ 168 页。编者作了适当处理。

D23;X_3的数据位于 E2 至 E23。

(2)利用 Excel 计算上述变量两两之间的相关系数。步骤为:选择菜单栏中的"工具"→"数据分析"命令,在"数据分析"对话框中,选择"相关系数",确认后打开了"相关系数"计算界面。在"输入区域"栏中填入"＄B＄1:＄E＄23",在"分组方式"栏中选中"逐列",勾选"标志位于第一行",在"输出选项"中选择"输出区域",并在"输出区域"数值框中指定输出结果的起点位置,本例中输入"＄B＄26"。填制的"相关系数"计算界面参阅图 11 - 4。

(3)单击"确定"按钮,即可得到所求相关系数。输出结果如图 11 - 9 所示。

	B	C	D	E	F	G
26		Y	X_1	X_2	X_3	
27	Y	1				
28	X_1	0.725315	1			
29	X_2	0.846655	0.503007	1		
30	X_3	0.733436	0.307223	0.627514	1	

图 11 - 9　利用 Excel 求变量两两之间的相关系数输出结果示意图

输出结果显示,Y 与 X_1、X_2、X_3 之间的线性相关系数分别为 0.725315、0.846655、0.733436。而各自变量之间的线性相关相对较弱。因此,可对上述变量之间的关系进行三元线性回归分析。

(二)利用 Excel 进行回归分析

操作方法与步骤如下:

(1)选择菜单栏中的"工具"→"数据分析"命令,在数据分析对话框中选择"回归"选项。

(2)单击"确定"按钮,此时弹出"回归"对话框。在其中的"Y 值输入区域"数值框中输入"＄B＄1:＄C＄23";在"X 值输入区域"数值框中输入"＄C＄1:＄E＄23";由于输入的数据区域首行,为变量名,因此必须选中"标志"栏;在"输出区域"数值框中指定显示输出结果的单元格起点位置,也可在输出选项中选择"新工作表组"。填制的"回归"分析工具界面参阅图 11 – 7。

（3）单击"确定"按钮，即可得到所需回归分析结果。本例的输出结果如图 11 – 10 所示。

A	B	C	D	E	F	G
SUMMWRY OUTPUT						
回归统计						
Multiple R	0.952129					
R Square	0.906549					
Adjusted R Square	0.890974					
标准误差	3.331262					
观测值	22					
方差分析						
	df	SS	MS	F	Significamce F	
回归分析	3	1937.749	645.9162	58.20479	1.83E-09	
残差	18	199.7515	11.0973			
总计	21	2137.5				
	Coefficients	标准误差	t stat	P-value	Lower 95%	Upper 95%
Intercept	32.99309	3.138595	10.51206	4.12E-09	26.39914	39.58703
X_1	0.000716	0.000148	4.853871	0.000128	0.000406	0.001026
X_2	0.168727	0.039956	4.222811	0.000512	0.084782	0.252671
X_3	0.179042	0.048869	3.663731	0.001776	0.076372	0.281711

图 11 – 10　利用 Excel 进行回归分析输出结果示意图

思考练习

1. 什么是相关关系？它与函数关系有什么区别？试举例说明。

2. 什么叫正相关、负相关？什么叫线性相关、非线性相关？试举例说明。

3. 怎样判断现象之间有无相关关系？

4. 怎样根据相关统计量判断现象之间的相关关系的方向和相关的密切程度？

5. 何谓消减误差比例？试举例说明。

6. 各种相关统计量测定的适用范围是什么？取值范围是什么？

7. 什么是相关分析？什么是回归分析？二者的联系与区别何在？

8. 拟合回归直线的前提条件是什么？

9. 回归参数 a 和 b 的社会经济意义是什么？

10. 什么是估计标准误差？其作用如何？

11. 试根据下表资料进行相关分析，分别计算 λ 和 τ。

生活理想	文化程度 x			合计
y	高	中	低	
幸福家庭	10	15	22	47
理想工作	15	20	18	53
事业成就	35	12	3	50
合 计	60	47	43	150

12. 某地区女青年择友条件与其职业状况之间的关系如下表所示，试求 τ 。

选择男友	职业			合 计
首要条件	工人	知识分子	公务员	
学历职业	10	16	10	36
身高容貌	20	10	8	38
性格品德	18	15	13	46
合 计	48	41	31	120

13. 12 人的生活期望值与个人成就等级资料，如表所示，试求 ρ 。

个人编号	1	2	3	4	5	6	7	8	9	10	11	12
生活期望值	12	11	10	9	8	7	6	5	4	3	2	1
个人成就	7	8	10	11	12	9	4	1	6	2	5	3

14. 设对 180 名居民进行住房人口密度与婆媳冲突关系的调查，获得资料如表所示，试作相关分析。

婆媳冲突	住房人口密度 x			合 计
y	高	中	低	
较多	28	16	10	54
一般	10	50	30	90
较少	8	15	13	36
合 计	46	81	53	180

15. 现有某单位 5 名职工的工龄与工资资料如下，试求相关系数。

职工序号	A	B	C	D	E
工龄(年)	4	6	8	12	20
工资(元)	2400	3450	3560	4700	4790

16.根据教材表11-1资料,进行相关分析。

17.根据教材表11-2资料,绘制相关图,判断两个变量存在哪一种相关关系。如果变量呈现线性关系,则求相关系数,并对其相关状况作简要说明。

18.根据下表资料,求相关系数。

人均消费 支出 y(元)	月人均收入 x(元)				合计
	3000 以下	3000~3500	3500~4000	4000 以上	
1600 以上			2	6	8
1400~1600			8	12	20
1200~1400		4	5		9
1000~1200		10	2		12
800~1000	3	8			11
800 以下	5	1			6
合 计	8	23	17	18	66

19.10 名男子的身高与体重资料如表所示:

序号	身高(cm)	体重(kg)
1	162	55
2	165	58
3	168	56
4	169	62
5	170	65
6	172	63
7	174	66
8	175	70
9	177	68
10	179	72

要求:(1)计算相关系数;(2)建立回归方程;(3)以95.45%的概率预测,当身高达到185cm时,体重将达到多少?

案例分析

案例[11-1]　课题"未成年人成长环境调查"设计的指标框架

一级指标	二级指标	三级指标	一级指标	二级指标	三级指标
个体指标	未成年人个体特征	年龄	环境指标	家庭环境	父母学历
		性别			父母关系
		学历			亲子关系
		生理状况			亲子模式
		心理状态			居住方式
		消费方式			教养方式
		角色能力			经济类型
	自我评价	家庭中的亲子形象			家庭结构
		学校中的学生形象			文化类型
		社区中的居民形象		学校环境	师生模式
		友群中的伙伴形象			学校管理民主程度
	个体行为	学习行为 / 学习信心			学校管理开发程度
		学习成绩			培养方式
		学习动力			学校类型
		学习主动性			周边环境
		课外学习时间			同学关系
		读书偏好			同学模式
		娱玩行为 / 光顾娱玩场所状况		社区环境	社区类型
		上网状况			邻里品质
		看电视状况			邻里关系
		影片偏好			小区管理
		传媒使用类型			流动人口
		传媒接触频率			娱玩场所内容
		传媒利用内容			娱玩场所数量
		失当行为 / 不良嗜好			文化市场管理
		早恋行为		友群环境	友群数量
		违纪行为			友群类型
		违法行为			交往密度
		犯罪行为			友群活动
		自我行为评价			友群关系
					友群影响

资料来源：转引自水延凯主编：《社会调查案例教程》，中国人民大学出版社，2008 年。

分析与讨论

1. 上表中的调查指标分别属于何种测量层次?

2. 从定性上判断,上表中未成年人的个体特征与其成长环璋,哪些变量之间具有相关关系,是正相关还是负相关? 并区分自变量和因变量。

3. 根据你所认为可作相关分析的变量,编制适合的相关表(编制空缺数据资料的相关表)。

4. 根据编制的相关表及测量类型,你认为应分别采取何种相关测定方法?

5. 这项课题调查指标中,有无可进行回归分析的内容? 请具体说明。

案例[11-2]　社会捐赠款长期趋势分析问题

第九章时间数列中案例[9-1]的分析与讨论,要求用恰当的数学模型将我国近十年社会捐赠款的长期趋势予以表达,并根据拟合的数学模型推测 2011 年和 2012 年的社会捐赠额。

分析与讨论

对于拟合的数学模型,用于实际工作之前是否需要对拟合效果进行测定? 如需要,请说明拟合效果的好坏。

第十二章　双变量统计检验

双变量统计分析在社会统计中显得十分重要，这不仅是因为它涉及到定距、定比乃至定类、定序等多种类型资料的分析，而且在于社会现象之间联系的复杂性，促使社会统计研究要通过分析现象之间的相互联系、相互影响去探索社会发展的规律。对现象之间联系的社会统计研究，有双变量与多变量统计分析，而双变量统计分析是多变量统计分析的基础。与单变量分析一样，双变量统计分析也包括描述统计与推断统计。社会统计资料的搜集，一般采取的是随机抽样方法，那么样本具有的特征，总体是否也具有，具有什么样的特征，样本是否具有推论的价值，此时需要运用到推断统计。只是双变量推论比单变量推论复杂一些。以假设检验为例，单变量分析中的假设检验，主要涉及两种抽样分布，即正态分布和二项分布，因而检验的方法主要是 Z 检验和 t 检验；双变量分析中的假设检验，抽样分布通常涉及 Z 分布、t 分布、χ^2 分布和 F 分布等，因而检验的方法主要有 Z 检验、t 检验、χ^2 检验和 F 检验等。本章主要介绍双变量的统计检验。

第一节　定类－定类（序）变量的 χ^2 检验

χ^2 检验法是由卡尔·皮尔逊提出来的。χ^2 是一个希腊字母，可读音卡方，所以译为卡方检验。χ^2 检验是在某些理论假设下，评价经验中所获得的观察次数是否显著地有别于理论次数的一般性检验。这一检验有两个突出特点：一是能对定类或定序类型的变量进行假设检验;二是能同时检验两种以上次数分布的统计假设。因而它在社会研究中的应用范围比 Z 检验法和 t 检验法更为广泛。计算 χ^2 值的公式一般可表示为:

$$\chi^2 = \sum \frac{(f_0 - f_e)^2}{f_e}$$

式中: f_0—— 实际观察所得的次数;

f_e—— 由某种假设而定的理论次数。

χ^2 检验的一般步骤与 Z 检验和 t 检验基本相同。所不同的是:一是自由度的计算方法不同,t 检验的自由度计算是用样本容量 $n - 1$(或2),χ^2 检验是用变量 x 的 k 种取值减1,即 $df = k - 1$;二是运用公式求 χ^2 值时,需先求出理论次数。

一、定类(序)变量单一分组的 χ^2 检验

社会研究中常遇到许多定类、定序资料,此时检验总体参数可采用 χ^2 检验法。其检验用的计算公式采用 χ^2 检验的一般形式,即:

$$\chi^2 = \sum \frac{(f_0 - f_e)^2}{f_e}$$

例:为了解人们对安乐死的看法是否存在显著差异,随机抽取 300 人调查。经计算,对于安乐死的看法,持赞成态度的92人,不置可否的124人,反对的84人。现规定显著性水平为0.001,试检验该地区全体市民对安乐死的认识是否存在显著差异。

本例,属于定序变量资料,故采用 χ^2 检验。

解:根据题意建立假设,为:

H_0:市民对安乐死的认识不存在显著差异

H_1:市民对安乐死的认识存在显著差异

根据总体内市民对安乐死的认识不存在显著差异的假设,那么,从理论上期望得到的次数分配应当是1/3的人表示赞成,1/3

的人不置可否,1/3 的人表示反对,即各为 100 人。于是得到如下两个次数分布,如表 12 - 1 所示。

表 12 - 1   定序变量单一分组的 χ^2 检验计算表

	赞成	不置可否	反对
f_0	92	124	84
f_e	100	100	100
$f_0 - f_e$	- 8	24	- 16

将上表资料代入求 χ^2 值的一般公式,得:

$$\chi^2 = \sum \frac{(f_0 - f_e)^2}{f_e} = \frac{(-8)^2}{100} + \frac{24^2}{100} + \frac{(-16)^2}{100} = 8.96$$

当 $\alpha = 0.001$,$df = k - 1 = 3 - 1 = 2$(k 为组数),查 χ^2 分布表可知,χ^2 的临界值 $\chi^2_{0.001(2)} = 13.815$

$\because \chi^2 = 8.96 < \chi^2_{0.001(2)} = 13.815$

$\therefore$ 不能否定原假设 H_0,即该地区全体市民对安乐死的认识没有显著差异。

二、实际次数分布的 χ^2 检验

从事社会研究,由于各种条件的限制,往往很难作出全面调查,而研究者不作全面调查就必然对总体内的各项次数分布是否属于正态分布全然不知,遇到这种情况,可以利用 χ^2 检验对变量的次数分布作出检验。此时,χ^2 检验统计量的计算公式仍为其基本形式,只是计算理论次数的方法有所不同。

例:研究某地区农户家庭经济状况是否为正态分布,随机抽取 230 户,获得如下资料:特困户 20 户,一般贫困户 58 户,温饱户 70 户,小康户 70 户,富裕户 12 户,试以 0.001 的显著性水平,检验总体中次数分布是否为正态分布。

解:根据题意建立假设,为:

H_0：总体中全体农户经济状况的次数分布为正态分布

H_1：总体中全体农户经济状况的次数分布为非正态分布

由样本资料计算χ^2值之前，需先求出理论次数。但此时计算理论次数与前述方法不同。它是根据总体中次数分布为正态分布这一假设而计算的。表12－2中理论次数f_e各数值就是根据正态分布假设的期望值，是以它在正态分布中所占面积的百分比与实际总次数n的乘积。

若将正态分布曲线与X轴之间的覆盖面积视为1，则对称轴两侧曲线下的面积各占1/2，以对称轴为中心，向左右两侧距离一个标准差处所围成的面积约为总面积的68.27%，距离二个标准差处所围成的面积约为总面积的95.45%，距离三个标准差处所围成的面积约为总面积的99.73%。余类推。为了计算本例中各组在正态分布曲线中的面积，就要将正态分布曲线下面的左右两侧共6个σ的距离除以组数加以等分（为什么不以8个σ的距离除以组数加以等分，限于篇幅，留待读者自己思考）。本例，各组所占分布曲线下的距离等于：$6\sigma/k = 6\sigma/5 = 1.2\sigma$。这样，各组等分得到的理论次数的面积则如图12－1所示。

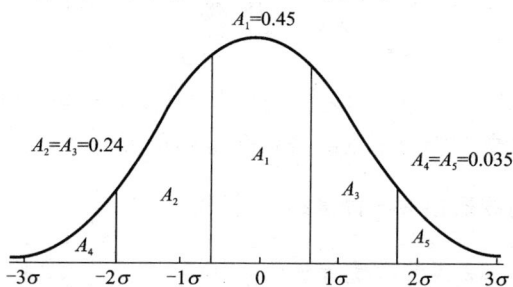

图12－1 正态分布理论次数面积计算示意图

上图中，A_1的面积为$\pm 0.6\sigma$，查正态分布表，得$A_1 = 0.4515 \approx 0.45$，根据同一方法，不难求出：$A_2 = A_3 = (0.93 - 0.45)/2$

$= 0.24$，$A_4 = A_5 = (1 - 0.93)/2 = 0.035$。把以上各组在正态分布中所占面积乘以实际总次数 n，就得到相对应的各组在正态分布情况下的期望值，即：$A_1 = 0.45 \times 230 = 104$，$A_2 = A_3 = 0.24 \times 230 = 55$，$A_4 = A_5 = 0.035 \times 230 = 8$。各组实际观察值与理论次数计算详见表 12 - 2。

表 12 - 2　　实际次数分布 χ^2 检验计算表

	特困户	贫困户	温饱户	小康户	富裕户
f_0	20	58	70	70	12
f_e	8	55	104	55	8
$f_0 - f_e$	12	3	- 34	15	4
$\dfrac{(f_0 - f_e)^2}{f_e}$	18	0.16	11.12	4.09	2

$$\chi^2 = \sum \frac{(f_0 - f_e)^2}{f_e} = \frac{12^2}{8} + \frac{3^2}{55} + \frac{(-34)^2}{104} + \frac{15^2}{55} + \frac{4^2}{8}$$

$$= 18 + 0.16 + 11.12 + 4.09 + 2 = 35.37$$

当 $\alpha = 0.001$，$df = k - 1 = 5 - 1 = 4$（k 为组数），查 χ^2 分布表可知，χ^2 的临界值 $\chi^2_{0.001(4)} = 18.465$

$\because \chi^2 = 35.37 > \chi^2_{0.001(4)} = 18.465$

$\therefore$ 否定原假设 H_0，接受备择假设 H_1，即在显著性水平 0.001 上，该地区全体农户家庭经济状况呈非正态分布。

三、列联表相关统计量的 χ^2 检验

(一) 2×2 表相关统计量的 χ^2 检验

社会研究中，若从总体中随机抽取一个样本，得到定类(序)变量资料，测得自变量 x 与因变量 y 存在相关关系，需要进一步推论该总体内两变量是否存在相关关系时，可采用 χ^2 检验法。其检验用的计算公式仍可用计算式的一般形式，只是每个交互分配次

数的理论次数是根据列联表中相对应的自变量与因变量边缘分布次数的乘积除以样本容量 n 所得的商。以 2×2 交互分类表为例，计算理论次数的公式如下：

$$f_{e11} = \frac{F_{X1} \cdot F_{Y1}}{n} \qquad f_{e12} = \frac{F_{X1} \cdot F_{Y2}}{n}$$

$$f_{e21} = \frac{F_{X2} \cdot F_{Y1}}{n} \qquad f_{e22} = \frac{F_{X2} \cdot F_{Y2}}{n}$$

例：研究残疾人的生活状况与其残疾类型的相互关系，随机抽取 80 名残疾人，资料如表 12 – 3 所示，经相关分析，相关系数 $\lambda = 0.32$，$\tau = 0.17$，表明两变量间存在相关关系，现以 0.01 的显著性水平检验，问该 80 名残疾人所在总体全体残疾人的生活状况与其残疾类型是否也存在相关关系？

表 12 – 3　残疾类型与生活状况交互分配的实际次数与理论次数

生活状况 y	残疾类型 x		合计
	Y 肢残	视残	
较好	34(25.875)	12(20.125)	46
较差	11(19.125)	23(14.875)	34
合　计	45	35	80

解：根据题意建立假设为：

H_0：总体中残疾人生活状况与残疾类型之间不存在相关

H_1：总体中残疾人的生活状况与残疾类型之间存在相关

根据表中有关资料计算理论次数，得：

$$f_{e11} = \frac{F_{X1} \cdot F_{Y1}}{n} = \frac{45 \times 46}{80} = 25.875$$

$$f_{e12} = \frac{F_{X1} \cdot F_{Y2}}{n} = \frac{45 \times 34}{80} = 19.125$$

$$f_{e21} = \frac{F_{X2} \cdot F_{Y1}}{n} = \frac{35 \times 46}{80} = 20.125$$

$$f_{e22} = \frac{F_{X2} \cdot F_{Y2}}{n} = \frac{35 \times 34}{80} = 14.875$$

表12-3括号内的数值为相应的交互分类实际次数的理论次数，根据这些理论次数分析，$\lambda = 0$，$\tau = 0$，表明在理论次数下两变量无相关关系。列联表相关统计量的χ^2检验，就是将实际次数与相应的理论次数比较，若两者有显著差异，说明总体内两变量间存在相关关系；反之，两者无显著差异，则表明总体内两变量间无相关。将实际次数与理论次数代入χ^2检验公式，得：

$$\chi^2 = \sum \frac{(f_0 - f_e)^2}{f_e} = \frac{(34 - 25.875)^2}{25.875} + \frac{(11 - 19.125)^2}{19.125}$$

$$+ \frac{(12 - 20.125)^2}{20.125} + \frac{(23 - 14.875)^2}{14.875} = 13.72$$

当$\alpha = 0.01$，$df = (c-1)(r-1) = (2-1)(2-1) = 1$，查$\chi^2$分布表可知，$\chi^2$的临界值$\chi^2_{0.01(1)} = 6.635$

$\therefore \chi^2 = 13.72 > \chi^2_{0.01(1)} = 6.635$

$\therefore$ 否定原假设H_0，接受备择假设H_1，即在显著性水平0.01上，总体中全体残疾人的生活状况与其残疾类型存在相关关系。

上述计算繁杂，实际工作常用简捷公式，直接求χ^2值：

$$\chi^2 = \frac{(ad - bc)^2 n}{(a+b)(c+d)(a+c)(b+d)}$$

式中：a、b、c、d——交互分类的实际次数。

仍以表12-3资料为例，标记符号如表12-4所示。

表12-4   2×2列联表相关统计量χ^2检验简捷计算表

生活状况 y	残疾类型 x		合计
	肢残	视残	
较好	34(a)	12(b)	46($a+b$)
较差	11(c)	23(d)	34($c+d$)
合　计	45($a+c$)	35($b+d$)	80(n)

将表中各数值代入简捷公式，得：

$$\chi^2 = \frac{(34 \times 23 - 12 \times 11)^2 \times 80}{46 \times 34 \times 45 \times 35} = 13.72$$

值得注意的是，由于χ^2是根据χ^2值的理论分布计算出来的，对于自由度为1的四格表，在下述情况下，其χ^2值的概率偏离表上的概率较远，因而不分情况一律用上法处理是不适宜的，而应当注意小样本的连续性修正问题。倘若样本数目较小，理论次数为5或小于5时，需要做如下修正：

$$\chi^2 = \frac{(\mid ad - bc \mid - n/2)^2 n}{(a+b)(c+d)(a+c)(b+d)}$$

此为对χ^2检验四格表专用公式的修正。修正后，减少了原先计算方法使χ^2值比实际值大的误差，如此，推论有效性增强。

（二）行X列表相关统计量的χ^2检验

2×2表是根据样本资料编制的交互分类表中最为简单的形式，此外还有2×3表、3×2表，等等。较为复杂的行X列表相关统计量的χ^2检验，其理论与检验步骤与2×2表相同，不同的是，χ^2值的简捷公式不同，为：

$$\chi^2 = n\left(\sum \frac{f_{0ij}^2}{F_{xi} \cdot F_{yj}} - 1 \right)$$

式中：f_{0ij}——交互分类表中i列j行格子的实际分布次数；

F_{xi}——交互分类表中自变量第i组的边缘分布次数；

F_{yj}——交互分类表中因变量第j组的边缘分布次数。

例：为了解婆媳冲突与住房人口密度的关系，随机抽取150名妇女，将调查所得资料编制成交互分类表，如表12-5所示，现以0.05的显著性水平检验，总体中婆媳冲突与住房人口密度是否存在相关关系。

表 12 – 5   住房人口密度与婆媳冲突交互分类表

婆媳冲突	住房人口密度			合计
	高	中	低	
多	21	20	9	50
一般	14	30	26	70
少	5	10	15	30
合　计	40	60	50	150

解：根据题意建立假设为：

H_0：总体中婆媳冲突与住房人口密度之间不存在相关

H_1：总体中婆媳冲突与住房人口密度之间存在相关

如采用普通法计算 χ^2 值，需先求理论次数，其方法与 2×2 表相同，此处从略。这里直接运用简捷公式，将表 12 – 5 中有关数据代入其中，计算 χ^2，得：

$$\chi^2 = n\left(\sum \frac{f_{0ij}^2}{F_{xi} \cdot F_{yj}} - 1 \right)$$

$$= 150\left(\frac{21^2}{40 \times 50} + \frac{14^2}{40 \times 70} + \frac{5^2}{40 \times 30} + \frac{20^2}{60 \times 50}\right.$$

$$\left. + \frac{30^2}{60 \times 70} + \frac{10^2}{60 \times 30} + \frac{9^2}{50 \times 50} + \frac{26^2}{50 \times 70} + \frac{15^2}{50 \times 30} - 1 \right)$$

$$= 13.43$$

$\alpha = 0.05$，$df = (c-1)(r-1) = (3-1)(3-1) = 4$，查 χ^2 分布表可知，χ^2 的临界值 $\chi^2_{0.05(4)} = 9.488$

$\because \chi^2 = 13.43 > \chi^2_{0.05(4)} = 9.488$

$\therefore$ 否定原假设 H_0，接受备择假设 H_1，即在显著性水平 0.05 上，总体中婆媳冲突与住房人口密度之间存在相关关系。

使用上述简捷公式时要注意：在表中如有 1/5 以上的格子理论次数 $\leqslant 5$ 或有一个理论次数小于 1 时，应该使理论次数小于 5 的格子与邻组合并以增大理论次数，当然应考虑并组是否合理。

第二节 定序－定序变量的 Z 检验与 t 检验

一、两个定序变量的 Z 检验

对于两个定序变量 G 系数相关的显著性检验，适用 Z 检验法。其检验统计量计算公式为：

$$Z = G \sqrt{\frac{n_s + n_d}{n(1 - G^2)}}$$

例：调查某人群的文化程度与其工作业绩之间的关系，获得资料如表 12－6 所示，若规定显著性水平为 0.05，试问总体中两变量是否相关。

表 12－6　某调查人群的文化程度与其工作业绩的交互分类表

工作业绩 y	文化程度 x			合计
	高	中	低	
高	23	20	4	47
中	11	55	28	94
低	8	27	24	59
合计	42	102	56	200

解：（1）建立假设

H_0：$G = 0$（总体中两变量无相关）

H_1：$G \neq 0$（总体中两变量相关）

（2）计算 n_s、n_d 和 G 系数

$n_s = 23(55 + 28 + 27 + 24) + 20(28 + 24) + 11(27 + 24) + 55 \times 24 = 6003$

$n_d = 4(11 + 55 + 8 + 27) + 20(11 + 8) + 28(8 + 27) + 55 \times 8 = 2204$

$$G = \frac{n_s - n_d}{n_s + n_d} = \frac{6003 - 2204}{6003 + 2204} = 0.46$$

（3）计算检验统计量

$$Z = G \sqrt{\frac{n_s + n_d}{n(1 - G^2)}} = 0.46 \times \sqrt{\frac{6003 + 2204}{200(1 - 0.46^2)}} = 3.319$$

（4）查表求临界值

$\alpha = 0.05$，双侧检验，查表得 $Z_{\alpha/2} = 1.96$

（5）统计决策

$\because Z = 3.319 > Z_{\alpha/2} = 1.96$

$\therefore$ 否定 H_0，接受 H_1，即总体中两变量存在相关关系。

二、两个定序变量的 t 检验

对于两个定序变量 ρ 系数相关的显著性检验，适用 t 检验法。当 $n \geqslant 10$ 时，其检验统计量计算公式为：

$$t = \rho \sqrt{\frac{n - 2}{1 - \rho^2}} \qquad \sim t(n - 2)$$

例：在某地随机抽取 10 个乡的主要领导，获得其领导能力与所在乡的经济状况评定等级资料，如表 12 - 7 所示，若规定显著性水平为 0.05，试问总体中两变量是否相关。

表 12 - 7   10 乡领导的领导能力与乡的经济状况等级评定相关表

乡名称	A	B	C	D	E	F	G	H	I	J	合计
能力等级	1	2	3	4	5	6	7	8	9	10	—
经济等级	2	1	3	5	6	4	8	9	7	10	—
d	- 1	1	0	- 1	- 1	2	- 1	- 1	2	0	—
d^2	1	1	0	1	1	4	1	1	4	0	14

表中，d 等于能力等级减去经济等级所得之差。

解：（1）建立假设

$H_0: \rho = 0$（总体中两变量无相关）

$H_1 : \rho \neq 0$(总体中两变量相关)

（2）计算 ρ 系数。将表中计算的 $\sum d^2 = 14$ 和 $n = 10$，代入计算公式：

$$\rho = 1 - \frac{6\sum d^2}{n(n^2 - 1)} = 1 - \frac{6 \times 14}{10(10^2 - 1)} = 0.915$$

（3）计算检验统计量

$$t = \rho \sqrt{\frac{n-2}{1-\rho^2}} = 0.915 \times \sqrt{\frac{10-2}{1-0.915^2}} = 6.415$$

（4）查表求临界值

$\alpha = 0.05$，$df = n - 2 = 10 - 2 = 8$，双侧检验，查表得 $t_{\alpha/2(n-2)} = 2.306$

（5）统计决策

$\because t = 6.415 > t_{\alpha/2(n-2)} = 2.306$

$\therefore$ 否定 H_0，接受 H_1，即总体中两变量存在相关关系。

第三节　方差分析

方差分析是一种实用、有效的分析方法，一般可用于处理一个或多个定类（序）自变量与一个定距因变量之间的关系。它是均值之差检验的推广，主要目的是通过对方差的比较来检验多个均值之间差异的显著性。

一、方差分析的意义

（一）方差分析的概念与基本假定

方差分析是检验各总体的均值是否相等从而判断类型自变量对数值型因变量是否有显著影响的一种统计推断方法。在方差分析中，所要检验的对象称为因子（也称为因素），因子的不同表现称为因子的水平,每一个因子水平下的样本数据称为观测值。下面举例说明。

例:不同类型社区流浪儿童流浪次数资料如表12-8所示,要求分析不同类型社区对流浪儿童流浪次数是否有显著影响。

分析:这里,社区是因子,每个社区是一个水平,每个社区的样本数据(流浪儿童流浪次数)是观测值。如果把每一个因子(不同类型的社区)的全体流浪儿童的流浪次数看作是一个总体,并用μ_1、μ_2、μ_3分别表示城镇社区、农村富裕社区和农村贫困社区的流浪儿童平均流浪次数,尽管目前我们并不知道它们的具体取值情况,可是如果它们的均值相等,就意味着不同类型社区的流浪儿童的流浪次数不存在显著差异,即社区对流浪儿童的流浪次数没有显著影响;反之,如果它们的均值不相等,则意味着不同类型社区的流浪儿童的流浪次数存在显著差异,即社区对流浪儿童的流浪次数有显著影响。由此,就可以将社区对流浪儿童的流浪次数是否有显著影响的问题归结为检验下面的假设是否成立。

$H_0: \mu_1 = \mu_2 = \mu_3$ $H_1: \mu_1$、μ_2、μ_3 不全相等

运用方差分析对其假设进行检验的时候,要求总体必须具备以下三个基本假定:

(1)总体服从正态分布;

(2)总体之间相互独立;

(3)总体的方差都相同。

在这三个假定的基础上,然后建立总体均值相等的原假设,此时检验本身的对象不再是均值或标准误,而是方差。

(二)方差分析的一般步骤与基本类型

1.方差分析的一般步骤

(1)建立假设:$H_0: \mu_1 = \mu_2 = \cdots = \mu_k$

(2)计算离差平方和与方差;

(3)计算F统计量,建立方差分析表;

（4）统计决策：$F < F_\alpha$，接受 H_0；$F > F_\alpha$，拒绝 H_0。

2. 方差分析的基本类型

方差分析的类型，可依据分析的因子的多少划分：每组独立样本只受单一因子影响，称为单因子分析，若每组独立样本受多个因子影响，则称为多因子方差分析。在多因子分析中，双因子分析较常见。本节主要介绍单因子方差分析和双因子方差分析。

二、单因子方差分析

在方差分析中，只针对一个因子进行分析，称为单因子方差分析。此时，对于从同一标准差 σ 所在的正态总体中随机抽取的若干个样本，进行各平均数之间是否有显著差异的检验，可以选择 F 作为检验统计量。计算公式为：

$$F = \frac{\text{MSA}}{\text{MSE}}$$

式中：MSA—— 组间方差，即组间变异离差平方和除以组间自由度的商；

　　　　MSE—— 组内方差，即组内变异离差平方和除以组内自由度的商。

下面结合具体例题说明单因子方差分析方法。

例：从某城市流浪儿童保护教育中心随机抽取救助保护的流浪儿童 24 人为样本，并依据他们生活的社区类型分为三组。详见表 12 - 8 所示。试以 0.05 的显著性水平检验，流浪儿童流浪次数是否因社区类型不同而存在显著差别。

解：根据题意建立假设为

H_0：$\mu_1 = \mu_2 = \mu_3$（总体中社区类型对流浪儿童平均流浪次数无显著影响）

H_1：μ_1、μ_2、μ_3 不全相等（总体中社区类型对流浪儿童平均流浪次数有显著影响）

表 12 – 8　　不同类型社区流浪儿童流浪次数

	社区类型			
	城镇社区 甲	农村富裕社区 乙	农村贫困社区 丙	
流浪次数	1 2 3 4 2 1 2 1	2 4 3 2 1 2 5 1	4 6 3 2 4 7 5 1	
$\sum x_{ij}$	16	20	32	$\sum x = 68$
n_i	8	8	8	$n = 24$
$\bar{x}_i$	2	2.5	4	$\bar{x} = 2.83$
$\sum x_{ij}^2$	40	64	156	$\sum x^2 = 260$

　　在回答不同类型的社区对各组平均流浪次数是否有显著的影响这个问题之前，首先必须指出，即使是在同组内部，其流浪次数也不尽相同。它们之间的差异，是由于随机抽样误差造成的。其次，再来研究各组之间的差异。各个组之间的差异，称之为组间差异。如本例，三个组的平均流浪次数分别为 2 次、2.5 次和 4 次。它们之间的变异表明，不同类型的社区对流浪儿童流浪次数可能有一定的影响。再次，样本总体中，24 人流浪次数不尽相同，有多有少，这又是一种变异，称为总体变异。它既可能受社区的影响，又包括其他因素的作用。

　　对于上述组内、组间及总体的流浪次数差异的大小，可用方差来表示。由此，要确定各组均值之间的差异是由于误差造成的，还是受社区环境的影响？要得出正确的结论，可比较组内与组间的方差，求出它们的 F 比率，以便判断不同类型的社区对流浪次数是否有显著的影响。这就是 F 检验法，亦称方差分析的方法。方差分析的基本思想可以归纳为两点：（1）从总变异中分出组间变异和组内变异，并用数量表示变异的程度；（2）将组间变异与组内变异进行比较，如两者差别不大，二者比值接近于 1 或小于 1，说明社区对流浪次数的影响不大；如两者相差较大，组间差异比组内变异大得多，说明社区的影响不容忽视。究竟二者比值要大到何等程度，才算差异显著，从而判断原假设为不可信，需要有一个判断标准。这个标准就是与我们所规定的显著性水平 α 及自由度 df 相对应的临界值 F_α。

实际工作中，以符号 SST 表示总变异的离差平方和，SSA 表示组间变异的离差平方和，SSE 表示组内变异的离差平方和，则：

$$SST = SSA + SSE \quad 即：$$

$$\sum \sum (x_{ij} - \bar{x})^2 = \sum n_i (\bar{x}_i - \bar{x})^2 + \sum \sum (x_{ij} - \bar{x}_i)^2$$

实际工作中，可用如下公式简化计算。

$$SST = \sum x^2 - \frac{\left(\sum x\right)^2}{n}$$

$$SSA = \sum \frac{\left(\sum x_i\right)^2}{n_i} - \frac{\left(\sum x\right)^2}{n}$$

$$SSE = \sum x^2 - \sum \frac{\left(\sum x_i\right)^2}{n_i}$$

根据上述公式可以直接由原始数据求离差平方和。为便于计算，可在表中先分别计算出不同社区的 $\sum x_{ij}$、n_i、$\bar{x}_i$、$\sum x_{ij}^2$ 以及它们的合计项。详见表 12 - 8。将表中资料代入上述公式，分别求离差平方和。

$$SST = \sum x^2 - \frac{\left(\sum x\right)^2}{n} = 260 - \frac{68^2}{24} = 67.3$$

$$SSA = \sum \frac{\left(\sum x_i\right)^2}{n_i} - \frac{\left(\sum x\right)^2}{n} = \frac{16^2}{8} + \frac{20^2}{8} + \frac{32^2}{8} - \frac{68^2}{24} = 17.3$$

$$SSE = \sum x^2 - \sum \frac{\left(\sum x_i\right)^2}{n_i} = 260 - \left(\frac{16^2}{8} + \frac{20^2}{8} + \frac{32^2}{8}\right) = 50$$

求得了离差平方和 SST、SSA、SSE 之后, 还不能用以进行比较分析。因为离差平方和的大小, 除反映离差大小之外, 还受离差项数多少的影响。因此, 在比较分析离差平方和之前, 必须消去离差项数不同的影响。用离差平方和除以相应的自由度求得方差后, 才能加以比较分析。现以 df_T 表示总自由度($n-1$), df_A 表示组间自由度($k-1$), df_E 表示组内自由度($n-k$)。三者之间存在如下关系:

$$df_T = df_A + df_E$$

有了自由度, 就可分别计算经过修正的三种方差, 其公式为:

$$MST = \frac{SST}{n-1} \qquad MSA = \frac{SSA}{k-1} \qquad MSE = \frac{SSE}{n-k}$$

将上面计算的离差平方和及各种自由度分别代入公式, 得:

$$MST = \frac{SST}{n-1} = \frac{67.3}{24-1} = 2.93$$

$$MSA = \frac{SSA}{k-1} = \frac{17.3}{3-1} = 8.65$$

$$MSE = \frac{SSE}{n-k} = \frac{50}{24-3} = 2.38$$

再根据计算 F 值的公式求 F:

$$F = \frac{MSA}{MSE} = \frac{8.65}{2.38} = 3.63$$

整理计算得到的上述各数值, 列出方差分析表, 如表 12-9 所示。

表 12-9　不同类型社区对流浪儿童流浪次数影响的方差分析表

方差来源	离差平方和	自由度	方 差	F 值	显著性水平	临界值	显著性
总变异	67.3	23					
组间变异	17.3	2	8.65	3.63	0.05	3.47	显著
组内变异	50	21	2.38				

最后将计算的 F 值与临界值进行比较，作出统计决策。

$\alpha = 0.05$，组间自由度 $df = k - 1 = 3 - 1 = 2$，组内自由度 $df = n - k = 24 - 3 = 21$，查 F 分布表可知，$F_{0.05(2, 21)} = 3.47$。

$\because F = 3.63 > F_{0.05(2, 21)} = 3.47$

$\therefore$ 否定原假设 H_0，接受备择假设 H_1，即在显著性水平 0.05 上，总体中社区类型对流浪儿童平均流浪次数的影响存在显著差异。

三、双因子方差分析

在方差分析中，同时针对多个因子进行分析，称为多因子方差分析。其中双因子方差分析较为常见。双因子方差分析有两种类型：一种是有交互作用的双因子方差分析，即不仅考虑两个因子的不同水平对结果的影响，同时还考虑两个因子的不同水平的组合对结果产生的影响；另一种是无交互作用的双因子方差分析，即只考虑两个因子的不同水平对结果的影响。这里讨论无交互作用的双因子方差分析，它又称为无重复双因子方差分析。

双因子方差分析的步骤与单因子方差分析基本相同，主要是构建的检验统计量 F 有所不同：

$$F_A = \frac{MSA}{MSE} \qquad F_B = \frac{MSB}{MSE}$$

式中：MSA——行因子 A 的离差平方和的均方差；

MSB——列因子 B 的离差平方和的均方差；

MSE——误差项平方和 SSE 的均方差。

下面结合具体例题来说明双因子方差分析的方法与步骤。

例：富裕程度的不同地区的不同类型社区发生刑事案件相关数据资料如表 12 - 10 所示，试分析不同地区和不同类型社区是否对发生的刑事案件数量有显著影响。

表 12 – 10   不同地区、不同类型社区发生的刑事案件相关数据

	工业社区	行政社区	商业社区	平均值
甲地区	52	38	78	56
乙地区	56	39	75	56. 67
丙地区	51	37	80	56
平均值	53	38	77. 67	56. 22

1. 建立假设

（1）对行因子 A（不同地区）提出的假设

$H_0 : \mu_1 = \mu_2 = \mu_3$（不同地区对刑事案发数没有显著影响）

（2）对列因子 B（不同社区）提出的假设

$H_0 : \mu_1 = \mu_2 = \mu_3$（不同社区对刑事案发数没有显著影响）

2. 计算离差平方和与方差

要计算离差平方和，先要计算各样本的均值和总均值，如表 12 – 10 所示。

（1）计算离差平方和

总离差平方和可以分解为：

$$SST = SSA + SSB + SSE$$

① 总离差平方和 SST 为全部观测值与总均值的离差平方和，公式为：

$$SST = \sum \sum (x_{ij} - \bar{\bar{x}})^2$$

② 行因子 F_A 的离差平方和 SSA，公式为：

$$SSA = r \sum (\bar{x}_i - \bar{\bar{x}})^2$$

③ 列因子 F_B 的离差平方和 SSB，公式为：

$$SSB = k \sum (\bar{x}_j - \bar{\bar{x}})^2$$

④ 误差项平方和 SSE，可以通过下述方法求得：

$$SSE = SST - SSA - SSB$$

由于手工计算离差平方和比较繁琐，具体应用时一般借助统计分析软件来完成（参阅下一节"利用 Excel 进行方差分析"）。计算结果如下：

$SST = 2435.556 \qquad SSA = 0.889$

$SSB = 2406.889 \qquad SSE = 27.778$

（2）计算均方差

用离差平方和除以相应的自由度即得方差（均方差）。总离差平方和 SST 的自由度为 $(n-1) = 9-1 = 8$；行因子 A 离差平方和 SSA 的自由度为 $(k-1) = 3-1 = 2$；列因子离差平方和 SSB 的自由度为 $(r-1) = 3-1 = 2$；误差平方和的自由度为 $(k-1)(r-1) = (3-1)(3-1) = 4$。

将行因子 A 离差平方和 SSA 及其自由度代入求均方差 MSA 公式，则：

$$MSA = \frac{SSA}{k-1} = \frac{0.889}{3-1} = 0.4445$$

将列因子 B 离差平方和 SSB 及其自由度代入求均方差 MSB 公式，则：

$$MSB = \frac{SSB}{r-1} = \frac{2406.889}{3-1} = 1203.4445$$

将误差项平方和 SSE 及其自由度代入求均方差 MSE 公式，则：

$$MSE = \frac{SSE}{(k-1)(r-1)} = \frac{27.778}{(3-1)(3-1)} = 6.9445$$

3. 计算 F 统计量，建立方差分析表

$$F_A = \frac{MSA}{MSE} = \frac{0.4445}{6.9445} = 0.064$$

$$F_B = \frac{MSB}{MSE} = \frac{1203.4445}{6.9445} = 173.295$$

然后建立方差分析表，如表 12 - 11 所示。

表 12 – 11   不同地区、不同类型社区对刑事案件发案数影响的方差分析

方差来源	离差平方和 （SS）	自由度 （df）	均方差 （MS）	F 值	F 临界值
行因子 A	0.889	2	0.4445	0.064	6.94
列因子 B	2406.889	2	1203.4445	173.295	6.94
误差	27.778	4	6.9445		
总和	2435.556	8			

4.统计决策

根据确定的显著性水平 $\alpha = 0.05$，查 F 分布表，得到 F_A 和 F_B 的临界值：$F_{A0.05(2,4)} = 6.94$，$F_{B0.05(2,4)} = 6.94$。

然后将检验统计量 F 与 F 临界值比较，进行统计决策：

行因子 A(不同地区)对刑事案件数量的影响：$F_A = 0.064 < F_{A0.05(2,4)} = 6.94$，所以，接受原假设，否定备择假设，即不同地区之间所发生的刑事案件数量没有显著差异；列因子 B(不同社区)对刑事犯罪案件数量的影响：$F_B = 173.295 > F_{B0.05(2,4)} = 6.94$，所以，否定原假设，接受备择假设，说明不同类型社区之间所发生的刑事案件数量存在显著差异。

四、方差分析的应用

方差分析在社会统计实际应用中，十分重要。一则是因为它适用于社会统计分析中常见的定类(序)与定距资料的分析，二则因为它是均值差的扩展，可以检验两个以上样本均值之差。虽然上述方差分析例题也可以用 t 检验方法对均值差进行检验(只比较两个均值时与 t 检验等价)，但两两比较，要进行多次，以单因子方差分析为例，如若因子的具体表现为 4 个水平，则均值差检验需做 $(4 \times 3)/2 = 6$(次)，若因子表现为 5 个水平，则均值差检验需做 $(5 \times 4)/2 = 10$(次)，而方差分析只需一次，一个检验可以代替多个检验。但值得注意，方差分析如果拒绝了原假设 H_0，只能表现其接受检验的 k 个相互独立的正态总体的期望值并不相等，存在着差异，至于哪些总体的期望值之间存在差异，哪两个总体的期望值之间的差异最大，方差分析并不能给予解释。这时可采用 t 检验通过两两比较得到说明。

第四节　　定类(距)——定距变量的 F 检验

在社会统计中，遇到下述几类问题需要应用 F 检验法：(1) 检验数个总体的均值是否一致；(2) 检验两个正态分布的方差是否一致；(3) 检验总体中的定类(距)与定距(比)变量之间是否相关；(4) 检验回归方程线性关系是否具有显著性。其中，检验数个总体的均值是否一致，也就是进行方差分析，上一节已经述及，回归方程显著性检验也在相关与回归分析一章中论及。这里主要介绍方差一致性的 F 检验和相关系数的 F 检验。

一、方差一致性的 F 检验

进行方差分析时，是假定各个总体方差是相等的。事实上，总体方差是否相等，往往事先是不知道的，因此，在检验几个总体平均数相等的假设之前，应先检验总体方差是否相等。

检验两个正态总体方差是否相等时，可通过两个总体方差之比是否等于 1 来进行。设有两个正态总体，其方差分别为 σ_1^2 和 σ_2^2，其估计量为样本方差 S_1^2 和 S_2^2。今欲检验原假设 $H_0: \sigma_1 = \sigma_2$，其检验统计量为：

$$F = \frac{S_1^2}{S_2^2}$$

在 F 值的计算中，S_1^2 和 S_2^2 都是由原始数据求出离差平方和再除以自由度 $n-1$ 得到，即：

$$S_1^2 = \frac{\sum (x_{1i} - \bar{x}_1)^2}{n_1 - 1} \qquad S_2^2 = \frac{\sum (x_{2i} - \bar{x}_2)^2}{n_2 - 1}$$

在原假设 H_0 成立的条件下，统计量 F 服从自由度为 $df_1 = n_1 - 1$，$df_2 = n_2 - 1$ 的分布，因此，

若：$F_{1-\alpha/2(df1, df2)} \leqslant F \leqslant F_{\alpha/2(df1, df2)}$ 时，接受原假设 H_0，即：$\sigma_1 = \sigma_2$，或 $\sigma_1/\sigma_2 = 1$，

若：$F_{\alpha/2(df1, df2)} < F < F_{1-\alpha/2(df1, df2)}$ 时，则拒绝原假设 H_0，接受备择假设 H_1，即：$\sigma_1 \neq \sigma_2$。

需要说明的是，计算统计量 F 时，一般用较大的样本方差为 S_1^2，较小的样本方差为 S_2^2，如此规定是出于查表的考虑。因为 $F_{\alpha/2(df1, df2)}$ 可以直接从 F 分布表查到，而 $F_{1-\alpha/2(df1, df2)}$ 在通常的 F 分布表上是没有的，但经过变换以后能够求得。可以证明：

$$F_{1-\alpha/2(df1, df2)} = 1/F_{\alpha/2(df2, df1)}$$

例：某戒毒所想了解男女戒毒患者的戒毒戒断情况，便从戒毒所中随机抽取了 25 位男性戒毒者，9 位女性戒毒者，对他们采用了相同的戒毒方法，测验结果显示：男性戒毒者平均戒断时间为 225 天，标准差 15 天，女性戒毒者平均戒断时间为 248 天，标准差 10 天，现以 0.02 的显著性水平检验，问该戒毒所男女性戒毒者平均戒断时间的方差是否相等。

解：根据题意建立假设为：

$H_0: \sigma_1 = \sigma_2 \qquad H_1: \sigma_1 \neq \sigma_2$

根据题意已知：$n_1 = 25$，$n_2 = 9$，$S_1 = 15$，$S_2 = 10$，则：

$$S_1^2 = 15^2 = 225 \qquad S_2^2 = 10^2 = 100$$

$$F = \frac{S_1^2}{S_2^2} = \frac{225}{100} = 2.25$$

$\alpha = 0.02$，$df_1 = n_1 - 1 = 25 - 1 = 24$，$df_2 = n_2 - 1 = 9 - 1 = 8$，查 F 值表，得：

$$F_{\alpha/2(24, 8)} = 5.28 \qquad F_{1-\alpha/2(24, 8)} = 1/F_{\alpha/2(8, 24)} = 1/3.36 = 0.298$$

故否定域的临界值为：

$$5.28 < F < 0.298$$

由于计算的统计量 $F = 2.25$，不在否定域内，所以不能拒绝原假设 H_0，即认为 $\sigma_1 = \sigma_2$，该戒毒所男女性戒毒者平均戒断时间的方差没有显著差异。

二、相关系数的 F 检验

如果某一样本两个变量数列之间，相关系数 r 表现出 x 和 y 之间存在相关关系时，推论总体是否也存在相关关系，应采用相关系数的 F 检验法。相关系数的 F 检验，是通过消减误差比例除以自由度 df_1，与剩余误差比例除以自由度 df_2 的比例为 F 值而计算的。即：

$$F = \frac{r^2 / df_1}{(1 - r^2) / df_2}$$

式中：r^2——消减误差比例；df_1——分子的自由度，$df_1 = 1$；

df_2——分母的自由度，$df_2 = n - 2$。

例：研究某单位职员受教育年限与其月收入之间的关系，随机抽取 32 人，经测定 $r = 0.68$，$r^2 = 0.46$，试以 0.01 的显著水平检验总体两变量之间是否存在相关关系。

解：根据题意建立假设为：

H_0：总体内两变量无相关关系

H_1：总体内两变量存在相关关系

已知：$n = 32$，$r^2 = 0.46$，$df_1 = 1$，$df_2 = n - 2 = 32 - 2 = 30$，$\alpha = 0.01$，则：

$$F = \frac{r^2 / df_1}{(1 - r^2) / df_2} = \frac{0.46 / 1}{(1 - 0.46) / 30} = 25.56$$

当 $\alpha = 0.01$，$df_1 = 1$，$df_2 = n - 2 = 32 - 2 = 30$ 时，查 F 表，得 $F_{0.01(1, 30)} = 7.56$

$\because F = 25.56 > F_{0.01(1, 30)} = 7.56$

$\therefore$ 否定原假设 H_0，接受备择假设 H_1，即在显著性水平 0.01 上，总体内全体职员受教育年限与其月收入之间存在相关关系。

三、相关比率的 F 检验

当某一个样本的相关比率显示出两变量之间存在相关关系时，由此推论总体是否也存在相关，需应用相关比率的 F 检验法。相关比率的 F 检验，亦是通过消减误差比例（η^2）除以自由度 df_1，与剩余误差比例（$1 - \eta^2$）除以自由度 df_2 的比例为 F 值而计算的。即：

$$F = \frac{\eta^2/df_1}{(1 - \eta^2)/df_2}$$

式中：η^2——消减误差比例；

$\quad df_1$——分子的自由度，$df_1 = k - 1$，其中 k 为组数；

$\quad df_2$——分母的自由度，$df_2 = n - k$，其中 n 为样本单位数。

例：研究某市社区主任文化程度的高低对妥善调解社区居民纠纷次数的影响，现从全市随机抽取 30 名社区主任为样本，按文化程度分成高中低三组，求得 $\eta^2 = 0.58$，现以 0.05 的显著性水平检验，问全市社区主任文化程度的高低与其妥善调解居民纠纷次数之间是否存在相关关系？

解：依题意建立假设为：

H_0：总体内两变量无相关关系

H_1：总体内两变量存在相关关系

已知：$n = 30$，$\eta^2 = 0.58$，$df_1 = k - 1 = 3 - 1 = 2$，$df_2 = n - k = 30 - 3 = 27$，$\alpha = 0.05$，则：

$$F = \frac{\eta^2/df_1}{(1 - \eta^2)/df_2} = \frac{0.58/2}{(1 - 0.58)/27} = 18.59$$

当 $\alpha = 0.05$，$df_1 = 2$，$df_2 = 27$ 时，查 F 表，得 $F_{0.05(2, 27)} = 3.35$

$$\because F = 18.59 > F_{0.05(2,\ 27)} = 3.35$$

$\therefore$ 否定原假设 H_0，接受备择假设 H_1，即在显著性水平 0.05 上，该市全体社区主任文化程度的高低与其妥善调解居民纠纷次数之间存在相关关系。

第五节　使用 Excel 软件进行双变量假设检验

研究富裕程度不同的地区、功能不同的社区的刑事案件发案情况是否有显著影响，随机抽取样本，获得相关数据。现规定 α 为 0.05，试进行方差分析。操作步骤如下：

(1)根据题意，建立研究假设。

对行因素 A 提出假设：$H_0: \mu_1 = \mu_2 = \mu_3$　　$H_1: \mu_1 \neq \mu_2 \neq \mu_3$

对列因素 B 提出假设：$H_0: \mu_1 = \mu_2 = \mu_3$　　$H_1: \mu_1 \neq \mu_2 \neq \mu_3$

(2)打开工作表，将样本数据输入表中。如图 12 – 3 中上方的单元格 A ~ D 列的第 1 ~ 4 行所示。

(3)选择菜单栏中的"工具"→"数据分析"命令，在"数据分析"对话框中选择"方差分析：无重复双因素分析"，按"确定"按钮，就打开了其分析界面。

(4)在"方差分析：无重复双因素分析"界面的"输入区域"的数值框中输入" $ A $ 1:$ D $ 4"，勾选"标志"复选框，在"α(A)："栏中输入"0.05"，在"输出选项"的"输出区域"栏中输入" $ A $ 6"，用以存放计算结果。填写好的界面如图 12 – 2 所示。

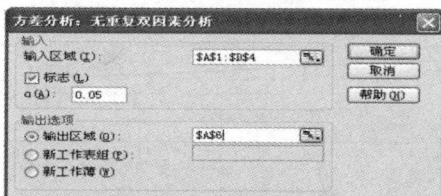

图 12 – 2　"方差分析：无重复双因素分析"界面

(5)按"确定"按钮,得到计算结果。如图 12 – 3 中下方第 6 ~ 23行所示。

	A	B	C	D	E	F	G
1		工业社区	行政社区	商业社区			
2	甲地区	52	38	78			
3	乙地区	56	39	75			
4	丙地区	51	37	80			
5							
6	方差分析:无重复双因素分析						
7							
8	SUMMARY	计数	求和	平均	方差		
9	甲地区	3	168	56	412		
10	乙地区	3	170	56.66667	324.3333		
11	丙地区	3	168	56	481		
12							
13	工业社区	3	159	53	7		
14	行政社区	3	114	38	1		
15	商业社区	3	233	77.66667	6.333333		
16							
17							
18	方差分析						
19	差异源	SS	df	MS	F	P-value	F Crit
20	行	0.888889	2	0.444444	0.064	0.938946	6.944276
21	列	2406.889	2	1203.444	173.296	0.00013	6.944276
22	误差	27.77778	4	6.944444			
23	总计	2435.556	8				

图 12 – 3　利用 Excel 进行双因素分析

(6)根据计算结果,作出统计决策。行因子 A(不同地区)对刑事案件数量的影响:$F_A = 0.064 < F_{0.05(2,4)} = 6.944276$,所以,接受原假设,即不同地区之间所发生的刑事案件数量没有显著差异;列因子 B(不同社区)对刑事犯罪案件数量的影响:$F_B = 173.296 > F_{0.05(2,4)} = 6.944276$,所以,否定原假设,说明不同社区之间所发生的刑事案件数量存在显著差异。

思考练习

1.研究青年的性别与电影爱好之间的关系,获得资料如下表所示:

电影爱好 y	性别 x		合计
	男	女	
爱情片	15	55	70
侦探片	65	15	80
合　　计	80	70	150

现要求以 0.05 的显著性水平对青年的性别与电影爱好是否相关进行 χ^2 检验。

2. 研究农民的年龄对火葬态度之间的相关关系。现从某县随机抽取 100 人，资料经整理如下表所示，要求以 0.01 的显著性水平对年龄与火葬态度之间是否存在相关进行 χ^2 检验

火葬态度	年　龄			合　计
	青　年	中　年	老　年	
赞　成	15	18	7	40
反　对	5	12	43	60
合　计	20	30	50	100

3. 某县随机抽取 24 户农户，按户主生产技能分成高中低三组，资料整理结果如下表所示：

	生　产　技　能 x		
	高	中	低
年收入 y	42000	30000	24000
	38000	28000	22000
	37000	28000	21000
	36000	27000	21000
	29000	26000	20000
	28000	25000	19000
	27000	24000	18000
		23000	17000
			16000

现要求以 0.01 的显著性水平检验各组因户主生产技能不同而影响各组平均收入水平的差别有无显著性？

4. 某高校社会学教师为了解男女学生的学习情况，便从该校随机抽取了 20 名男生和 18 名女生，对他们进行同一试卷的测试，结果表明男生的平均成绩为 83 分，标准差 9 分，女生的平均成绩 79 分，标准差 7 分，现以

0.02的显著性水平检验该校男女生平均成绩的方差是否相等。

5.研究学生的家庭背景与其英语水平之间的关系。现从总体中随机抽取38名学生,分成三组,测得$\eta^2 = 0.68$,若规定显著性水平为0.01,问总体中学生家庭背景与其英语水平之间是否存在相关关系?

6.研究妇女受教育年限与其现有子女数之间的关系。现随机抽取42人为样本,经测定,$r^2 = -0.78$,现以0.01的显著性水平检验妇女受教育年限与其现有子女数之间是否存在相关关系。

案例分析

案例[12-1]　变量间相关的显著性检验问题

某项未成年人成长环境抽样调查指标如第十一章案例[11-1]所示,并根据你的分析,编制了一系列相关表,确定了相关测量方法。若该调查采取的是随机抽样调查,样本两变量之间具有相关,总体是否也同样具有相关呢?需要进行显著性检验。

分析与讨论

根据你所确定的相关系数的测定,分别适用χ^2检验、Z检验、方差分析、F检验的有哪些?

案例[12-2]　行业收入水平研究及显著性检验问题

一项研究,为了解职工收入情况拟进行抽样调查。根据研究目的和课题要求,建立了相关的一些研究假设,诸如:"行业之间确实存在着显著的平均收入差距"、"垄断性行业的平均收入更高"、"行业人员平均受教育水平较高的行业,收入水平更高"、"文化程度的高低与收入水平存在着显著的相互依存关系"、"行业人员的工龄长短与收入水平有着显著的相关性"等。为验证研究假设,研究者收集了随机样本全部个案(样本中每一个职工)的实际收入、文化程度、受教育年限、工龄、所属行业等资料。经过检验,研究假设得到证明。

分析与讨论

1.检验"行业之间确实存在着显著的平均收入差距",适宜采用何种统计检验方法？检验统计量是什么？检验步骤有哪些？

2. 检验"垄断性行业的平均收入更高"，事先是否需要分别计算垄断性行业与非垄断性行业的平均收入？适合采用何种统计检验方法？检验统计量是什么？

3. 检验"行业人员平均受教育水平较高的行业，收入水平更高"，其不同行业人员平均受教育水平如何计算？检验此一假设适合采用何种统计检验方法？

4. 检验"文化程度的高低与收入水平存在着显著的相互依存关系"，在检验之前是否需要进行两变量间的相关测定？如要，那么：

（1）收入水平依一定标准按高中低收入分组，应采用何种相关测定方法？统计检验应采用哪种检验法？

（2）收入水平按个案的实际水平进行分析，则收入与文化程度的相关性应采用何种相关分析法？统计检验应采用哪种检验法？

5. 检验"行业人员的工龄长短与收入水平有着显著的相关性"，检验之前是否需进行相关测定？适合采用何种相关测定法？应采用何种检验法进行相关系数的显著性检验？检验统计量是什么？

6. 若行业人员的工龄与收入水平之间存在着相关，是否有必要进行回归分析？如何建立回归方程？对回归模型拟合效果进行评价，用什么指标说明问题？其公式是什么？回归系数和回归方程的显著性检验各采用什么检验法？

7. 本案例能否进行双因子方差分析？在列出双因子分析表之前需先计算哪些统计指标？

第十三章　社会保险统计

第一节　社会保险统计的意义与任务

一、社会保险统计的概念

社会保险是指以国家立法为手段，以政府强制实施为特点，以劳动者为保险对象，以劳动者的年老、疾病、伤残、失业、死亡等特殊事件为保险内容的一种社会保障制度。

社会保险统计是对社会保险事业进行统计调查、统计整理、统计分析，实行统计监督管理的统计。近几十年来，我国社会保险范围和内容几经修改，不断扩大，特别是改革开放以来，逐步建立起了与社会主义市场经济相适应的养老、医疗、工伤、失业、生育等多项社会保险。因此，目前社会保险统计的范围也就包括社会养老保险统计、社会医疗保险统计、社会工伤保险统计、社会失业保险统计和社会生育保险统计诸多方面。

二、社会保险统计的作用

1. 社会保险统计是制定社会保险政策的重要依据

凡是正确的政策，都是从实践出发并按照客观规律的要求制定出来的，社会保险政策也不例外，必须来源于客观实践，而社会保险统计则是客观实践的最有力的反映。任何事物都是质与量的辩证统一，从数量方面了解并掌握具体情况是制定社会保险政策所必须注意的。

2. 社会保险统计是编制社会保险工作计划，实行宏观调控的基础

为了保证社会保险工作能有序地开展，从基层单位到整个国家的社会保险工作，都应制订计划，实施计划管理。而这必须以正确的统计资料为依据，使计划工作建立在科学可靠的基础之上。计划制订后还要进行监督、检查，搞好社会保险发展方向的预测，进行宏观调控，又要以社会保险统计为依据，通过搜集、整理和分析研究全面系统的统计资料来发挥其服务和监督作用，如果离开了对社会保险工作发展情况数量关系的实际反映和深入分析，社会保险统计的监督、调控作用就无从谈起。只有在社会保险计划执行的过程之中，做好了计划执行的检查、监督、预警，及时发现问题，提出解决问题的办法和建议，才能使社会保险工作得以顺利发展。

3. 社会保险统计是进行社会保险学科研究的基本方法

我国实行的是社会主义市场经济体制，如何使社会保险与市场经济相适应，需要加强社会保险学科的理论研究。而作为社会科学的社会统计学是建立、检验和发展社会保险学科理论的基本方法。社会保险学科研究需要借助于统计所"记录"的社会保险实践中的现实资料，进行分析比较研究，学科才能得以发展。

三、社会保险统计的任务

社会保险事业涉及千家万户，建立、健全社会保险统计工作，对反映社会保险事业现状，进行社会保险管理，认识社会保险发展前景，制定社会保险政策，规划社会保险发展方向和策略，都具有重大的现实意义。社会保险统计的基本任务是：（1）完成上级社会保险管理机构和政府统计机构制定的统计调查计划，执行国家统计标准，及时向上级主管部门和统计机构报送统一的社会保险基本统计报表。(2)拟定社会保险统计调查方案,管理、协调社会保险系统制发的社会保险统计调查表。(3)收集、整理社会保险统计资料,进行社会保险统计分析,提供社会保险统计信息和社会保险统计咨询意见。(4)建立、健全社会保险统计指标体系,不断改进社会保险统计调查手段,提高社会保险统计数据的科学性和真实性。(5)实行社会保险统计监督,检查统计法律、法规在社会保险系统的贯彻、实施。

第二节　社会保险统计分析的类型与方法

社会保险统计分析是指对经过加工整理的统计资料,应用各种统计分析方法,从静态和动态方面进行基本的数量分析,认识和揭示所研究的社会保险现象的本质和规律性,作出科学的结论,进而提出建议和进行预测的活动过程。社会保险统计分析是社会保险统计工作的最后阶段,也是社会保险统计发挥信息、咨询、监督职能的关键阶段。

一、社会保险统计分析类型

(一)计划执行情况分析

它以定期社会保险统计资料为依据,反映各个时期社会保险各项计划的执行情况。经常用实际完成指标与其计划规定指标对比,求得计划完成相对指标,然后据此总结计划执行中的成绩和经验,或分析未完成计划的原因,针对执行中存在的问题,提出改进意见。

(二)专题分析

这是针对社会保险部门某一个专门问题进行的统计分析研究,如行业统筹的参保问题。

（三）综合分析

这是通过对若干相互联系的社会保险指标的分析，揭示社会保险工作各个方面的本质联系，如研究社会保险基金总收入与社会保险费用总支出的平衡问题。

（四）预测分析

这是根据已掌握的过去和现在社会保险的统计信息，以及社会保险现象之间的联系，对所研究的社会保险发展前景作出的科学预计和推测。通过预测分析，可以了解到社会保险的发展趋势，为国家制定社会保险政策和立法提供重要依据。

二、社会保险统计分析方法

（一）对比分析法

社会保险对比分析，旨在揭示社会保险活动现象之间的联系和差异，说明社会保险活动过程中现象的发展变化，以及产生变化的原因。社会保险对比分析法是社会保险统计的一种基本分析方法。常用的对比分析方法有如下几种：

1.静态对比分析

静态对比分析有两种情况：一是将某一社会保险现象的实际完成数与计划规定数进行对比，以反映计划的完成程度或执行进度；二是将同一时期不同地区社会保险进行横向比较，表明同类事物在不同空间条件下的数量对比关系，以揭示现象之间的差异程度，它既可用于不同地区、单位之间的比较，也可用于先进与落后的比较，还可用于和标准水平或平均水平的比较。

2.动态对比分析

这是用报告期指标与基期指标进行动态分析。具体来说又有三种情况的动态对比：一是本期实际数与上期同期实际数对比；二是本期实际数与去年同期实际数对比；三是本期实际数与历史最好水平对比。通过动态对比分析，可以描述社会保险发展的状

态和结果；分析社会保险发展变化的趋势和速度，探索社会保险
发展变化的规律，预测社会保险发展的前景。

（二）分组分析法.

社会保险统计分组，就是根据所研究的社会保险活动现象的
特点和统计研究的目的，按照某一标志将社会保险现象总体划分
为若干组成部分的一种统计分析方法。通过统计分组分析法，可
以将错综复杂的社会保险活动现象划分出各种不同的类型，可以
分析和研究社会保险总体内部各组成部分的性质、结构和比例关
系，从而认识社会保险活动现象的发展过程和发展规律，还可以
分析社会保险活动过程现象之间的相互依存关系，从而有助于人
们全面、深刻地认识社会保险活动现象。

（三）结构分析法

结构分析法，就是社会保险总体内部各构成部分数值与总体
同类数值进行对比，以观察总体内部的结构。通过对社会保险总
体的内部结构进行分析，可以反映其中各部分的比例状况，说明
事物的性质和特征，并通过与动态对比法的结合，可以反映社会
保险发展的不同阶段及其量变引起质变的过程；社会保险费用结
构分析，还是检查政策、安排规划、加强管理的有效手段，可为
进一步改革社会保险各项制度提供科学的依据。

（四）平均分析法

平均分析法就是利用平均指标对社会保险活动现象总体状况
进行分析。利用平均指标，可以对不同地区社会保险活动开展的
情况进行横向比较，从而评价其工作成绩；利用平均指标可以研
究社会保险总体某种数值的平均水平在时间上的变化，说明社会
保险总体的发展过程和趋势；利用平均指标，可以分析社会保险
活动现象之间的相互依存关系；利用平均指标，还可以将其作为
社会保险的科学预测、决策和推算的依据。

（五）指数分析法

社会保险现象之间的相互联系、相互影响的关系是客观存在的，有些社会保险现象之间的联系还可以用方程式表现出来。如：缴费工资总额＝缴费参保人×平均缴费工资。这时可以运用指数分析法对社会保险现象进行分析。指数分析法是社会保险统计分析中广为采用的一种重要的分析方法。运用指数分析法，可以综合反映社会保险活动现象总变动方向及变动幅度，分析社会保险活动现象总变动中各因素变动的影响方向及影响程度，若编制一系列反映社会保险同类现象变动情况的指数形成指数数列，还可以反映被研究现象的变动趋势。

三、社会保险统计分析指标

（一）社会保险统计指标分类

社会保险统计指标，是指反映国家或地区社会保险总体综合数量特征的名称。它由社会保险指标名称、社会保险所属时间、空间、社会保险指标数值、计量单位，以及计算方法等六个要素构成。社会保险统计指标有不同的分类：

1. 按社会保险的具体内容不同

依此可以分为社会养老保险指标、医疗保险指标、工伤保险指标、失业保险指标和生育保险指标等。

2. 按社会保险指标的作用不同

依此可以分为社会保险数量指标和社会保险质量指标。社会保险数量指标是说明社会保险总体规模大小、数量多少的统计指标，其数值大小随总体范围大小而增减，如参保人数、保险基金累计征缴额。社会保险数量指标是认识社会保险现象的出发点。社会保险质量指标是说明社会保险现象总体内部数量对比关系和总体单位水平的指标，如社会保险覆盖率、社会保险基金征缴率。

3.按社会保险指标反映的时间状况不同

依此可以分为社会保险时期指标和社会保险时点指标。社会保险时期指标是反映社会保险现象在一定时期内发展过程的总量指标;社会保险时点指标是反映社会保险现象总体在某一时点上所达到的水平指标。

4.按社会保险指标的表现形式不同

依此可以分为社会保险总量指标、社会保险相对指标和社会保险平均指标。社会保险总量指标包括总体单位数目总量指标和总体标志数值总量指标。前者如离退休人数,后者如离退休金发放额。社会保险相对指标是两个相互关联的指标之比,如社会保险覆盖率。社会保险平均指标是反映社会保险同质总体各单位在某一数量标志方面一般水平的综合指标,如平均缴费工资。

(二)社会保险统计指标体系

社会保险指标体系是一项具有多方面、多层次、结构复杂的指标整体,就我国目前的状况来看,主要包括如下几方面:

1.反映社会保险覆盖面的指标群

这类指标主要用来说明一定时期社会保险事业发展的普遍程度,即从广度上描述社会保险工作的状况。其主要指标为:社会保险人数总量、社会保险覆盖率、社会保险实纳率、社会保险负担率、社会保险人数变动率、增长率、社会保险单位纳入率、社会保险区域覆盖率等。

2.反映社会保险水平的指标群

这类指标反映社会保险水平的高低,通常用一定时期的人均指标表示,如人均保险缴费额、人均离退休金、人均医疗保险费、人均社会保险费用等。

3.反映社会保险强度的指标群

这类指标主要目的在于分析社会保险事业与整个国民经济发展是否协调。这类指标通常包括社会保险费用占国民收入的比例、社会保险费用占国民生产总值的比重、社会保险费用与职工工资总额的比例关系、人均社会保险费用占居民人均收入的比例、职工平均工资与离退休人员人均离退休金的比例等。

第三节　社会保险统计分析的基本内容

社会保险统计分析的内容众多，限于篇幅，这里只就其基本内容予以说明。

一、社会保险覆盖统计

（一）社会保险覆盖人数统计

社会保险人数是指在一定时期内向社会保险机构直接缴纳或由单位代为缴纳社会保险费以及享受社会保险待遇的人员的总和。对社会保险人数进行统计，是顺利实施社会保险计划、制定各项社会保险政策的必要前提。

1. 社会保险参保人数统计

计算期社会保险参保人数 = 人口数 × 劳动参与率 × 就业率 × 参保率

例：某地区 2011 年总人口 9000 万人，预测劳动参与率和就业率分别为 80% 和 90%，如果该地区 2011 年在职职工社会医疗保险参保率为 100%，试计算该地区社会医疗保险参保人数？

解：2011 年该地区社会医疗保险参保人数

= 9000 × 80% × 90% × 100% = 6480（万人）

2. 社会保险受益人数统计

计算期社会保险受益人数 = 计算期社会保险参保人数 × 计算期风险发生率

例：某地区 2011 年预测失业保险参保人数为 8000 万人，预测失业率为 5%，则该地区 2011 年失业保险受益人数是多少？

解：2011 年该地失业保险受益人数 = 8000 × 5% = 400(万人)

若将社会保险受益人数与同期人口数对比，则是社会保险人口覆盖率。

(二)社会保险人数构成统计

社会保险人数构成统计是指根据社会保险的类型对社会保险人数进行分门别类的统计。包括养老社会保险人数构成、医疗社会保险人数构成、失业保险人数构成、工伤社会保险人数和生育社会保险人数构成。

(三)社会保险人数变动统计

$$\genfrac{}{}{0pt}{}{社会保险人数}{变动率} = \frac{本年年末人数 - 上年年末人数}{上年年末人数} \times 100\%$$

$$社会保险人数增长率 = \frac{某时期社会保险净增长人数}{该时期社会保险平均人数} \times 100\%$$

(四)社会保险覆盖程度统计

1. 社会保险覆盖率

$$社会保险覆盖率 = \frac{政策规定应当享受社会保险人数}{该地区社会劳动者总人数} \times 100\%$$

2. 社会保险覆盖程度的发展速度

(1)社会保险覆盖程度环比发展速度

= 各报告期社会保险覆盖程度指标/前一期社会保险覆盖程度指标

(2)社会保险覆盖程度定基发展速度

= 各报告期社会保险覆盖程度指标/某一固定基期社会保险覆盖程度指标

二、社会保险基金统计

社会保险基金，是在社会保险活动过程中预先建立，用于社会保险事业的专项资金。它是为了保障保险对象的社会保险待遇，按照国家法律法规而筹集的。社会保险基金来源：一是缴费单位按缴费基数的一定比例缴纳，主要是依据单位的缴费工资总额计算的；二是缴费个人按缴费基数的一定比例缴纳，主要是依据职工个人的缴费工资的一定比例计算的。这两部分构成社会保险基金的最主要来源。此外，还包括一部分通过其他合法方式筹集或派生的社会保险专项资金。社会保险基金统计包括社会保险基金收入统计、社会保险基金支出统计、社会保险基金平衡统计。社会保险基金统计的内容较多，限于篇幅，在此从略。

三、社会保险险种统计

（一）养老保险统计

社会养老保险是指劳动者为预防年老不能再从事劳动时的生活有保障，在法律规定的劳动时间内缴纳部分保险金，在他们年老丧失劳动能力离开工作岗位后，有权从国家或有关保险机构中申请领取养老金的社会保险制度。根据这一概念，养老保险的对象必须是年老、伤残丧失劳动能力的劳动者，享受保险者必须按月缴纳保险费，直至被保险人达到规定的退休年龄时为止，保险项目一般包括基本养老金、护理费、配偶和未成年子女及其他供养直系亲属补贴等。养老保险统计常用指标有：

1.参加养老保险人数

随着整个社会改革的逐步深入，我国城市职工养老保险制度改革也在逐步实施，即将退休费的支付实行社会统筹，职工在职期间需按他们工资的一定比例缴纳养老保险费。参加养老保险人数，指报告期参加了养老保险并交纳保险金的人员总数。此一指标一般按城乡分别统计计算。

2.离休、退休、退职人数与费用

离休、退休、退职人数是指按有关规定，符合离休、退休、退职条件,经过本人申请和有关部门批准,享受其待遇的人员总数。离休、退休、退职费用是指按有关规定,社会保险管理机构,向离休、退休、退职人员实际支付的离休、退休、退职各项费用的总额。主要包括离休金、退休金、退职人员的定期生活补贴、以及离休、退休、退职人员的医疗卫生、丧葬抚恤、易地安置、因公致残疾后的护理等方面的费用。

3. 在职职工与离退休人员比

在职职工与离退休人员比是在职职工年末人数与离退休人员年末人数的比值。它是一个强度相对指标,通常以离退休人员为1来表示。计算公式为:

$$在职职工与离退休人员比 = \frac{在职职工年末人数}{离退休人员年末人数}$$

计算在职职工与离退休人员比,主要是用来反映在职职工对离退休人员的负担程度。在职职工与离退休人员比是一个逆指标,计算结果大说明负担程度小,反之,则负担程度大。

4. 离退休退职人员人均费用

为反映一定时期内离休、退休、退职人员在费用方面达到的实际水平,以此研究社会保险事业对离休、退休、退职人员生活的保障程度,需要计算离休、退休、退职人员人均费用,它是一定时期内(一年、一季或一月)平均每一离退休退职的离退休费用。计算公式为:

$$离退休退职人员人均费用 = \frac{报告期离退休退职费用总额}{报告期离退休退职平均人数}$$

(二)失业保险统计

失业保险,是依据立法强制实施,对因失业而暂时中断生活来源的劳动者提供物质帮助的保障制度。失业保险统计反映社会失业人员以及享受失业保险人员的情况。常用的指标有:

1. 失业人员数

国际上对失业人员的界定,一般考察三方面:失业者条件、收入条件与时间条件。按照国际劳工组织的定义，失业是指在特定的年龄以上，在规定的时间里有劳动能力并愿意就业但找不到工作的情况。我国对失业的界定也主要从失业者条件、收入条件和时间条件三方面出发加以界定。与上述国际通用标准相比，其最大的不同在于统计范围只限于城镇劳动力。我国失业人员是指在城镇常住人口中，在劳动年龄(16 周岁至退休年龄)内，具有劳动能力，在报告期内无业并根据人力资源与社会保障部《就业登记规定》，在当地人力资源与社会保障部门进行失业登记的人员。由于我国界定的失业情况并未涵盖所有的劳动力，因而失业人员统计数只能反映城镇劳动力资源的非自愿闲置状况。

2. 失业率

失业率是失业人数与从业人数加失业人数之和的比率。一般用百分数表示。计算公式为：

$$失业率 = \frac{期末失业人数}{期末就业人员数 + 期末失业人员数} \times 100\%$$

由于我国失业的统计范围只限于城镇劳动力，因而失业率指的是城镇失业率。它表明一定时期内城镇所有可能参加社会劳动的人员中失业人员的比重，从一个方面反映城镇劳动力市场状况和劳动资源的利用程度。

3. 享受失业保险人数

这是指报告期内经过一定审批程序，因失业或其他原因通过不同形式享受社会保险的人员总数。

(三)工伤保险统计

工伤保险是指劳动者因工作原因受伤、患病、中毒、致残乃至死亡，暂时或永久丧失劳动力时，从社会保险制度中获得法定的医疗、生活保障以及必要的经济补偿的保障制度。工伤保险统计反映劳动者因工致残、死亡后的保险状况。常用统计指标有：

1. 工伤总人数和工伤总人次数

工伤总人数，指一定时期内因工伤事故造成的伤、亡人数的总和。它反映一定时期因工伤亡人员的总规模。统计该指标以"人"为计量单位，若同一时期内 1 人先后多次因工负伤，只按 1 人统计。实际工作中还常把因工死亡人数单列，称工伤死亡人数。

工伤总人次数，指一定时期内工伤事故造成的人员伤亡总次数。该指标以"人次"为计量单位，若同一时期内 1 人先后多次负伤，按实际负伤次数统计。工伤总人次数可分为工伤负伤人次数和工伤死亡人次数。因为工伤负伤人次数存在重复统计，所以它通常大于工伤负伤人数。而工伤死亡人次数，不可能重复计算，因而它等于工伤死亡人数。一般说来，工伤总人次数较工伤总人数能更确切地反映一定时期内工伤事故造成的人员伤害规模。

2. 工伤死亡人数和死亡率

工伤死亡人数是一定时期内，历次工伤事故中因工死亡人数的总和。它包括事故发生现场死亡和事故发生后 1 个月内因伤不治的死亡人数，非因工死亡人员不作工伤死亡人数统计。工伤死亡人数是总量统计指标，它表明一定时期因工死亡的规模。

工伤死亡率是一定时期内工伤死亡人数与同期职工平均人数的比率。通常用千分数表示，计算公式为：

$$工伤死亡率 = \frac{报告期工伤死亡人数}{报告期职工平均人数} \times 1000‰$$

3. 享受工伤保险人数

这是指报告期内因工负伤、患病、中毒、致残乃至死亡，暂时或永久丧失劳动力的劳动者，按照法律、法规规定的条件，经过一定的审批程序，从社会保险机构得到工伤保险的人员数。

4. 工伤费用总额

工伤费用总额，是指报告期内社会保险机构依据有关规定，支付给因工伤亡人员的全部费用。它包括暂时性伤残津贴、永久全残恤金、遗属抚恤金等。

（四）医疗保险统计

医疗保险指劳动者（公民）因患病、负伤、年老、生育及失业时需要医疗费用和收入中断时，由国家或社会保险机构提供医疗和物质保障的社会保险制度。医疗保险统计反映劳动者医疗卫生保险的状况。常用的指标有：

1. 享受医疗保险人员数

这是指报告期内因患病、负伤、年老、生育及失业时需要医疗费用治疗，按照法律、法规规定的条件，经过一定的审批程序，从社会保险机构得到医疗保险的人员数。

2. 医疗保险费用

这是指报告期内按规定支付给参加医疗保险人员的医疗费用总额。

3. 人均医疗费用

这是报告期内医疗保险实际支付费用总额与实际接受支付医疗保险费用人数的比值。它反映国家（或地区）医疗保险的状况，分析不同时期医疗保险费用的增长变动情况及其变化原因，可为国家（或地区）制订医疗保险政策提供科学的数据。

（五）生育保险统计

生育社会保险是指妇女劳动者由于生育子女暂时丧失劳动能力，从社会得到必要的物质帮助的一种社会保险制度。生育保险就其内容看，主要包括医疗保健服务、假期、生育津贴、子女补助及其他一些特殊补助等。生育保险统计反映女职工在生育和护理婴儿期间的保健服务和生育补偿情况。主要指标有：

1. 报告期生育女职工人数

这是指参加了生育社会保险而在报告期内生育的女职工人数。

2. 生育补偿费

这是指社会保险管理机构在报告期内按照女职工生育社会保

险统筹项目，支付给生育女职工的费用总额。

思考练习

1.何谓社会保险统计？社会保险统计的范围、作用与任务是什么？
2.社会保险统计指标主要由哪几方面构成？
3.社会保险统计分析的类型有哪些？社会保险统计分析有哪些方法？
4.简述社会保险覆盖统计指标。

案例分析

案例[13-1]　2010年我国社会保险持续发展

2010年我国各项社会保险覆盖范围继续扩大，参保人数和基金规模持续增长。全年五项社会保险(不含新型农村社会养老保险)基金收入合计18823亿元，比上年增长2707亿元，增长率为16.8%。基金支出合计14819亿元，比上年增长2516亿元，增长率为20.5%。(资源来源：人力资源与社会保障部网站：《2010年度人力资源和社会保障事业发展统计公报》)

分析与讨论

1.分别计算2006—2010年我国养老保险、医疗保险、失业保险、工伤保险、生育保险参保人数的发展速度、年均增长速度。

2.分别计算2006—2010年我国社会保险基金收入与支出的发展速度、年均增长速度。

3.试将图13-1和图13-2资料用统计表形式描述。

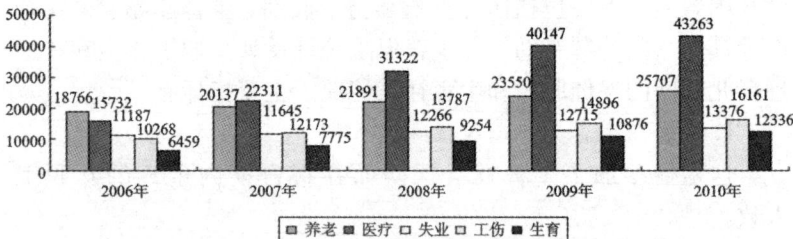

图13-1　2006—2010年我国社会保险参保人数(万人)

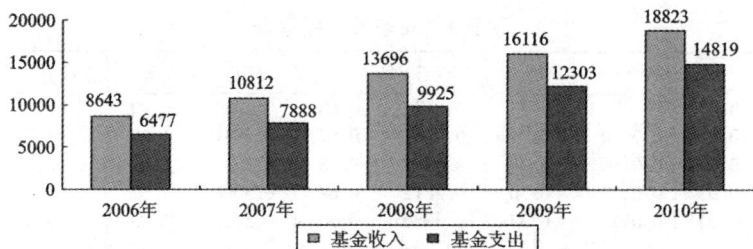

图13-2　2006—2010年社会保险基金收支情况(单位：亿元)

案例[13-2]　社会保险统计如何服务于社会保障事业(摘要)

社会保险统计如何适应形势需要，如何为社会保障事业服务，是当前各级社会保险统计工作者面临的一个重要课题。县级社会保险统计工作要为保障事业服务，应注重把握好以下几个方面的问题：

一、社会保险统计数据力求"实事、求是"

(1)夯实基层社会保险统计工作基础；(2)严格数据审核把关程序；(3)推进社会保险依法统计进程

二、社会保险统计调查方法改革力求"适时、适需"

(1)适时、适需调整社会保险调查内容；(2)适时、适需调整社会保险调查频率；(3)适时、适需调整调查手段

三、社会保险统计服务力求"全面、高效"

(1)强化对社会保险形势的监测；(2)提高决策咨询服务质量；(3)创新信息服务载体

(资料来源：王国庆·http://lw.china-b.com/zhlw/lwzx_304201_3.html)

分析与讨论

谈谈你对社会保险统计服务社会保障事业的看法。

附表1 正态分布概率表

t	$F(t)$	t	$F(t)$	t	$F(t)$	t	$F(t)$
0.00	0.000	0.33	0.2586	0.66	0.4907	0.99	0.6778
0.01	0.0080	0.34	0.2661	0.67	0.4971	1.00	0.6827
0.02	0.0160	0.35	0.2737	0.68	0.5035	1.01	0.6875
0.03	0.0239	0.36	0.2812	0.69	0.5098	1.02	0.6923
0.04	0.0319	0.37	0.2886	0.70	0.5161	1.03	0.6970
0.05	0.0399	0.38	0.2961	0.71	0.5223	1.04	0.7017
0.06	0.0478	0.39	0.3035	0.72	0.5285	1.05	0.7063
0.07	0.0558	0.40	0.3108	0.73	0.5346	1.06	0.7109
0.08	0.0638	0.41	0.3182	0.74	0.5407	1.07	0.7154
0.09	0.0717	0.42	0.3255	0.75	0.5467	1.08	0.7199
0.10	0.0797	0.43	0.3328	0.76	0.5527	1.09	0.7243
0.11	0.0876	0.44	0.3401	0.77	0.5587	1.10	0.7287
0.12	0.0955	0.45	0.3473	0.78	0.5646	1.11	0.7330
0.13	0.1034	0.46	0.3545	0.79	0.5705	1.12	0.7373
0.14	0.1113	0.47	0.3616	0.80	0.5763	1.13	0.7415
0.15	0.1192	0.48	0.3688	0.81	0.5821	1.14	0.7457
0.16	0.1271	0.49	0.3759	0.82	0.5878	1.15	0.7499
0.17	0.1350	0.50	0.3829	0.83	0.5935	1.16	0.7540
0.18	0.1428	0.51	0.3899	0.84	0.5991	1.17	0.7580
0.19	0.1507	0.52	0.3969	0.85	0.6047	1.18	0.7620
0.20	0.1585	0.53	0.4039	0.86	0.6102	1.19	0.7660
0.21	0.1663	0.54	0.4108	0.87	0.6157	1.20	0.7699
0.22	0.1741	0.55	0.4177	0.88	0.6211	1.21	0.7737
0.23	0.1819	0.56	0.4245	0.89	0.6265	1.22	0.7775
0.24	0.1897	0.57	0.4313	0.90	0.6319	1.23	0.7813
0.25	0.1974	0.58	0.4381	0.91	0.6372	1.24	0.7850
0.26	0.2051	0.59	0.4448	0.92	0.6424	1.25	0.7887
0.27	0.2128	0.60	0.4515	0.93	0.6476	1.26	0.7923
0.28	0.2205	0.61	0.4581	0.94	0.6528	1.27	0.7959
0.29	0.2282	0.62	0.4647	0.95	0.6579	1.28	0.7995
0.30	0.2358	0.63	0.4713	0.96	0.6629	1.29	0.8030
0.31	0.2434	0.64	0.4778	0.97	0.6680	1.30	0.8064
0.32	0.2510	0.65	0.4843	0.98	0.6729	1.31	0.8098

续表

t	$F(t)$	t	$F(t)$	t	$F(t)$	t	$F(t)$
1.32	0.8132	1.65	0.9011	1.98	0.9523	2.62	0.9912
1.33	0.8165	1.66	0.9031	1.99	0.9534	2.64	0.9917
1.34	0.8198	1.67	0.9051	2.00	0.9545	2.66	0.9922
1.35	0.8230	1.68	0.9070	2.02	0.9566	2.68	0.9926
1.36	0.8262	1.69	0.9090	2.04	0.9587	2.70	0.9931
1.37	0.8293	1.70	0.9109	2.06	0.9606	2.72	0.9935
1.38	0.8324	1.71	0.9127	2.08	0.9625	2.74	0.9939
1.39	0.8355	1.72	0.9146	2.10	0.9643	2.76	0.9942
1.40	0.8385	1.73	0.9164	2.12	0.9660	2.78	0.9946
1.41	0.8415	1.74	0.9181	2.14	0.9676	2.80	0.9949
1.42	0.8444	1.75	0.9199	2.16	0.9692	2.82	0.9952
1.43	0.8473	1.76	0.9216	2.18	0.9707	2.84	0.9955
1.44	0.8501	1.77	0.9233	2.20	0.9722	2.86	0.9958
1.45	0.8529	1.78	0.9249	2.22	0.9736	2.88	0.9960
1.46	0.8557	1.79	0.9265	2.24	0.9749	2.90	0.9962
1.47	0.8584	1.80	0.9281	2.26	0.9762	2.92	0.9965
1.48	0.8611	1.81	0.9297	2.28	0.9774	2.94	0.9967
1.49	0.8638	1.82	0.9312	2.30	0.9786	2.96	0.9969
1.50	0.8664	1.83	0.9328	2.32	0.9797	2.98	0.9971
1.51	0.8690	1.84	0.9342	2.34	0.9807	3.00	0.9973
1.52	0.8715	1.85	0.9357	2.36	0.9817	3.20	0.9986
1.53	0.8740	1.86	0.9371	2.38	0.9827	3.40	0.9993
1.54	0.8764	1.87	0.9385	2.40	0.9836	3.60	0.99968
1.55	0.8789	1.88	0.9399	2.42	0.9845	3.80	0.99986
1.56	0.8812	1.89	0.9412	2.44	0.9853	4.00	0.99994
1.57	0.8836	1.90	0.9426	2.46	0.9861	4.50	0.999993
1.58	0.8859	1.91	0.9439	2.48	0.9869	5.00	0.999999
1.59	0.8882	1.92	0.9451	2.50	0.9876		
1.60	0.8904	1.93	0.9464	2.52	0.9883		
1.61	0.8926	1.94	0.9476	2.54	0.9889		
1.62	0.8948	1.95	0.9488	2.56	0.9895		
1.63	0.8969	1.96	0.9500	2.58	0.9901		
1.64	0.8990	1.97	0.9512	2.60	0.9907		

附表 2　随机数字表

03 47 43 73 86	36 96 47 36 61	46 98 63 71 62	33 26 16 80 45	60 11 14 10 95
97 74 24 67 62	42 81 14 57 20	42 53 32 37 32	27 07 36 07 51	24 51 79 89 73
16 76 62 27 66	56 50 26 71 07	32 90 79 78 53	13 55 38 58 59	88 97 54 14 10
12 56 85 99 26	96 96 68 27 31	05 03 72 93 15	57 12 10 14 21	88 26 49 81 76
55 59 56 35 64	38 54 82 46 22	31 62 43 09 90	06 18 44 32 53	23 83 01 30 30
16 22 77 94 39	49 54 43 54 82	17 37 93 23 78	87 35 20 96 43	84 26 34 91 64
84 42 17 53 31	57 24 55 06 88	77 04 74 47 67	21 76 33 50 25	83 92 12 06 76
63 01 63 78 59	16 95 55 67 19	98 10 50 71 75	12 86 73 58 07	44 39 52 38 79
33 21 12 34 29	78 64 56 07 82	52 42 07 44 38	15 51 00 13 42	99 66 02 79 54
57 60 86 32 44	09 47 27 96 54	49 17 46 09 62	90 52 84 77 27	08 02 73 43 28
18 18 07 92 45	44 17 16 58 09	79 83 86 19 62	06 76 50 03 10	55 23 64 05 05
26 62 38 97 75	84 16 07 44 99	83 11 46 32 24	20 14 85 88 45	10 93 72 88 71
23 42 40 64 74	82 97 77 77 81	07 45 32 14 08	32 98 94 07 72	93 85 79 10 75
52 36 28 19 95	50 92 26 11 97	00 56 76 31 38	80 22 02 53 53	86 60 42 04 53
37 85 94 35 12	83 39 50 08 30	42 34 07 96 88	54 42 06 87 98	35 85 99 48 39
70 29 17 12 13	40 33 20 38 26	13 89 51 03 74	17 76 37 13 04	07 74 21 19 30
56 62 18 38 35	96 83 70 87 75	97 12 25 93 47	70 33 24 03 54	97 77 46 44 80
99 49 57 22 77	88 42 95 45 72	16 64 36 16 00	04 43 18 66 79	94 77 24 21 90
16 08 15 04 72	33 27 14 34 09	45 59 34 68 49	12 72 07 34 45	99 27 72 95 14
31 16 93 32 43	50 27 89 87 19	20 15 37 00 49	52 85 66 60 44	38 68 88 11 80
68 34 30 13 70	55 74 30 77 40	44 22 78 84 26	04 33 46 09 52	68 07 97 06 57
74 57 25 65 76	59 29 97 68 60	71 91 38 67 54	13 58 18 24 76	15 54 55 95 52
27 42 37 86 53	48 55 90 65 72	96 57 69 36 10	96 46 92 42 45	97 60 49 04 91
00 39 68 29 61	66 37 32 20 30	77 84 57 03 29	10 45 65 04 26	11 04 96 67 24
29 94 98 94 24	68 49 69 10 82	53 75 91 93 30	34 55 20 57 27	40 48 73 51 92
16 90 82 66 59	83 62 64 11 12	67 19 00 71 74	60 47 21 29 63	02 02 37 03 31
11 27 94 75 06	06 09 19 74 66	02 94 37 34 02	76 70 90 30 86	38 45 94 30 38
35 24 10 16 20	33 32 51 26 38	79 78 45 04 91	16 92 53 56 16	02 75 50 95 98
33 23 16 86 38	42 38 97 01 50	87 75 66 81 41	40 01 74 91 62	48 51 84 08 32
31 96 25 91 47	96 44 33 49 13	34 86 82 53 91	00 52 43 48 85	27 55 26 89 62

续表

66 67 40 67 14	64 05 71 95 86	11 05 65 09 68	76 83 20 37 90	57 16 00 11 66
14 90 84 45 11	75 73 88 05 90	52 27 41 14 86	22 98 12 22 08	07 52 74 95 80
68 05 51 18 00	33 96 02 75 19	07 60 62 93 55	59 33 82 43 90	49 37 38 44 59
20 46 78 73 90	97 51 40 14 02	04 02 33 31 08	39 54 16 49 36	47 95 93 13 30
64 19 58 97 79	15 06 15 93 20	01 90 10 75 06	40 78 78 89 62	02 67 74 17 33
05 06 93 70 60	22 35 85 15 13	92 03 51 59 77	59 56 78 06 83	52 91 05 70 74
07 97 10 88 23	09 98 42 99 64	61 71 62 99 15	06 51 29 16 93	58 05 77 09 51
68 71 86 85 85	54 87 66 47 54	73 32 08 11 12	44 95 92 63 16	29 56 24 29 48
26 99 61 65 53	58 37 78 80 70	42 10 50 67 42	32 17 55 85 74	94 44 67 16 94
14 65 52 68 75	87 59 36 22 41	26 78 63 06 55	13 08 27 01 50	15 29 39 39 43
17 53 77 58 71	71 41 61 50 72	12 41 94 96 26	44 95 27 36 99	02 96 74 30 83
90 26 59 21 19	23 52 23 33 12	96 93 02 18 39	07 02 18 36 07	25 99 32 70 23
41 23 52 55 99	31 04 49 69 96	10 47 48 45 88	13 41 43 89 20	97 17 14 49 17
60 20 50 81 69	31 99 73 68 68	35 81 33 03 76	24 30 12 48 60	18 99 10 72 34
91 25 38 05 90	94 58 28 41 36	45 37 59 03 09	90 35 57 29 12	82 62 54 65 60
54 50 57 74 37	98 80 33 00 91	09 77 93 19 82	74 94 80 04 04	45 07 31 66 49
85 22 04 39 43	73 81 53 94 79	33 62 46 86 28	08 31 54 46 31	53 94 13 38 47
09 79 13 77 48	73 82 97 22 21	05 03 27 24 83	72 89 44 05 60	35 80 39 94 88
88 75 80 18 14	22 95 75 42 49	39 32 82 22 49	02 48 07 70 37	16 04 61 67 87
90 96 23 70 00	39 00 03 06 90	55 85 78 38 36	94 37 30 69 32	90 89 00 76 33
53 74 23 99 67	61 32 28 69 84	94 62 67 86 24	98 33 41 19 95	47 53 53 38 09
63 38 06 86 54	99 00 65 26 94	02 82 90 23 07	79 62 67 80 60	75 91 12 81 19
35 30 58 21 46	06 72 17 10 94	25 21 31 75 96	49 28 24 00 49	35 65 79 78 07
63 43 36 82 69	65 51 18 37 88	61 38 44 12 45	32 92 85 88 65	54 34 81 85 35
98 25 37 55 26	01 91 82 81 46	74 71 12 94 97	24 02 71 37 07	03 92 18 66 75
02 63 21 17 69	71 50 80 89 56	38 15 70 11 48	43 40 45 86 98	00 83 26 91 03
64 55 22 21 82	48 22 28 06 00	61 54 13 43 91	82 78 12 23 29	06 66 24 12 27
85 07 26 13 89	01 10 07 82 04	59 63 69 36 03	69 11 15 83 80	13 29 54 19 28
58 54 16 24 15	51 54 44 82 00	62 61 65 04 69	38 18 65 18 97	85 72 13 49 21
34 85 27 84 87	61 48 64 56 26	90 18 48 13 26	37 70 15 42 57	65 65 80 39 07

续表

03 92 18 27 46	57 99 16 96 56	30 33 72 85 22	84 64 38 56 93	99 01 30 98 64
62 93 30 27 59	37 75 41 66 48	86 97 80 61 45	23 53 04 01 63	45 76 08 64 27
08 45 93 15 22	60 21 75 46 91	98 77 27 85 42	28 88 61 08 84	69 62 03 42 73
07 08 55 18 40	45 44 75 13 90	24 94 96 61 02	57 55 66 83 15	73 42 37 11 61
01 85 89 95 66	51 10 19 34 88	15 84 97 19 75	12 76 39 43 78	64 63 91 08 25
72 84 71 14 35	19 11 58 49 26	50 11 17 17 76	86 31 57 20 18	95 60 78 46 75
88 78 28 16 84	13 52 53 94 53	75 45 69 30 96	73 89 65 70 31	99 17 43 48 76
45 17 75 65 57	28 40 19 72 12	25 12 74 75 67	60 40 60 81 19	24 62 01 61 16
96 76 28 12 54	22 01 11 94 25	71 96 16 16 88	68 64 36 74 45	19 59 50 88 92
43 31 67 72 30	24 02 94 08 63	38 32 36 66 02	69 36 38 25 39	48 03 45 15 22
50 44 66 44 21	66 06 58 05 62	68 15 54 35 02	42 35 48 96 32	14 52 41 52 48
22 66 22 15 86	26 63 75 41 99	58 42 36 72 24	58 37 52 18 51	03 37 18 39 11
96 24 40 14 51	23 22 30 88 57	95 67 47 29 83	94 69 40 06 07	18 16 36 78 86
31 73 91 61 19	60 20 72 93 48	98 57 07 23 69	65 95 39 69 58	56 80 30 19 44
78 60 73 99 84	43 89 94 36 45	56 69 47 07 41	90 22 91 07 12	18 35 34 08 72
84 37 90 61 56	70 10 23 98 05	85 11 34 76 60	76 48 45 34 60	01 64 18 39 96
36 67 10 08 23	98 93 35 08 86	99 29 76 29 81	33 34 91 58 93	63 14 52 32 52
07 28 59 07 48	89 64 58 89 75	83 85 62 27 89	30 14 78 56 27	86 63 59 80 02
10 15 83 87 60	79 24 31 66 56	21 48 24 06 93	91 98 94 05 49	01 47 59 38 00
55 19 68 97 65	03 73 52 16 56	00 53 55 90 27	33 42 29 38 87	22 13 88 83 34
53 81 29 13 39	35 01 20 71 34	62 33 74 82 14	53 73 19 09 03	56 54 29 56 93
51 86 32 68 92	38 98 74 66 99	40 14 71 94 58	45 94 19 38 81	14 44 99 81 07
35 91 70 29 13	80 03 54 07 27	96 94 78 32 66	50 95 52 74 33	13 80 55 62 54
37 71 67 95 13	20 02 44 95 94	64 85 04 05 72	01 32 90 76 14	53 89 74 60 41
93 66 13 83 27	92 79 64 64 72	28 54 96 53 84	48 14 52 98 94	56 07 93 89 30
02 96 08 45 65	13 05 00 41 84	93 07 54 72 59	21 45 57 09 77	19 48 56 27 44
49 83 43 48 35	82 88 33 69 96	72 36 04 19 76	47 45 15 18 60	82 11 08 95 97
84 60 71 62 46	40 80 81 30 37	34 39 23 05 38	25 15 35 71 30	88 12 57 21 77
18 17 30 88 71	44 91 14 88 47	89 23 30 63 15	56 34 20 47 89	99 82 93 24 98
79 69 10 61 78	71 32 76 95 62	87 00 22 58 40	92 54 01 75 25	43 11 71 99 31

附表 3　t 分布表

df	p(一端检定)					
	0.10	0.05	0.025	0.01	0.005	0.0005
	p(二端检定)					
	0.20	0.10	0.05	0.02	0.01	0.001
1	3.078	6.314	12.706	31.821	63.657	636.619
2	1.886	2.920	4.303	6.965	6.925	31.598
3	1.638	2.353	3.182	4.541	5.841	12.941
4	1.533	2.132	2.776	3.747	4.604	8.610
5	1.476	2.015	2.571	3.365	4.032	6.859
6	1.440	1.943	2.447	3.143	3.707	5.959
7	1.415	1.895	2.365	2.998	3.499	5.405
8	1.397	1.860	2.306	2.896	3.355	5.041
9	1.383	1.833	2.262	2.821	3.250	4.781
10	1.372	1.812	2.228	2.764	3.169	4.587
11	1.363	1.796	2.201	2.718	3.106	4.437
12	1.356	1.782	2.179	2.681	3.055	4.318
13	1.350	1.771	2.160	2.650	3.012	4.221
14	1.345	1.761	2.145	2.624	2.977	4.140
15	1.341	1.753	2.131	2.602	2.947	4.073
16	1.337	1.746	2.120	2.583	2.921	4.015
17	1.333	1.740	2.110	2.567	2.898	3.965
18	1.330	1.734	2.101	2.552	2.878	3.922
19	1.328	1.729	2.093	2.539	2.861	3.883
20	1.325	1.725	2.086	2.528	2.845	3.850
21	1.323	1.721	2.080	2.518	2.831	3.819
22	1.321	1.717	2.074	2.508	2.819	3.792
23	1.319	1.714	2.069	2.500	2.807	3.767
24	1.318	1.711	2.064	2.492	2.797	3.745
25	1.316	1.708	2.060	2.485	2.787	3.725
26	1.315	1.706	2.056	2.479	2.779	3.707
27	1.314	1.703	2.052	2.473	2.771	3.690
28	1.313	1.701	2.048	2.467	2.763	3.674
29	1.311	1.699	2.045	2.462	2.756	3.659
30	1.310	1.697	2.042	2.457	2.750	3.646
40	1.303	1.684	2.021	2.423	2.704	3.551
60	1.296	1.671	2.000	2.390	2.660	3.460
120	1.289	1.658	1.980	2.308	2.617	3.373
∞	1.282	1.645	1.960	2.326	2.576	3.291

附表4 χ^2 分布表

df =	p = 0.30	0.20	0.10	0.05	0.02	0.01	0.001
1	1.074	1.642	2.706	3.841	5.412	6.635	10.827
2	2.408	3.219	4.605	5.991	7.824	9.210	13.815
3	3.665	4.642	6.251	7.815	9.837	11.345	16.268
4	4.878	5.989	7.779	9.488	11.668	13.277	18.465
5	6.064	7.289	9.236	11.070	13.388	15.086	20.517
6	7.231	8.558	10.645	12.592	15.033	16.812	22.457
7	8.383	9.803	12.017	14.067	16.622	18.475	24.322
8	9.524	11.030	13.362	15.507	18.168	20.090	26.125
9	10.656	12.242	14.684	16.919	19.679	21.666	27.877
10	11.781	13.442	15.987	18.307	21.161	23.209	29.588
11	12.899	14.631	17.275	19.675	22.618	24.725	31.264
12	14.011	15.812	18.549	21.026	24.054	26.217	32.909
13	15.119	16.985	19.812	22.362	25.472	27.688	34.528
14	16.222	18.151	21.064	23.685	26.873	29.141	36.123
15	17.322	19.311	22.307	24.996	28.259	30.578	37.697
16	18.418	20.465	23.542	26.296	29.633	32.000	39.252
17	19.511	21.610	24.769	27.587	30.995	33.409	40.790
18	20.601	22.760	25.989	28.869	32.346	34.805	42.312
19	21.689	23.900	27.204	30.144	33.687	36.191	43.820
20	22.775	25.038	28.412	31.410	35.020	37.566	45.315
21	23.858	26.171	29.615	32.671	36.343	38.932	46.797
22	24.939	27.301	30.813	33.924	37.659	40.289	48.268
23	26.018	28.429	32.007	35.172	38.968	41.638	49.728
24	27.096	29.553	33.196	36.415	40.270	42.980	51.179
25	28.172	30.675	34.382	37.652	41.566	44.314	52.620
26	29.246	31.795	35.563	38.885	42.856	45.642	54.052
27	30.319	32.912	36.741	40.113	44.140	46.963	55.476
28	31.391	34.027	37.916	41.337	45.419	48.278	56.893
29	32.461	35.139	39.087	42.557	46.693	49.588	58.302
30	33.530	36.250	40.256	43.773	47.962	50.892	59.703

附表5　**F 分布表**　　　　　　　　$a = 0.05$

df$_1$ \ df$_2$	1	2	3	4	5	6	8	12	24	∞
1	161.4	199.5	215.7	224.6	230.2	234.0	238.9	243.9	249.0	254.3
2	18.51	19.00	19.16	19.25	19.30	19.33	19.37	19.41	19.45	19.50
3	10.13	9.55	9.28	9.12	9.01	8.94	8.84	8.74	8.64	8.53
4	7.71	6.94	6.59	6.39	6.26	6.16	6.04	5.91	5.77	5.63
5	6.61	5.79	5.41	5.19	5.05	4.95	4.82	4.68	4.53	4.36
6	5.99	5.14	4.76	4.53	4.39	4.28	4.15	4.00	3.84	3.67
7	5.59	4.74	4.35	4.12	3.97	3.87	3.73	3.57	3.41	3.23
8	5.32	4.46	4.07	3.84	3.69	3.58	3.44	3.28	3.12	2.93
9	5.12	4.26	3.86	3.63	3.48	3.37	3.23	3.07	2.90	2.71
10	4.96	4.10	3.71	3.48	3.33	3.22	3.07	2.91	2.74	2.54
11	4.84	3.98	3.59	3.36	3.20	3.09	2.95	2.79	2.61	2.40
12	4.75	3.88	3.49	3.26	3.11	3.00	2.85	2.69	2.50	2.30
13	4.67	3.80	3.41	3.18	3.02	2.92	2.77	2.60	2.42	2.21
14	4.60	3.74	3.34	3.11	2.96	2.85	2.70	2.53	2.35	2.13
15	4.54	3.68	3.29	3.06	2.90	2.79	2.64	2.48	2.29	2.07
16	4.49	3.63	3.24	3.01	2.85	2.74	2.59	2.42	2.24	2.01
17	4.45	3.59	3.20	2.96	2.81	2.70	2.55	2.38	2.19	1.96
18	4.41	3.55	3.16	2.93	2.77	2.66	2.51	2.34	2.15	1.92
19	4.38	3.52	3.13	2.90	2.74	2.63	2.48	2.31	2.11	1.88
20	4.35	3.49	3.10	2.87	2.71	2.60	2.45	2.28	2.08	1.84
21	4.32	3.47	3.07	2.84	2.68	2.57	2.42	2.25	2.05	1.81
22	4.30	3.44	3.05	2.82	2.66	2.55	2.40	2.23	2.03	1.78
23	4.28	3.42	3.03	2.80	2.64	2.53	2.38	2.20	2.00	1.76
24	4.26	3.40	3.01	2.78	2.62	2.51	2.36	2.18	1.98	1.73
25	4.24	3.38	2.99	2.76	2.60	2.49	2.34	2.16	1.96	1.71
26	4.22	3.37	2.98	2.74	2.59	2.47	2.32	2.15	1.95	1.69
27	4.21	3.35	2.96	2.73	2.57	2.46	2.30	2.13	1.93	1.67
28	4.20	3.34	2.95	2.71	2.56	2.44	2.29	2.12	1.91	1.65
29	4.18	3.33	2.93	2.70	2.54	2.43	2.28	2.10	1.90	1.64
30	4.17	3.32	2.92	2.69	2.53	2.42	2.27	2.09	1.89	1.62
40	4.08	3.23	2.84	2.61	2.45	2.34	2.18	2.00	1.79	1.51
60	4.00	3.15	2.76	2.52	2.37	2.25	2.10	1.92	1.70	1.39
120	3.92	3.07	2.68	2.45	2.29	2.17	2.02	1.83	1.61	1.25
∞	3.84	2.99	2.60	2.37	2.21	2.09	1.94	1.75	1.52	1.00

续表 $\alpha = 0.01$

df_1 df_2	1	2	3	4	5	6	8	12	24	∞
1	4052	4999	5403	5825	5764	5859	5981	6106	6234	6366
2	93.49	99.01	99.17	99.25	99.30	99.33	99.36	99.42	99.46	99.50
3	34.12	30.81	29.46	28.71	28.24	27.91	27.49	27.05	26.00	26.12
4	21.20	18.00	16.69	15.98	15.52	15.21	14.80	14.37	13.93	13.46
5	16.26	13.27	12.06	11.39	10.97	10.67	10.27	9.89	9.47	9.02
6	13.74	10.92	9.78	9.15	8.75	8.47	8.10	7.72	7.31	6.88
7	12.25	9.55	8.45	7.85	7.46	7.19	6.84	6.47	6.07	5.65
8	11.26	865	7.59	7.01	6.63	6.37	6.03	5.67	5.28	4.86
9	10.56	8.02	6.99	6.42	6.06	5.80	5.47	5.11	4.73	4.31
10	10.04	7.56	6.55	5.99	5.64	5.39	5.06	4.71	4.33	3.91
11	9.65	7.20	6.22	5.67	5.32	5.07	4.74	4.40	4.02	3.60
12	9.33	6.93	5.95	5.41	5.06	4.82	4.50	4.16	3.78	3.36
13	9.07	6.70	5.74	5.20	4.86	4.62	4.30	3.96	3.59	3.16
14	8.86	6.51	5.56	5.03	4.69	4.46	4.14	3.80	3.43	3.00
15	8.68	6.36	5.42	4.89	4.56	4.32	4.00	3.67	3.29	2.87
16	8.53	6.23	5.29	4.77	4.44	4.20	3.89	3.55	3.18	2.75
17	8.40	6.11	5.18	4.67	4.34	4.10	3.79	3.45	3.08	2.65
18	8.28	6.01	5.09	4.58	4.25	4.01	3.71	3.37	3.00	2.57
19	8.18	5.93	5.01	4.50	4.17	3.94	3.63	3.30	2.02	2.49
20	8.10	5.85	4.94	4.43	4.10	3.87	3.56	3.23	2.86	2.42
21	8.02	5.78	4.87	4.37	4.04	3.81	3.51	3.17	2.80	2.36
22	7.94	5.72	4.82	4.31	3.99	3.76	3.45	3.12	2.75	2.31
23	7.88	5.66	4.76	4.26	3.94	3.71	3.41	3.07	2.70	2.26
24	7.82	5.61	4.72	4.22	3.90	3.67	3.36	8.03	2.66	2.21
25	7.77	5.57	4.68	4.18	3.86	3.63	3.32	2.99	2.62	2.17
26	7.72	5.53	4.64	4.14	3.82	3.59	3.29	2.96	2.58	2.13
27	7.68	5.49	4.60	4.11	3.78	3.56	3h26	2.93	2.55	2.10
28	7.64	5.45	4.57	4.07	3.75	3.53	3.23	2.90	2.52	2.06
29	7.60	5.42	4.54	4.04	3.73	3.50	3.20	2.87	2.49	2.03
30	7.56	5.39	4.51	4.02	3.70	3.47	3.17	2.84	2.47	2.01
40	7.31	5.18	4.31	3.83	3.51	3.29	2.99	2.66	2.29	1.80
60	7.08	4.98	4.13	3.65	3.34	3.12	2.82	2.50	2.12	1.60
120	6.85	4.79	3.95	3.48	3.17	2.96	2.66	2.34	1.95	1.38
∞	6.64	4.60	3.78	3.32	3.02	2.80	2.51	2.18	1.79	1.00

续表 $\alpha = 0.001$

df_2 \ df_1	1	2	3	4	5	6	8	12	24	∞
1	405284	500000	540379	562500	576405	585937	598144	610667	623497	636619
2	998.5	999.0	999.2	999.2	999.3	999.3	999.4	999.4	999.5	999.5
3	167.5	148.5	141.1	137.1	134.6	132.8	130.6	123.3	125.9	123.5
4	74.14	61.25	56.18	53.44	51.71	50.53	49.00	47.41	45.77	44.05
5	47.04	36.61	33.20	31.09	29.75	28.84	27.4	26.42	25.14	23.78
6	35.51	27.00	23.70	21.90	20.03	19.03	17.99	16.89	15.75	
7	29.22	21.69	18.77	17.19	16.21	15.52	14.63	13.71	12.73	11.69
8	25.42	18.49	15.83	14.39	13.49	12.86	12.04	11.19	10.30	9.34
9	22.86	16.39	13.90	12.56	11.71	11.13	10.37	9.57	8.72	7.81
10	21.04	14.91	12.55	11.28	10.48	9.92	9.20	8.45	7.64	6.76
11	19.69	13.81	11.56	10.35	9.5	9.05	8.35	7.63	6.85	6.00
12	18.64	12.97	10.80	9.63	8.89	8.38	7.71	7.00	6.25	5.42
13	17.81	12.31	10.21	9.07	8.35	7.86	7.21	6.52	5.78	4.97
14	17.14	11.78	9.73	8.62	7.92	7.43	6.80	6.13	5.41	4.60
15	16.59	11.34	9.34	8.25	7.57	7.09	6.47	5.81	5.10	4.31
16	16.12	10.97	9.00	7.94	7.27	6.81	6.19	5.55	4.85	4.00
17	15.72	10.66	8.73	7.68	7.02	6.56	5.96	5.32	4.63	3.85
18	15.38	10.39	8.49	7.46	6.81	6.35	5.76	5.13	4.45	3.67
19	15.08	10.16	8.28	7.26	6.61	6.18	5.59	4.97	4.29	3.52
20	14.82	9.95	8.10	7.10	6.46	6.02	5.44	4.82	4.15	3.38
21	14.59	9.77	7.94	6.95	6.32	5.88	5.31	4.70	4.03	3.26
22	14.38	9.61	7.80	6.81	6.19	5.76	5.19	4.58	3.02	3.15
23	14.19	9.47	7.67	6.69	6.08	5.65	5.09	4.48	3.82	3.05
24	14.08	9.34	7.55	8.59	5.98	5.55	4.92	4.39	3.74	2.97
25	13.88	9.22	7.45	6.49	5.88	5.40	4.91	4.31	3.66	2.89
26	13.74	9.12	7.36	6.41	5.80	5.38	4.83	4.24	3.59	2.82
27	13.61	9.02	7.27	6.33	5.72	5.31	4.76	4.17	3.52	2.75
28	13.50	8.93	7.19	6.25	5.66	5.24	4.69	4.11	3.46	2.70
29	13.39	8.85	7.12	6.19	5.59	5.13	4.64	4.05	3.41	2.64
30	13.29	8.77	7.05	6.12	5.53	5.12	4.58	4.00	3.36	2.59
40	12.61	8.25	6.60	5.70	5.13	4.73	4.21	3.64	3.01	2.23
60	11.97	7.76	6.17	5.31	4.76	4.37	3.87	3.31	2.69	1.00
120	11.38	7.31	5.79	4.95	4.42	4.04	3.55	3.02	2.40	1.55
∞	10.83	6.91	5.42	4.62	4.10	3.74	3.27	2.74	2.13	1.00

参考文献

［1］袁方主编.社会统计学.北京:中国统计出版社,1998

［2］韩嘉骏主编.社会统计知识大全.北京:中国人民大学出版社,1994

［3］吴寒光编著.社会统计学.北京:工商出版社,1986

［4］徐小禾、袁亚愚编译.社会统计学.四川:四川大学出版社,1987

［5］卢淑华主编.社会统计学.北京:北京大学出版社,1989

［6］常健主编.社会统计学导论.北京:中国统计出版社,1990

［7］张彦著.社会统计学—原理与方法.江苏:南京大学出版社,2000

［8］周德民主编.社会调查原理与方法.长沙:中南大学出版社,2012

［9］肖淑芳,李慧云主编.管理统计学.北京:北京理工大学出版社,2002

［10］栗方忠主编.统计学原理.大连:东北财经大学出版社,1999

［11］谈瑶清主编.统计学原理.北京:团结出版社,1997

［12］林洪,漆莉莉主编.统计学.北京:经济管理出版社,1998

［13］邹宁主编.应用统计学.北京:机械工业出版社,2001

［14］罗洪群、王青华编著.新编统计学.北京:清华大学出版社,2009

［15］顾晓安、朱建国主编.统计学实务.上海:立信会计出版社,2005

［16］米小琴主编.社会统计学与实务.北京:清华大学出版社,2008

［17］梁俊平、施燕萍著.统计学原理(第3版).北京:电子工业出版社,2009

［18］岂爱妮、史翠云主编.统计学基础.北京:电子工业出版社,2010

［19］王静主编.劳动与社会保障统计学.北京:中国劳动社会保障出版社,2005

［20］周德民等主编.社会保障概论.北京:中国轻工业出版社,2008

［21］俞传尧主编.社会保障理论与实务.北京:中国财政经济出版社,2000